한국관광공사

필기전형

직업기초능력평가 + 직무능력평가
[경제학]

한국관광공사
직업기초능력평가 + 직무능력평가[경제학]

초판 발행   2022년 4월 15일
개정1판 발행   2023년 3월 29일

편 저 자 | 취업적성연구소
발 행 처 | ㈜서원각
등록번호 | 1999-1A-107호
주   소 | 경기도 고양시 일산서구 덕산로 88-45(가좌동)
교재주문 | 031-923-2051
팩   스 | 031-923-3815
교재문의 | 카카오톡 플러스 친구[서원각]
홈페이지 | www.goseowon.com

PREFACE

우리나라 기업들은 1960년대 이후 현재까지 비약적인 발전을 이루었다. 이렇게 급속한 성장을 이룰 수 있었던 배경에는 우리나라 국민들의 근면성 및 도전정신이 있었다. 그러나 빠르게 변화하는 세계 경제의 환경에 적응하기 위해서는 근면성과 도전정신 이외에 또 다른 성장 요인이 필요하다.

최근 많은 공사·공단에서는 기존의 직무 관련성에 대한 고려 없이 인·적성, 지식 중심으로 치러지던 필기전형을 탈피하고, 산업현장에서 직무를 수행하기 위해 요구되는 능력을 산업부문별·수준별로 체계화 및 표준화한 NCS를 기반으로 하여 채용공고 단계에서 제시되는 '직무 설명자료'상의 직업기초능력과 직무수행능력을 측정하기 위한 직업기초능력평가, 직무수행능력평가 등을 도입하고 있다.

한국관광공사에서도 업무에 필요한 역량 및 책임감과 적응력 등을 구비한 인재를 선발하기 위하여 고유의 필기전형을 치르고 있다. 본서는 한국관광공사 채용대비를 위한 필독서로 한국관광공사 필기전형의 출제경향을 철저히 분석하여 응시자들이 보다 쉽게 시험유형을 파악하고 효율적으로 대비할 수 있도록 구성하였다.

신념을 가지고 도전하는 사람은 반드시 그 꿈을 이룰 수 있습니다. 처음에 품은 신념과 열정이 취업 성공의 그 날까지 빛바래지 않도록 서원각이 수험생 여러분을 응원합니다.

STRUCTURE

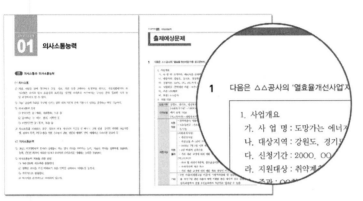

NCS 직업기초능력평가

핵심 이론을 체계적으로 정리하여 단기 간에 학습할 수 있도록 하였고, 각 영역 별 적중률 높은 출제 예상문제를 수록하 여 학습 효율을 높였습니다.

직무능력평가

경제학 이론 중 자주 출제되는 내용을 보기 쉽게 정리하였고, 이를 바탕으로 한 출제 예상문제와 상세한 설명을 통 해 비전공자도 쉽게 학습할 수 있도록 하였습니다.

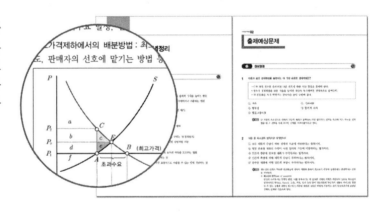

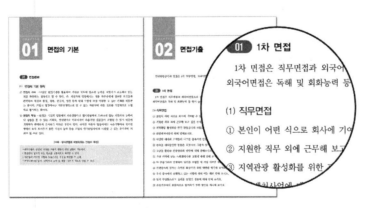

면접

면접 전 준비사항과 면접의 답변 포인 트, 실제 면접 기출문제를 모두 담아 취업의 마지막 관문까지 철저히 대비 할 수 있도록 구성하였습니다.

CONTENTS

PART

01

기업소개 및 채용안내

CHAPTER 01

한국관광공사 소개

(1) 경영전략

① 설립목적 … 관광을 통해 국가경제 발전을 선도하고 국민복지 증진에 기여한다.

② 미래상 … 여행하기 좋은 나라를 만드는 글로벌 관광선도기관

③ 핵심가치 및 전략과제

핵심가치	전략방향	전략과제
설렘과 감동	다양한 관광 매력으로 새로운 여행경험 제공	• 한국관광 대표 콘텐츠 육성 • 여행객 맞춤형 마케팅 강화 • 디지털 기반 관광 서비스 확산
소통과 협력	민간이 주도하고 지역이 발전하는 관광산업 성장 지원	• 관광플랫폼 기반 데이터 개방 및 협업 확대 • 관광업계 역량 강화 및 미래 인재 양성 • 지역관광 균형 발전 촉진
전문성과 혁신	책임경영으로 국민의 신뢰를 제고	• 지속가능한 여행환경 조성 • 효율성 중심 경영체계 구축 • 윤리청렴 기반 기관 운영

(2) 경영혁신 비전 및 추진체계

① B.E.S.T 혁신의 중단없는 추진을 통하여 한국관광의 새로운 성장을 구현

② 혁신목표 … 사회적 가치와 혁신성장 동시 성과 창출로 국민에게 신뢰받는 관광 선도기관

③ 혁신방향 … 지역상생 선도로 사회적 가치 성과 창출, 디지털전환 및 기업 지원으로 경제활력 제고, 건전한 기관 운영 및 국민신뢰 제고

④ 혁신과제

필수과제	• 공직윤리 강화 : 부패행위 사전방지 및 불이익 강화
중점과제	• 지역상생 : 지역경제 발전기여 • 한국형 뉴딜 선도 : 관광빅데이터 플랫폼 구축 • 중소기업 성장지원 : 관광기업 지원체계 강화
일반과제	• 신규채용 등 일자리창출 : 조기채용 실시 및 민간일자리 창출 지원 • 기관 및 산업 안전강화 : 근로자 · 여행자 안전 최우선 환경 조성 • 사회형평적 인사운영 : 여성임원, 장애인 임용 목표 달성 • 관광업계 코로나19 극복지원 : 입주기업 임대료 지원 • 혁신지향 공공조달 : 혁신제품 구매 확대 노력 • K-테스트베드 제공 : 신상품 시장성 시험 지원 • 직무중심 보수체계 : 직무급 적용 확대 • 임금피크제 인력 활용 : 임금피크제 전문성 제고 • 재무건전성 강화 : 예산절감, 재무건전성 관리 • 적극행정 : 적극행정 문화조성 • 복리후생 점검 : 방만경영 예방 • 알리오편의성 강화 : 알리오 플러스 사용자 편의 강화

⑤ 시민참여 혁신

　㉠ 국민의 의견을 경청하여 국민과 함께 관광으로 행복한 한국을 만드는 1등 공공기관

　㉡ 국민의 다양한 제안과 의견을 공유, 국민이 보다 실질적으로 체감할 수 있는 혁신을 이루기 위해 노력

KTO 시민참여단	지역혁신포럼
2018년부터 매년 대국민 공모를 통해 시민참여단을 구성, 기관 혁신과제선정, 사업모니터링 등 공사의 경영혁신 전반에 걸친 피드백을 진행	2018년부터 행정안전부, 지자체 및 시민, 지역거점 공공기관 등이 공동으로 지역의 문제를 도출하고 해결하기 위해 만들어진 기구

(3) 사회적 가치 실현

① KTO 미래상과 비전

KTO 미래상	여행하기 좋은 나라를 만드는 글로벌 관광선도기관				
사회적 가치 비전	관광으로 만들고 모두가 누리는 사회적 가치 구현				
추구 가치	환경과 안전	상생과 협력	모두의 관광	좋은 일자리	공정한 사회

② 전략목표 및 과제

ⓖ 5대 전략목표

5대 전략목표	'25 달성목표
환경과 안전을 지키는 관광	안전평가 등급 S등급
상생하고 협력하는 관광	국민 지역관광지 방문총량 2.6억 명
균등하게 누리는 관광	근로자 휴가지원사업 참여인원 55만 명/누적
일자리를 만드는 관광	관광기업 발굴 및 육성 1,750개/누적
윤리적이고 공정한 관광	국민평가 최고등급

▲ 사회적가치 창출 전략 연계 ESG경영 추진 ▲

성과관리 체계	ESG경영 평가지표 개발 및 측정	사회적가치 성과측정 및 환류	사회적가치 우수사례 발굴 및 확산

ⓛ 16개 전략과제 및 51개 실행과제

• 전략1 : 일자리를 만드는 관광

3개 전략과제	11개 실행과제
핵심사업을 통한 일자리 창출	• 관광벤처 발굴·육성으로 신규 일자리 창출 • 지역관광 혁신사업을 통한 지역 일자리 창출 • 주민관광사업체 육성으로 신규 일자리 창출 • 관광산업 온라인 일자리박람회를 통한 일자리 매칭
관광 특화사업을 통한 일자리 창출	• 축제 전문가 양성을 통한 일자리 창출 • Tour API 개방으로 민간 ICT 일자리 확대 • 광분야 청년 취업교육 및 일자리 매칭 • 신중년 대상 관광인력 양성 및 취업 지원
일하는 방식 혁신 및 근로환경 개선	• 업무 프로세스 혁신 및 RPA 도입 확산 • 청년고용 및 유연근무제 확대 • 자회사 고용안정 및 근로환경 개선

• 전략2 : 균등하게 누리는 관광

3개 전략과제	9개 실행과제
코로나 블루 극복 및 국민 여행기회 확대	• 근로자 휴가지원 사업 확대 운영 • 여행주간 운영 및 안전여행문화 캠페인 • 빅데이터 기반 여행예보 및 안전여행 서비스 운영 • 코로나19 대응 대국민·관광업계 특별지원 사업
모두가 누리는 관광복지 확대	• 사회적 약자 및 취약계층 여행 지원 • 장애물없는 열린관광지 조성 확대
사회형평적 채용 및 차별해소	• 사회적 약자 및 청년·지역인재 채용 확대 • NCS 기반의 블라인드 채용 및 공정성 강화 • 양성평등을 위한 여성관리자 육성

• 전략3 : 안전과 환경을 지키는 관광

4개 전략과제	12개 실행과제
안전중심 경영시스템 고도화	• 안전 기본계획 수립 및 실천 • 안전보건경영시스템(ISO 45001) 유지 • 재난대응훈련 강화 및 위기관리 역량 강화 • 정보보안 관리체계 고도화
시설 및 근로자 안전보건관리 강화	• 작업장/시설 및 감염병에 대한 안전관리 강화 • 근로자 안전관리 및 방역 근무수칙 강화
선제적 국민 안전여행 환경 조성	• 코로나19 대응 안전여행 콘텐츠 제작 및 홍보 • 비대면(언택트) 여행환경 조성 • 품질인증 숙박업소 안전관리 역량강화 지원 • 관광객 대상 24시간 안전통역(1330) 서비스
그린뉴딜 실천 및 환경보전 인식제고	• 저탄소 사회 전환을 위한 온실가스 감축 • 지역사회 공동 환경보전 인식 확산 캠페인

• 전략4 : 협력하고 상생하는 관광

3개 전략과제	11개 실행과제
관광을 통한 지역 경제 회복 추진	• 지역 관광기업지원센터 구축 확대 • 지역 강소형 잠재관광지 육성 • 지역관광추진조직(DMO) 육성 지원 • 지역사회 사회적 가치 창출 활동 강화 • 공사 시설 및 자원의 지역사회 개방 확대
관광중소기업 및 협력업체 동반성장 고도화	• 중소기업 및 사회적 기업 제품 우선구매 확대 • 협력·위탁업체 상생결제 등 공정거래질서 확립 • 협력업체 동반성장을 위한 성과/협력이익공유제 확대 • 중소 관광업체 판로 개척 지원
사회적 기업 지원 및 육성	• 관광분야 사회적 경제 활성화 협력 강화 • 주민주도 관광사업체 '관광두레' 발굴 및 육성

• 전략5 : 윤리적이고 공정한 관광

3개 전략과제	8개 실행과제
청렴·윤리경영 및 내부견제 활성화	• 준법·윤리경영 운영체계 개선 • 부패방지 경영시스템(ISO 37001) 고도화 • 예방감사 및 내부견제 강화로 부패리스크 차단
인권존중 및 인권경영 확산	• 인권 교육 및 홍보를 통한 사내 인권인식 제고 • 전사적(운영/사업) 인권영향평가 시행 • 인권침해신고센터 상시 운영 및 구제절차 강화
사회적 가치 창출 성과관리 고도화	• 대국민 소통채널 운영을 통한 시민참여 확대 • KTO 사회적가치지수(SVI) 측정 및 관리

(4) 한국관광 브랜드

① 핵심가치 및 브랜드 아이덴티티

DIVERSE(다양한)	VIBRANT(활기찬)	CREATIVE(창의적인)	INTRIGUING(흥미로운)
전통과 현대가 조화되어 다양한 즐길거리가 가득한 한국	지치지 않는 생기와 활력이 느껴지는 한국	새로운 가치를 창출하는 한국	흥미를 자극하고 유발하는 한국

▼

CREATIVE MOTIVATION : 나의 감각과 안목을 높여주는 창의적 자극

② 브랜드 슬로건 … Imagine your Korea

	• Imagine : 한국관광자원 기반 BI 해석 – 영화, 드라마 속 장면들이 현실이 되는 한국 – 평범한 일상도 특별하게 만들어주는 매력 있는 한국 – 수많은 문화유산에, 명동의 활기찬 쇼핑거리까지 무한한 즐길거리 　로 가득한 한국
	• your : 여행자 관점 BI 해석 – 여행자의 관점에서 매력적인 관광지로 변화하는 한국 – 고객들이 직접 참여하고 체험할 수 있는 문화콘텐츠가 가득한 관 　광 선진국 한국 – 변화하는 고객의 요구를 충족시켜주는 한국

③ 관광객들이 한국을 사랑하는 이유(Reasons To Believe)

커뮤니케이션 메시지 … 발길이 머무는 곳마다, 눈길이 닿는 곳마다 색다르고 독특한 체험으로 방문자 모두에게 기대 이상의 경험을 선사한다.

▲

K-Food	사계절 다양한 식재료와 요리법으로 즐기는 독특한 먹거리
K-Wave	K-POP, K-DRAMA, K-MOVIE 등 독창적인 한국만의 콘텐츠
K-Spirit	한국과 한국인의 무한한 창의성과 열정
K-Place	전통과 현대적인 감각이 조화를 이루는 한국만의 신선한 명소
K-Style	트렌트 세터의 마음을 설레게 하는 세련되고 특별한 생활 방식

채용안내

※ 본 내용은 2023년 한국관광공사 일반직 신입사원 채용 공고를 바탕으로 작성된 것으로, 지원 시 홈페이지 내 공고문을 확인하기 바랍니다.

① 채용직급 : 일반직 5급

② 지원자격

　㉠ 공통 지원자격(전 부문)

　• 공사 「인사규정」 제12조의 결격사유에 해당하지 않는 자

　• 입사지원 마감일 기준 공사 정년(만 60세)에 해당하지 아니한 자

　• 입사예정일부터 교육입소 및 근무 가능한 자

　㉡ 채용부문별 지원자격

채용부문	부문별 지원자격
일반	–
장애인	「장애인 고용촉진 및 직업재활법」에 의거한 장애인
취업지원대상자	「국가유공자 등 예우 및 지원에 관한 법률」에 의거한 취업지원대상자로서 국가보훈처가 추천한 자
데이터	데이터 직무 관련 아래 [자격증] 중 1개 이상 보유자 – 빅데이터분석기사, 데이터분석 전문가 및 준전문가(ADP, ADsP), 데이터 아키텍처 전문가 및 준전문가(DAP, DAsP), SQL전문가 및 개발자(SQLP, SQLD)
개발 (관광개발)	• 개발 분야(전기 · 토목 · 건축 · 기계 · 조경) 업무에 대한 실무 경력 1년 이상 • 직무관련 아래 세부분야 기사 또는 기술사 자격증 1개 이상 보유자 – 기술사 : 「국가기술자격법 시행규칙」 별표 2에 따른 전기(201), 토목(142), 건축(141), 기계(16), 조경(143) 직무분야 기술사 자격보유자. 단, 기술사 소지자의 경우 필기전형 면제 – 전기 : 전기, 전기공사, 소방설비(전기) – 토목 : 토목, 측량 및 지형공간정보, 건설안전 – 건축 : 건축, 건축설비, 실내건축, 건설안전 – 기계 : 기계설계, 일반기계, 건설기계설비, 공조냉동기계, 에너지관리, 소방설비(기계) – 조경 : 조경, 자연생태복원 ※ 경력과 자격증 지원자격을 모두 충족해야 함.

ⓒ 외국어 점수 지원자격

채용부문	외국어 점수 지원자격
일반	다음 어학성적기준 중 하나 충족 • 영어 : TOEIC(800점), TEPS(309점), IBT 토플(91점), G-Telp(레벨2) 76점 (택1) • 중국어 : 新HSK 5급 180점 이상 • 일본어 : JPT(800점), JLPT(N1) 이상 (택1) • 노어·독어·불어·서어 : FLEX 듣기-읽기 800점 이상 또는 아래 중 택1 * 노어 : TORFL 1단계 이상, 독어 : Goethe Zertifikat B2 이상, 불어 : DELF B2 이상, 서어 : DELE B2 이상

장애인
 	
취업지원대상자
	다음 어학성적기준 중 하나 충족
	• 영어 : TOEIC(600점), TEPS(227점), IBT 토플(68점), G-Telp(레벨2) 50점 이상 (택1)
	• 중국어 : 新HSK 4급 210점 이상
	• 일본어 : JPT(600점), JLPT(N2) 이상 (택1)
	• 노어·독어·불어·서어 : FLEX 듣기-읽기 600점 이상 또는 아래 중 택1
	  * 노어 : TORFL 기본단계 이상, 독어 : Goethe Zertifikat B1 이상, 불어 : DELF B1 이상, 서어 : DELE B1 이상
	  ※ 청각장애(2·3급) 응시자 적용기준 : TOEIC, JPT 청해 외 성적×200%, TEPS 청해 외 성적×167%

※ 외국어 점수는 입사예정일 기준으로 유효기간(2년)이 지나지 않은, 국내주관사 등에서 확인 가능한 시험 성적에 한함. 단, 별도의 유효기간이 없는 시험의 경우에는 자격 인정하며, 유효기간(2년)이 만료되기 전에 인사혁신처 사이버국가고시센터(www.gosi.go.kr)에 유효한 성적으로 등록된 경우 응시일로부터 5년이 되는 날이 속한 연도의 말일까지 유효한 성적으로 인정

③ 전형절차

ㄱ 전형단계 : 서류전형(적부) → NCS 필기전형 → 1차 면접전형 → 2차 면접전형(최종선발)

ㄴ 전형별 세부 내용

부문		서류전형	NCS 필기전형	1차 면접전형	2차 면접전형
일반, 장애인, 취업지원대상자		적부심사	• 직업기초능력평가(50%) • 직무능력평가(50%) – 경영/경제/회계/법무 중 택 1	• 직업기초능력평가(70%) • 외국어면접(30%)	역량 면접 (100%)
전문	데이터		• 직업기초능력평가(50%) • 직무능력평가(50%) – 데이터분석·통계	• 직업기초능력평가(70%) • 기술면접(30%)	
	개발(관광개발)		직업기초능력평가(100%)		
최종합격인원대비 선발배수		–	6배수(취업지원대상자 부문 : 4배수)	3배수 (취업지원대상자 부문 : 2배수)	최종선발

PART

02

NCS
직업기초능력평가

의사소통능력

01 의사소통과 의사소통능력

(1) 의사소통

① 개념 : 사람들 간에 생각이나 감정, 정보, 의견 등을 교환하는 총체적인 행위로, 직장생활에서의 의사소통은 조직과 팀의 효율성과 효과성을 성취할 목적으로 이루어지는 구성원 간의 정보와 지식 전달 과정이라고 할 수 있다.

② 기능 : 공동의 목표를 추구해 나가는 집단 내의 기본적 존재 기반이며 성과를 결정하는 핵심 기능이다.

③ 의사소통의 종류

    ㉠ 언어적인 것 : 대화, 전화통화, 토론 등

    ㉡ 문서적인 것 : 메모, 편지, 기획안 등

    ㉢ 비언어적인 것 : 몸짓, 표정 등

④ 의사소통을 저해하는 요인 : 정보의 과다, 메시지의 복잡성 및 메시지 간의 경쟁, 상이한 직위와 과업지향형, 신뢰의 부족, 의사소통을 위한 구조상의 권한, 잘못된 매체의 선택, 폐쇄적인 의사소통 분위기 등

(2) 의사소통능력

① 개념 : 직장생활에서 문서나 상대방이 하는 말의 의미를 파악하는 능력, 자신의 의사를 정확하게 표현하는 능력, 간단한 외국어 자료를 읽거나 외국인의 의사표시를 이해하는 능력을 포함한다.

② 의사소통능력 개발을 위한 방법

    ㉠ 사후검토와 피드백을 활용한다.

    ㉡ 명확한 의미를 가진 이해하기 쉬운 단어를 선택하여 이해도를 높인다.

    ㉢ 적극적으로 경청한다.

    ㉣ 메시지를 감정적으로 곡해하지 않는다.

(1) 문서이해능력

① 문서와 문서이해능력

　㉠ 문서 : 제안서, 보고서, 기획서, 이메일, 팩스 등 문자로 구성된 것으로 상대방에게 의사를 전달하여 설득하는 것을 목적으로 한다.

　㉡ 문서이해능력 : 직업현장에서 자신의 업무와 관련된 문서를 읽고, 내용을 이해하고 요점을 파악할 수 있는 능력을 말한다.

예제 1

다음은 신용카드 약관의 주요내용이다. 규정 약관을 제대로 이해하지 못한 사람은?

> **[부가서비스]**
> 카드사는 법령에서 정한 경우를 제외하고 상품을 새로 출시한 후 1년 이내에 부가서비스를 줄이거나 없앨 수가 없다. 또한 부가서비스를 줄이거나 없앨 경우에는 그 세부내용을 변경일 6개월 이전에 회원에게 알려주어야 한다.
>
> **[중도 해지 시 연회비 반환]**
> 연회비 부과기간이 끝나기 이전에 카드를 중도해지하는 경우 남은 기간에 해당하는 연회비를 계산하여 10 영업일 이내에 돌려줘야 한다. 다만, 카드 발급 및 부가서비스 제공에 이미 지출된 비용은 제외된다.
>
> **[카드 이용한도]**
> 카드 이용한도는 카드 발급을 신청할 때에 회원이 신청한 금액과 카드사의 심사기준을 종합적으로 반영하여 회원이 신청한 금액 범위 이내에서 책정되며 회원의 신용도가 변동되었을 때에는 카드사는 회원의 이용한도를 조정할 수 있다.
>
> **[부정사용 책임]**
> 카드 위조 및 변조로 인하여 발생된 부정사용 금액에 대해서는 카드사가 책임을 진다. 다만, 회원이 비밀번호를 다른 사람에게 알려주거나 카드를 다른 사람에게 빌려주는 등의 중대한 과실로 인해 부정사용이 발생하는 경우에는 회원이 그 책임의 전부 또는 일부를 부담할 수 있다.

① 혜수 : 카드사는 법령에서 정한 경우를 제외하고는 1년 이내에 부가서비스를 줄일 수 없어

② 진성 : 카드 위조 및 변조로 인하여 발생된 부정사용 금액은 일괄 카드사가 책임을 지게 돼

③ 영훈 : 회원의 신용도가 변경되었을 때 카드사가 이용한도를 조정할 수 있어

④ 영호 : 연회비 부과기간이 끝나기 이전에 카드를 중도해지하는 경우에는 남은 기간에 해당하는 연회비를 카드사는 돌려줘야 해

출제의도
주어진 약관의 내용을 읽고 그에 대한 상세 내용의 정보를 이해하는 능력을 측정하는 문항이다.

해 설
② 부정사용에 대해 고객의 과실이 있으면 회원이 그 책임의 전부 또는 일부를 부담할 수 있다.

답 ②

② 문서의 종류

  ㉠ 공문서 : 정부기관에서 공무를 집행하기 위해 작성하는 문서로, 단체 또는 일반회사에서 정부기관을 상대로 사업을 진행할 때 작성하는 문서도 포함된다. 엄격한 규격과 양식이 특징이다.

  ㉡ 기획서 : 아이디어를 바탕으로 기획한 프로젝트에 대해 상대방에게 전달하여 시행하도록 설득하는 문서이다.

  ㉢ 기안서 : 업무에 대한 협조를 구하거나 의견을 전달할 때 작성하는 사내 공문서이다.

  ㉣ 보고서 : 특정한 업무에 관한 현황이나 진행 상황, 연구·검토 결과 등을 보고하고자 할 때 작성하는 문서이다.

  ㉤ 설명서 : 상품의 특성이나 작동 방법 등을 소비자에게 설명하기 위해 작성하는 문서이다.

  ㉥ 보도자료 : 정부기관이나 기업체 등이 언론을 상대로 자신들의 정보를 기사화 되도록 하기 위해 보내는 자료이다.

  ㉦ 자기소개서 : 개인이 자신의 성장과정이나, 입사 동기, 포부 등에 대해 구체적으로 기술하여 자신을 소개하는 문서이다.

  ㉧ 비즈니스 레터(E-mail) : 사업상의 이유로 고객에게 보내는 편지다.

  ㉨ 비즈니스 메모 : 업무상 확인해야 할 일을 메모형식으로 작성하여 전달하는 글이다.

③ 문서이해의 절차 : 문서의 목적 이해→문서 작성 배경·주제 파악→정보 확인 및 현안문제 파악→문서 작성자의 의도 파악 및 자신에게 요구되는 행동 분석→목적 달성을 위해 취해야 할 행동 고려→문서 작성자의 의도를 도표나 그림 등으로 요약·정리

(2) 문서작성능력

① 작성되는 문서에는 대상과 목적, 시기, 기대효과 등이 포함되어야 한다.

② 문서작성의 구성요소

  ㉠ 짜임새 있는 골격, 이해하기 쉬운 구조

  ㉡ 객관적이고 논리적인 내용

  ㉢ 명료하고 설득력 있는 문장

  ㉣ 세련되고 인상적인 레이아웃

다음은 들은 내용을 구조적으로 정리하는 방법이다. 순서에 맞게 배열하면?

> ㉠ 관련 있는 내용끼리 묶는다.
> ㉡ 묶은 내용에 적절한 이름을 붙인다.
> ㉢ 전체 내용을 이해하기 쉽게 구조화한다.
> ㉣ 중복된 내용이나 덜 중요한 내용을 삭제한다.

① ㉠㉡㉢㉣

② ㉠㉡㉣㉢

③ ㉡㉠㉢㉣

④ ㉡㉠㉣㉢

음성정보는 문자정보와는 달리 쉽게 잊혀지기 때문에 음성정보를 구조화 시키는 방법을 묻는 문항이다.

내용을 구조적으로 정리하는 방법은 '㉠ 관련 있는 내용끼리 묶는다. → ㉡ 묶은 내용에 적절한 이름을 붙인다. → ㉣ 중복된 내용이나 덜 중요한 내용을 삭제한다. → ㉢ 전체 내용을 이해하기 쉽게 구조화 한다.'가 적절하다.

답 ②

③ 문서의 종류에 따른 작성방법

  ㉠ 공문서

- 육하원칙이 드러나도록 써야 한다.
- 날짜는 반드시 연도와 월, 일을 함께 언급하며, 날짜 다음에 괄호를 사용할 때는 마침표를 찍지 않는다.
- 대외문서이며, 장기간 보관되기 때문에 정확하게 기술해야 한다.
- 내용이 복잡할 경우 '-다음-', '-아래-'와 같은 항목을 만들어 구분한다.
- 한 장에 담아내는 것을 원칙으로 하며, 마지막엔 반드시 '끝'자로 마무리 한다.

  ㉡ 설명서

- 정확하고 간결하게 작성한다.
- 이해하기 어려운 전문용어의 사용은 삼가고, 복잡한 내용은 도표화 한다.
- 명령문보다는 평서문을 사용하고, 동어 반복보다는 다양한 표현을 구사하는 것이 바람직하다.

  ㉢ 기획서

- 상대를 설득하여 기획서가 채택되는 것이 목적이므로 상대가 요구하는 것이 무엇인지 고려하여 작성하며, 기획의 핵심을 잘 전달하였는지 확인한다.
- 분량이 많을 경우 전체 내용을 한눈에 파악할 수 있도록 목차구성을 신중히 한다.
- 효과적인 내용 전달을 위한 표나 그래프를 적절히 활용하고 산뜻한 느낌을 줄 수 있도록 한다.
- 인용한 자료의 출처 및 내용이 정확해야 하며 제출 전 충분히 검토한다.

  ㉣ 보고서

- 도출하고자 하는 핵심내용을 구체적이고 간결하게 작성한다.
- 내용이 복잡할 경우 도표나 그림을 활용하고, 참고자료는 정확하게 제시한다.

• 제출하기 전에 최종점검을 하며 질의를 받을 것에 대비한다.

다음 중 공문서 작성에 대한 설명으로 가장 적절하지 못한 것은?

① 공문서나 유가증권 등에 금액을 표시할 때에는 한글로 기재하고 그 옆에 괄호를 넣어 숫자로 표기한다.
② 날짜는 숫자로 표기하되 년, 월, 일의 글자는 생략하고 그 자리에 온점(.)을 찍어 표시한다.
③ 첨부물이 있는 경우에는 붙임 표시문 끝에 1자 띄우고 "끝."이라고 표시한다.
④ 공문서의 본문이 끝났을 경우에는 1자를 띄우고 "끝."이라고 표시한다.

출제의도

업무를 할 때 필요한 공문서 작성법을 잘 알고 있는지를 측정하는 문항이다.

해 설

공문서 금액 표시
아라비아 숫자로 쓰고, 숫자 다음에 괄호를 하여 한글로 기재한다.
예) 123,456원의 표시 : 금 123,456(금일십이만삼천사백오십육원)

답 ①

④ 문서작성의 원칙

　　㉠ 문장은 짧고 간결하게 작성한다.(간결체 사용)

　　㉡ 상대방이 이해하기 쉽게 쓴다.

　　㉢ 불필요한 한자의 사용을 자제한다.

　　㉣ 문장은 긍정문의 형식을 사용한다.

　　㉤ 간단한 표제를 붙인다.

　　㉥ 문서의 핵심내용을 먼저 쓰도록 한다.(두괄식 구성)

⑤ 문서작성 시 주의사항

　　㉠ 육하원칙에 의해 작성한다.

　　㉡ 문서 작성시기가 중요하다.

　　㉢ 한 사안은 한 장의 용지에 작성한다.

　　㉣ 반드시 필요한 자료만 첨부한다.

　　㉤ 금액, 수량, 일자 등은 기재에 정확성을 기한다.

　　㉥ 경어나 단어사용 등 표현에 신경 쓴다.

　　㉦ 문서작성 후 반드시 최종적으로 검토한다.

⑥ 효과적인 문서작성 요령

    ㉠ 내용이해 : 전달하고자 하는 내용과 핵심을 정확하게 이해해야 한다.

    ㉡ 목표설정 : 전달하고자 하는 목표를 분명하게 설정한다.

    ㉢ 구성 : 내용 전달 및 설득에 효과적인 구성과 형식을 고려한다.

    ㉣ 자료수집 : 목표를 뒷받침할 자료를 수집한다.

    ㉤ 핵심전달 : 단락별 핵심을 하위목차로 요약한다.

    ㉥ 대상파악 : 대상에 대한 이해와 분석을 통해 철저히 파악한다.

    ㉦ 보충설명 : 예상되는 질문을 정리하여 구체적인 답변을 준비한다.

    ㉧ 문서표현의 시각화 : 그래프, 그림, 사진 등을 적절히 사용하여 이해를 돕는다.

(3) 경청능력

① 경청의 중요성 : 경청은 다른 사람의 말을 주의 깊게 들으며 공감하는 능력으로 경청을 통해 상대방을 한 개인으로 존중하고 성실한 마음으로 대하게 되며, 상대방의 입장에 공감하고 이해하게 된다.

② 경청을 방해하는 습관 : 짐작하기, 대답할 말 준비하기, 걸러내기, 판단하기, 다른 생각하기, 조언하기, 언쟁하기, 옳아야만 하기, 슬쩍 넘어가기, 비위 맞추기 등

③ 효과적인 경청방법

    ㉠ 준비하기 : 강연이나 프레젠테이션 이전에 나누어주는 자료를 읽어 미리 주제를 파악하고 등장하는 용어를 익혀둔다.

    ㉡ 주의 집중 : 말하는 사람의 모든 것에 집중해서 적극적으로 듣는다.

    ㉢ 예측하기 : 다음에 무엇을 말할 것인가를 추측하려고 노력한다.

    ㉣ 나와 관련짓기 : 상대방이 전달하고자 하는 메시지를 나의 경험과 관련지어 생각해 본다.

    ㉤ 질문하기 : 질문은 듣는 행위를 적극적으로 하게 만들고 집중력을 높인다.

    ㉥ 요약하기 : 주기적으로 상대방이 전달하려는 내용을 요약한다.

    ㉦ 반응하기 : 피드백을 통해 의사소통을 점검한다.

예제 4

다음은 면접스터디 중 일어난 대화이다. 민아의 고민을 해소하기 위한 조언으로 가장 적절한 것은?

> 지섭 : 민아씨, 어디 아파요? 표정이 안 좋아 보여요.
> 민아 : 제가 원서 넣은 공단이 내일 면접이어서요. 그동안 스터디를 통해서 면접 연습을 많이 했는데도 벌써부터 긴장이 되네요.
> 지섭 : 민아씨는 자기 의견도 명확히 피력할 줄 알고 조리 있게 설명을 잘 하시니 걱정 안하셔도 될 것 같아요. 아, 손에 꽉 쥐고 계신 건 뭔가요?
> 민아 : 아, 제가 예상 답변을 정리해서 모아둔거에요. 내용은 거의 외웠는데 이렇게 쥐고 있지 않으면 불안해서..
> 지섭 : 그 정도로 준비를 철저히 하셨으면 걱정할 이유 없을 것 같아요.
> 민아 : 그래도 압박면접이거나 예상치 못한 질문이 들어오면 어떻게 하죠?
> 지섭 : _____

① 시선을 적절히 처리하면서 부드러운 어투로 말하는 연습을 해보는 건 어때요?
② 공식적인 자리인 만큼 옷차림을 신경 쓰는 게 좋을 것 같아요.
③ 당황하지 말고 질문자의 의도를 잘 파악해서 침착하게 대답하면 되지 않을까요?
④ 예상 질문에 대한 답변을 좀 더 정확하게 외워보는 건 어떨까요?

출제의도

상대방이 하는 말을 듣고 질문 의도에 따라 올바르게 답하는 능력을 측정하는 문항이다.

해설

민아는 압박질문이나 예상치 못한 질문에 대해 걱정을 하고 있으므로 침착하게 대응하라고 조언을 해주는 것이 좋다.

답 ③

---

(4) 의사표현능력

① 의사표현의 개념과 종류

　　㉠ 개념 : 화자가 자신의 생각과 감정을 청자에게 음성언어나 신체언어로 표현하는 행위이다.

　　㉡ 종류

　　　• 공식적 말하기 : 사전에 준비된 내용을 대중을 대상으로 말하는 것으로 연설, 토의, 토론 등이 있다.

　　　• 의례적 말하기 : 사회 · 문화적 행사에서와 같이 절차에 따라 하는 말하기로 식사, 주례, 회의 등이 있다.

　　　• 친교적 말하기 : 친근한 사람들 사이에서 자연스럽게 주고받는 대화 등을 말한다.

② 의사표현의 방해요인

　　㉠ 연단공포증 : 연단에 섰을 때 가슴이 두근거리거나 땀이 나고 얼굴이 달아오르는 등의 현상으로 충분한 분석과 준비, 더 많은 말하기 기회 등을 통해 극복할 수 있다.

　　㉡ 말 : 말의 장단, 고저, 발음, 속도, 쉼 등을 포함한다.

　　㉢ 음성 : 목소리와 관련된 것으로 음색, 고저, 명료도, 완급 등을 의미한다.

　　㉣ 몸짓 : 비언어적 요소로 화자의 외모, 표정, 동작 등이다.

　　㉤ 유머 : 말하기 상황에 따른 적절한 유머를 구사할 수 있어야 한다.

③ 상황과 대상에 따른 의사표현법

   ⊙ 잘못을 지적할 때 : 모호한 표현을 삼가고 확실하게 지적하며, 당장 꾸짖고 있는 내용에만 한정한다.

   ⓒ 칭찬할 때 : 자칫 아부로 여겨질 수 있으므로 센스 있는 칭찬이 필요하다.

   ⓒ 부탁할 때 : 먼저 상대방의 사정을 듣고 응하기 쉽게 구체적으로 부탁하며 거절을 당해도 싫은 내색을 하지 않는다.

   ⓔ 요구를 거절할 때 : 먼저 사과하고 응해줄 수 없는 이유를 설명한다.

   ⓜ 명령할 때 : 강압적인 말투보다는 '○○을 이렇게 해주는 것이 어떻겠습니까?'와 같은 식으로 부드럽게 표현하는 것이 효과적이다.

   ⓑ 설득할 때 : 일방적으로 강요하기보다는 먼저 양보해서 이익을 공유하겠다는 의지를 보여주는 것이 좋다.

   ⓢ 충고할 때 : 충고는 가장 최후의 방법이다. 반드시 충고가 필요한 상황이라면 예화를 들어 비유적으로 깨우쳐주는 것이 바람직하다.

   ⓞ 질책할 때 : 샌드위치 화법(칭찬의 말 + 질책의 말 + 격려의 말)을 사용하여 청자의 반발을 최소화한다.

예제 5

당신은 팀장님께 업무 지시내용을 수행하고 결과물을 보고드렸다. 하지만 팀장님께서는 "최대리 업무를 이렇게 처리하면 어떡하나? 누락된 부분이 있지 않은가."라고 말하였다. 이에 대해 당신이 행할 수 있는 가장 부적절한 대처 자세는?

① "죄송합니다. 제가 잘 모르는 부분이라 이수혁 과장님께 부탁을 했는데 과장님께서 실수를 하신 것 같습니다."
② "주의를 기울이지 못해 죄송합니다. 어느 부분을 수정보완하면 될까요?"
③ "지시하신 내용을 제가 충분히 이해하지 못하였습니다. 내용을 다시 한 번 여쭤보아도 되겠습니까?"
④ "부족한 내용을 보완하는 자료를 취합하기 위해서 하루정도가 더 소요될 것 같습니다. 언제까지 재작성하여 드리면 될까요?"

출제의도

상사가 잘못을 지적하는 상황에서 어떻게 대처해야 하는지를 묻는 문항이다.

해 설

상사가 부탁한 지시사항을 다른 사람에게 부탁하는 것은 옳지 못하며 설사 그렇다고 해도 그 일의 과오에 대해 책임을 전가하는 것은 지양해야 할 자세이다.

답 ①

---

④ 원활한 의사표현을 위한 지침

   ⊙ 올바른 화법을 위해 독서를 하라.

   ⓒ 좋은 청중이 되라.

   ⓒ 칭찬을 아끼지 마라.

   ⓔ 공감하고, 긍정적으로 보이게 하라.

ⓜ 겸손은 최고의 미덕임을 잊지 마라.

ⓗ 과감하게 공개하라.

ⓢ 뒷말을 숨기지 마라.

ⓞ 첫마디 말을 준비하라.

ⓩ 이성과 감성의 조화를 꾀하라.

ⓒ 대화의 룰을 지켜라.

ⓚ 문장을 완전하게 말하라.

⑤ 설득력 있는 의사표현을 위한 지침

㉠ 'Yes'를 유도하여 미리 설득 분위기를 조성하라.

㉡ 대비 효과로 분발심을 불러 일으켜라.

㉢ 침묵을 지키는 사람의 참여도를 높여라.

㉣ 여운을 남기는 말로 상대방의 감정을 누그러뜨려라.

㉤ 하던 말을 갑자기 멈춤으로써 상대방의 주의를 끌어라.

㉥ 호칭을 바꿔서 심리적 간격을 좁혀라.

㉦ 끄집어 말하여 자존심을 건드려라.

㉧ 정보전달 공식을 이용하여 설득하라.

㉨ 상대방의 불평이 가져올 결과를 강조하라.

㉩ 권위 있는 사람의 말이나 작품을 인용하라.

㉪ 약점을 보여 주어 심리적 거리를 좁혀라.

㉫ 이상과 현실의 구체적 차이를 확인시켜라.

㉬ 자신의 잘못도 솔직하게 인정하라.

㉭ 집단의 요구를 거절하려면 개개인의 의견을 물어라.

ⓐ 동조 심리를 이용하여 설득하라.

ⓑ 지금까지의 노고를 치하한 뒤 새로운 요구를 하라.

ⓒ 담당자가 대변자 역할을 하도록 하여 윗사람을 설득하게 하라.

ⓓ 겉치레 양보로 기선을 제압하라.

ⓔ 변명의 여지를 만들어 주고 설득하라.

ⓕ 혼자 말하는 척하면서 상대의 잘못을 지적하라.

(5) 기초외국어능력

① 기초외국어능력의 개념과 필요성

　　㉠ 개념 : 외국어로 된 간단한 자료를 이해하거나, 외국인과의 전화응대와 간단한 대화 등 외국인의 의사표현을 이해하고, 자신의 의사를 기초외국어로 표현할 수 있는 능력이다.

　　㉡ 필요성 : 국제화·세계화 시대에 다른 나라와의 무역을 위해 우리의 언어가 아닌 국제적인 통용어를 사용하거나 그들의 언어로 의사소통을 해야 하는 경우가 생길 수 있다.

② 외국인과의 의사소통에서 피해야 할 행동

　　㉠ 상대를 볼 때 흘겨보거나, 노려보거나, 아예 보지 않는 행동

　　㉡ 팔이나 다리를 꼬는 행동

　　㉢ 표정이 없는 것

　　㉣ 다리를 흔들거나 펜을 돌리는 행동

　　㉤ 맞장구를 치지 않거나 고개를 끄덕이지 않는 행동

　　㉥ 생각 없이 메모하는 행동

　　㉦ 자료만 들여다보는 행동

　　㉧ 바르지 못한 자세로 앉는 행동

　　㉨ 한숨, 하품, 신음소리를 내는 행동

　　㉩ 다른 일을 하며 듣는 행동

　　㉪ 상대방에게 이름이나 호칭을 어떻게 부를지 묻지 않고 마음대로 부르는 행동

③ 기초외국어능력 향상을 위한 공부법

　　㉠ 외국어공부의 목적부터 정하라.

　　㉡ 매일 30분씩 눈과 손과 입에 밸 정도로 반복하라.

　　㉢ 실수를 두려워하지 말고 기회가 있을 때마다 외국어로 말하라.

　　㉣ 외국어 잡지나 원서와 친해져라.

　　㉤ 소홀해지지 않도록 라이벌을 정하고 공부하라.

　　㉥ 업무와 관련된 주요 용어의 외국어는 꼭 알아두자.

　　㉦ 출퇴근 시간에 외국어 방송을 보거나, 듣는 것만으로도 귀가 트인다.

　　㉧ 어린이가 단어를 배우듯 외국어 단어를 암기할 때 그림카드를 사용해 보라.

　　㉨ 가능하면 외국인 친구를 사귀고 대화를 자주 나눠 보라.

출제예상문제

1 다음은 △△공사의 '열효율개선사업'지원 공고문이다. 공고문의 내용을 잘못 이해한 사람은?

1. 사업개요

가. 사 업 명 : 도망가는 에너지를 잡아라! 20○○△△공사 온(溫)누리 열효율개선사업

나. 대상지역 : 강원도, 경기도, 경상북도, 대구광역시, 서울특별시, 충청북도, 제주특별자치도

다. 신청기간 : 20○○. ○○. ○○.까지 (우편소인 도착분 인정)

라. 지원대상 : 취약계층 이용·거주시설(경로당 포함) 및 저소득가구

마. 주관 : ○○협회

바. 후원 : △△공사

2. 지원 내용

모집지역	강원도, 경기도, 경상북도, 대구광역시, 서울특별시, 충청북도, 제주특별자치도	
신청방법	[사회복지시설] –사회복지시설이 직접 신청(단, 경로당의 경우 해당 지역 주민센터에서 신청 가능) [저소득가구] –사회복지시설 및 지자체가 해당하는 가구를 추천 및 신청	
지원대상	지원 대상	• 취약계층이 이용하는 생활 사회복지시설 (노인복지시설 – '경로당'포함) • 저소득가구 (기초생활수급자, 차상위계층 및 추천시설에서 인정하는 저소득가정)
	지원 불가	[사회복지시설] – 미신고시설 – 시설설립 후 1년이 지나지 않은 시설 (사업공고일 기준) – 2008년 7월 1일 이후 개인이 설치·신고한 노인장기요양기관 – 5년 이내의 신축건물 – 기타 배분 규정에 따라 배분 제외 대상인 시설 [저소득가구] – 국가 및 지방자치단체, 정부공공기관 소유임대 가구 – 무허가주택 거주 가구 – 기타 배분 규정에 따라 배분 제외 대상인 가구
	기타	– 2년 이내(사업공고일 기준)에 지방자치단체 및 민간단체로부터 에너지효율 개선사업 관련 내용에 대한 지원을 받은 대상의 경우 신청은 가능하나 심사과정에서 선정 우선순위에서 차순위로 밀려날 수 있음

지원내용	– 보일러 및 바닥, 단열, LED 등, 창호교체 기타 에너지 열효율개선을 위한 보수 공사(에너지효율 개선을 위한 도배, 장판 포함 –단순 도배·장판의 경우 지원 불가) ※ 지원제외 : LNG 도시가스 인입, 대체에너지(태양열, 지열 등), 지붕 공사, 단순 도배·장판, 미관을 목적으로 하는 인테리어 공사, 기타 에너지 효율화와 관련이 없는 개·보수
지원한도	가구별 최대 430만 원 내외 지원 시설별 최대 2,000만 원 내외 지원 ※ 건축물 면적, 이용 및 생활인원 수, 현장실사결과 등에 따른 차등 지원
시공	사회적 기업 시공업체 등 〈일부 지역 예외〉

① 갑 : 열효율개선사업은 전국을 대상으로 하지 않는 것 같군.

② 을 : 온라인으로는 신청이 안 되고 우편으로 신청을 해야 하는가 보군.

③ 병 : 사회복지시설 및 지자체가 추천한 업체가 시공을 담당하겠군.

④ 정 : 저소득가구가 2년 이내 관련 지원을 받은 경우 신청이 불가능한 것은 아니군.

⑤ 무 : 가구별 지원 한도와 시설별 지원 한도는 최대 2배 이상 차이가 나는군.

✔ 해설 △△공사의 '열효율개선사업'은 취약계층 이용·거주 시설 및 저소득가구를 대상으로 보일러 및 바닥 등 열효율개선을 위한 보수 공사를 지원하는 사업이다. 병은 "사회복지시설 및 지자체가 추천한 업체가 시공을 담당"할 것으로 보는데, 공고문에는 그 대상이 '사회적 기업 시공업체 등'으로 명시되어 있으므로 잘못 이해하였다.
① 열효율개선사업은 전국이 아닌 강원도, 경기도, 경상북도, 대구광역시, 서울특별시, 충청북도, 제주특별자치도를 대상으로 한다.
② 신청기간까지 우편소인 도착분을 인정한다고 공고하였으므로 온라인이 아닌 우편신청을 전제하고 있다.
④ 2년 이내 관련 지원을 받은 대상의 경우 신청은 가능하나 심사과정에서 선정 우선순위에서 차순위로 밀려날 수 있다.
⑤ 가구별 최대 지원 한도는 430만 원 이내이고, 시설은 최대 2,000만 원 이내로 2배 이상 차이가 난다.

2 다음은 OO 금융 공사의 동향 보고서이다. 이를 평가한 것으로 글의 내용과 부합하지 않는 것은?

연방준비제도(이하 연준)가 고용 증대에 주안점을 둔 정책을 입안한다 해도 정책이 분배에 미치는 영향을 고려하지 않는다면, 그 정책은 거품과 불평등만 부풀릴 것이다. 기술 산업의 거품 붕괴로 인한 경기 침체에 대응하여 2000년대 초에 연준이 시행한 저금리 정책이 이를 잘 보여준다.

특정한 상황에서는 금리 변동이 투자와 소비의 변화를 통해 경기와 고용에 영향을 줄 수 있다. 하지만 다른 수단이 훨씬 더 효과적인 상황도 많다. 가령 부동산 거품에 대한 대응책으로는 금리 인상보다 주택 담보 대출에 대한 규제가 더 합리적이다. 생산적 투자를 위축시키지 않으면서 부동산 거품을 가라앉힐 수 있기 때문이다.

경기 침체기라 하더라도 금리 인하는 은행의 비용을 줄여주는 것 말고는 경기 회복에 별다른 도움이 되지 않을 수 있다. 대부분의 부분에서 설비 가동률이 낮은 상황이라면, 2000년대 초가 바로 그런 상황이었기 때문에, 당시의 저금리 정책은 생산적인 투자 증가 대신에 주택 시장의 거품만 초래한 것이다.

금리 인하는 국공채에 투자했던 퇴직자들의 소득을 감소시켰다. 노년층에서 정부로, 정부에서 금융업으로 부의 대규모 이동이 이루어져 불평등이 심화되었다. 이에 따라 금리 인하는 다양한 경로로 소비를 위축시켰다. 은퇴 후의 소득을 확보하기 위해, 혹은 자녀의 학자금을 확보하기 위해 사람들은 저축을 늘렸다. 연준은 금리 인하가 주가 상승으로 이어질 것이므로 소비가 늘어날 것이라고 주장했다. 하지만 2000년대 초 연준의 금리 인하 이후 주가 상승에 따라 발생한 이득은 대체로 부유층에 집중되었으므로 대대적인 소비 증가로 이어지지 않았다.

2000년대 초 고용 증대를 기대하고 시행한 연준의 저금리 정책은 노동을 자본으로 대체하는 투자를 증대시켰다. 인위적인 저금리로 자본 비용이 낮아지자 이런 기회를 이용하려는 유인이 생겨났다. 노동력이 풍부한 상황인데도 노동을 절약하는 방향의 혁신이 강화되었고, 미숙련 노동자들의 실업률이 높은 상황인데도 가게들은 계산원을 해고하고 자동화 기계를 들여놓았다. 경기가 회복되더라도 실업률이 떨어지지 않는 구조가 만들어진 것이다.

① 갑 : 2000년대 초 연준의 금리 인하로 국공채에 투자한 퇴직자의 소득이 줄어들어 금융업에서 정부로 부가 이동하였다.

② 을 : 2000년대 초 연준은 고용 증대를 기대하고 금리를 인하했지만 결과적으로 고용 증대가 더 어려워지도록 만들었다.

③ 병 : 2000년대 초 기술 산업 거품의 붕괴로 인한 경기 침체기에 설비 가동률은 대부분 낮은 상태였다.

④ 정 : 2000년대 초 연준이 금리 인하 정책을 시행한 후 주택 가격과 주식 가격은 상승하였다.

⑤ 무 : 금리 인상은 부동산 거품 대응 정책 가운데 가장 효과적인 정책이 아닐 수 있다.

✔ 해설 갑은 2000년대 초 연준의 금리 인하로 국공채에 투자한 퇴직자의 소득이 줄어들어 금융업으로부터 정부로 부가 이동했다고 보고 있다. 그러나 네 번째 문단을 보면 금리 인하가 실시되면서 노년층에서 정부로, 정부에서 금융업으로 부의 대규모 이동이 이루어졌다. 즉 '금융업으로부터 정부로 부가 이동했다고 보는 것'은 제시문과 역행하는 것이다.

② 다섯 번째 문단에는 2000년대 초 연준의 저금리 정책은 고용 증대를 위해 시행되었다. 그리고 저금리로 자본 비용이 낮아지면 노동 절약을 위한 혁신이 강화되어 고용 증대는 이루어지지 않았음을 지적한다.

③ 첫 번째 문단에서는 저금리 정책이 시행되던 2000년대 초는 기술 산업의 거품 붕괴로 인해 경기 침체가 발생한 상황이 나타난다. 세 번째 문단 역시 2000년대 초에 설비 가동률이 낮았음을 언급하고 있다.

④ 세 번째 문단은 2000년대 초의 저금리 정책이 주택 시장의 거품을 초래했다고 설명한다. 또한 네 번째 문단에서는 연준의 금리 인하 이후 주가가 상승했음이 나타난다. 이를 통해 금리 인하 정책이 시행된 후 주택 가격과 주식 가격이 상승했음을 알 수 있다는 정의 주장을 확인할 수 있다.

⑤ 두 번째 문단을 보면 부동산 거품에 대한 더 합리적인 대응책은 금리의 변동보다 주택 담보 대출에 대한 규제이다.

Answer 2.①

3 귀하는 OO 품질연구원의 교육담당자로 근무하고 있다. 아래의 교육 자료에 대한 회사 직원들의 반응으로 가장 적절하지 않은 것은?

[역사 속의 오늘 사건] 1903년 6월 16일. 노동 시스템 바꾼 포드 자동차 회사 설립

헨리 포드는 1903년에 미국 미시간주 디어본에 포드 자동차 회사를 설립한다. 이 포드 자동차 회사는 현대의 노동 시스템을 완전히 획기적으로 바꾸어 놓았다.

바로 1913년에 컨베이어 벨트 생산 방식을 만들어 대량 생산의 기틀을 마련한 것이다. 사실 이 것이 헨리 포드의 가장 큰 업적이자 산업 혁명의 정점이라 볼 수 있는데, 이는 산업 혁명으로 얻어진 인류의 급격한 기술적 성과를 대중에게 널리 보급하는 기틀을 마련한 것이다. 컨베이어 벨트 등 일련의 기술 발전 덕분에 노동자 숫자가 중요한 게 아니라 기계를 잘 다룰 줄 아는 숙련공의 존재가 중요해졌다. 하지만 숙련공들은 일당에 따라서 공장을 옮기는 게 예사였고, 품질관리와 생산력이라는 측면에서 공장주들에게는 골치 아픈 일이었다.

이를 한 방에 해결한 게 1914년 '일당 $5'정책이었다. 필요 없는 인력은 해고하되 필요한 인력에게는 고임금과 단축된 근로시간을 제시하였다. 이렇게 되니 오대호 근처의 모든 숙련공이 포드 공장으로 모이기 시작했고, 이런 숙련공들 덕분에 생산성은 올라가고 품질 컨트롤도 일정하게 되었다. 일급을 5달러로 올린 2년 뒤에 조사한 바에 따르면 포드 종업원들의 주택 가격 총액은 325만 달러에서 2,000만 달러로 늘어났고 평균 예금 액수도 196달러에서 750달러로 늘어났다. 바로 중산층이 생겨난 것이다.

이것은 당시로는 너무나 획기적인 일이라 그 당시 시사만평 같은 매체에서는 포드의 노동자들이 모피를 입고 기사가 모는 자가용 자동차를 타고 포드 공장에 일하러 가는 식으로 묘사되기도 했다. 또한, 헨리 포드는 주 5일제 40시간 근무를 최초로 실시한 사람이기도 하다. 산업혁명 이후 착취에 시달리던 노동자들에겐 여러모로 크게 영향을 미쳤다고 할 수 있다. 헨리 포드가 누누이 말하는 "내가 현대를 만든 사람이야."의 주축이 된 포드 자동차 회사를 설립한 날은 1903년 6월 16일이다.

---

① A : 기계의 도입으로 노동력을 절감했을 것이다.

② B : 미숙련공들은 포드 자동차 회사에 취업하기 힘들었을 것이다.

③ C : 퇴근 후의 여가 시간 비중이 늘어났을 것이다.

④ D : 종업원들은 경제적으로도 이전보다 풍요로워졌을 것이다.

⑤ E : 자동차를 판매한 이윤으로 더 많은 생산 시설을 늘렸을 것이다.

✔해설 헨리 포드는 자신의 자동차 회사를 설립하여 노동 시스템을 바꿔 놓았다. E는 "자동차를 판매한 이윤으로 더 많은 생산 시설을 늘렸을 것이다."라고 했는데 이는 제시문과 맞지 않는다. 세 번째 문단에 따르면 이윤을 통해 생산 시설을 늘리기보다는 종업원들에게 더 높은 임금을 지급했음이 나타난다.
① 두 번째 문단의 컨베이어 벨트 생산 방식을 통해 노동력을 절감했을 것이다.
② 두 번째 문단에 따르면 기계를 잘 다룰 줄 아는 숙련공의 존재가 중요해졌음이 나타난다.
③ 네 번째 문단에 따르면 포드는 주 5일제 40시간 근무를 최초로 실시했음이 나타난다.
④ 세 번째 문단에 따르면 포드 종업원들의 주택 가격 총액은 345만 달러에서 2,000만 달러로 늘었고 평균 예금 액수도 4배 가까이 늘어났다.

4 다음의 국민참여예산제도에 대한 설명 중 일부이다. 밑줄 친 단어의 의미와 동일하게 쓰인 것은?

> 정부는 예산국민참여단이 압축한 참여예산 후보사업에 대해 선호도를 조사합니다. 일반국민의 사업 선호도 파악을 위해 性, 연령, 지역별 대표성이 확보되도록 표본을 추출하여 설문조사를 하고, 예산국민참여단의 사업 선호도는 오프라인에서 투표를 실시하여 조사합니다. 참여예산후보사업에 대한 일반국민과 예산국민참여단의 선호도가 집계되면 정부는 재정정책자문회의에서 선호도 조사 결과를 논의하고, 국무회의에서 참여예산사업을 포함한 정부예산안을 확정하여 국회에 제출하게 됩니다. 이후 국회는 정부예산안을 심의·의결하는데 참여예산사업도 예산안의 일부이므로 여타 사업과 동일한 절차를 <u>거쳐</u> 국회에서 확정되게 됩니다.

① 학생들은 초등학교부터 중학교, 고등학교를 <u>거쳐</u> 대학에 입학하게 된다.
② 가장 어려운 문제를 해결했으니 이제 특별히 <u>거칠</u> 문제는 없다.
③ 이번 출장 때는 독일 베를린을 <u>거쳐</u> 오스트리아 빈을 다녀올 예정이다.
④ 오랜만에 뒷산에 올라 보니, 무성하게 자란 칡덩굴이 발에 <u>거친다</u>.
⑤ 아이가 먹는 음식은 모두 엄마의 손을 <u>거쳐야</u> 했다.

✔해설 ① 어떤 과정이나 단계를 겪거나 밟다.
② 마음에 거리끼거나 꺼리다.
③ 오가는 도중에 어디를 지나거나 들르다.
④ 무엇에 걸리거나 막히다.
⑤ 검사하거나 살펴보다.

5 귀하는 OO공단의 직원으로 공문서 교육을 담당하게 되었다. 신입사원을 대상으로 아래의 규정을 교육한 후 적절한 평가를 한 사람은?

제00조(문서의 성립 및 효력발생)

① 문서는 결재권자가 해당 문서에 서명(전자이미지서명, 전자문자서명 및 행정 전자서명을 포함한다.)의 방식으로 결재함으로 성립한다.

② 문서는 수신자에게 도달(전자문서의 경우는 수신자가 지정한 전자적 시스템에 입력되는 것을 말한다.)됨으로써 효력이 발생한다.

③ 제2항에도 불구하고 공고문서는 그 문서에서 효력발생 시기를 구체적으로 밝히고 있지 않으면 그 고시 또는 공고가 있는 날부터 5일이 경과한 때에 효력이 발생한다.

제00조(문서 작성의 일반원칙)

① 문서는 어문규범에 맞게 한글로 작성하되, 뜻을 정확하게 전달하기 위하여 필요한 경우에는 괄호 안에 한자나 그 밖의 외국어를 함께 적을 수 있으며, 특별한 사유가 없으면 가로로 쓴다.

② 문서의 내용은 간결하고 명확하게 표현하고 일반화되지 않은 약어와 전문용어 등의 사용을 피하여 이해하기 쉽게 작성하여야 한다.

③ 문서에는 음성정보나 영상정보 등을 수록할 수 있고 연계된 바코드 등을 표기할 수 있다.

④ 문서에 쓰는 숫자는 특별한 사유가 없으면 아라비아 숫자를 쓴다.

⑤ 문서에 쓰는 날짜는 숫자를 표기하되, 연·월·일의 글자는 생략하고 그 자리에 온점(.)을 찍어 표기하며, 시·분은 24시각제에 따라 숫자로 표기하되, 시·분의 글자는 생략하고 그 사이에 쌍점(:)을 찍어 구분한다. 다만 특별한 사유가 있으면 다른 방법으로 표시할 수 있다.

---

① 박 사원 : 문서에 '2020년 7월 18일 오후 11시 30분'을 표기해야 할 때 특별한 사유가 없으면 '2020. 7. 18. 23:30'으로 표기한다.

② 채 사원 : 2020년 9월 7일 공고된 문서에 효력발생 시기가 구체적으로 명시되지 않은 경우 그 문서의 효력은 즉시 발생한다.

③ 한 사원 : 전자문서의 경우 해당 수신자가 지정한 전자적 시스템에 도달한 문서를 확인한 때부터 효력이 발생한다.

④ 현 사원 : 문서 작성 시 이해를 쉽게 하기 위해 일반화되지 않은 약어와 전문 용어를 사용하여 작성하여야 한다.

⑤ 윤 사원 : 연계된 바코드는 문서에 함께 표기할 수 없기 때문에 영상 파일로 처리하여 첨부하여야 한다.

✅ 해설 문서 작성의 일반원칙 제5항에 의거하여 연·월·일의 글자는 생략하고 그 자리에 온점(.)을 찍어 표시한다.

'2020년 7월 18일'은 '2018. 7. 18.'로, 시·분은 24시각제에 따라 쌍점을 찍어 구분하므로 '오후 11시 30분'은 '23:30':으로 표기해야 한다.

② 문서의 성립 및 효력발생 제3항에 의거하여 문서의 효력은 시기를 구체적으로 밝히고 있지 않으면 즉시 효력이 발생하는 것이 아니고 고시 또는 공고가 있는 날부터 5일이 경과한 때에 발생한다.

③ 문서의 성립 및 효력발생 제2항에 의거하여 전자문서의 경우 수신자가 확인하지 않더라도 지정한 전자적 시스템에 입력됨으로써 효력이 발생한다.

④ 문서 작성의 일반원칙 제2항에 의거하여 문서의 내용은 일반화되지 않은 약어와 전문 용어 등의 사용을 피하여야 한다.

⑤ 문서 작성의 일반원칙 제3항에 의거하여 문서에는 영상정보 등을 수록할 수 있고 연계된 바코드 등을 표기할 수 있다.

[6~7] 다음은 소비자 보호 기관의 보고서이다. 이를 읽고 물음에 답하시오.

사회 구성원들이 경제적 이익을 추구하는 과정에서 불법 행위를 감행하기 쉬운 상황일수록 이를 억제하는 데에는 금전적 제재 수단이 효과적이다.

현행법상 불법 행위에 대한 금전적 제재 수단에는 민사적 수단인 손해 배상, 형사적 수단인 벌금, 행정적 수단인 과징금이 있으며, 이들은 각각 피해자의 구제, 가해자의 징벌, 법 위반 상태의 시정을 목적으로 한다. 예를 들어 기업들이 담합하여 제품 가격을 인상했다가 적발된 경우, 그 기업들은 피해자에게 손해 배상 소송을 제기당하거나 법원으로부터 벌금형을 선고받을 수 있고 행정기관으로부터 과징금도 부과 받을 수 있다. 이처럼 하나의 불법 행위에 대해 세 가지 금전적 제재가 내려질 수 있지만 제재의 목적이 서로 다르므로 중복 제재는 아니라는 것이 법원의 판단이다.

그런데 우리나라에서는 기업의 불법 행위에 대해 손해 배상 소송이 제기되거나 벌금이 부과되는 사례는 드물어서, 과징금 등 행정적 제재 수단이 억제 기능을 수행하는 경우가 많다. 이런 상황에서는 과징금 등 행정적 제재의 강도를 높임으로써 불법 행위의 억제력을 끌어올릴 수 있다. 그러나 적발 가능성이 매우 낮은 불법 행위의 경우에는 과징금을 올리는 방법만으로는 억제력을 유지하는 데 한계가 있다. 또한, 피해자에게 귀속되는 손해 배상금과는 달리 벌금과 과징금은 국가에 귀속되므로 과징금을 올려도 피해자에게는 ㉠직접적인 도움이 되지 못한다. 이 때문에 적발 가능성이 매우 낮은 불법 행위에 대해 억제력을 높이면서도 손해 배상을 더욱 충실히 할 방안들이 요구되는데 그 방안 중 하나가 '징벌적 손해 배상 제도'이다.

이 제도는 불법 행위의 피해자가 손해액에 해당하는 배상금에다 가해자에 대한 징벌의 성격이 가미된 배상금을 더하여 배상받을 수 있도록 하는 것을 내용으로 한다. 일반적인 손해 배상 제도에서는 피해자가 손해액을 초과하여 배상받는 것이 불가능하지만 징벌적 손해 배상 제도에서는 ㉡그것이 가능하다는 점에서 이례적이다. 그런데 ㉢이 제도는 민사적 수단인 손해 배상 제도이면서도 피해자가 받는 배상금 안에 ㉣벌금과 비슷한 성격이 가미된 배상금이 포함된다는 점 때문에 중복 제재의 발생과 관련하여 의견이 엇갈리며, 이 제도 자체에 대한 찬반양론으로 이어지고 있다.

이 제도의 반대론자들은 징벌적 성격이 가미된 배상금이 피해자에게 부여되는 ⑩횡재라고 본다. 또한 징벌적 성격이 가미된 배상금이 형사적 제재 수단인 벌금과 함께 부과될 경우에는 가해자에 대한 중복 제재가 된다고 주장한다. 반면에 찬성론자들은 징벌적 성격이 가미된 배상금을 피해자들이 소송을 위해 들인 시간과 노력에 대한 정당한 대가로 본다. 따라서 징벌적 성격이 가미된 배상금도 피해자의 구제를 목적으로 하는 민사적 제재의 성격을 갖는다고 보아야 하므로 징벌적 성격이 가미된 배상금과 벌금이 함께 부과되더라도 중복 제재가 아니라고 주장한다.

6 문맥을 고려할 때 ㉠~⑩에 대한 설명으로 적절하지 않은 것은?

① ㉠은 피해자가 금전적으로 구제받는 것을 의미한다.

② ㉡은 피해자가 손해액을 초과하여 배상받는 것을 가리킨다.

③ ㉢은 징벌적 손해 배상 제도를 가리킨다.

④ ㉣은 행정적 제재 수단으로서의 성격을 말한다.

⑤ ⑩은 배상금 전체에서 손해액에 해당하는 배상금을 제외한 금액을 의미한다.

> ✔해설 문단에서는 벌금이 형사적 수단이라고 언급되어 있으므로 행정적 제재 수단으로 규정한 것은 적절하지 않다.
>
> ① ㉠의 의미는 '피해자에게 귀속되는 손해 배상금'에 해당한다. 여기서 손해배상금은 문단에서 설명한 '손해 배상은 피해자의 구제를 목적으로 한다는 점'을 고려할 때 피해자가 금전적으로 구제받는 것을 의미한다.
>
> ② ㉡의 맥락은 일반적인 손해 배상 제도에서는 피해자가 손해액을 초과하여 배상받는 것이 불가능하지만 징벌적 손해 배상 제도에서는 피해자가 손해액을 초과하여 배상받는 것이 가능하다는 것을 나타낸다.
>
> ③ ㉢의 이 제도는 징벌적 손해 배상 제도를 설명하고 있다.
>
> ⑤ ⑩은 네 번째 문단 앞부분에 "이 제도는 불법 행위의 피해자가 손해액에 해당하는 배상금에다 가해자에 대한 징벌의 성격이 가미된 배상금을 더하여 배상받을 수 있도록 하는 것을 내용으로 한다"는 내용이 언급되어 있다. 따라서 '횡재'가 의미하는 것은 손해액보다 더 받는 돈에 해당하는 징벌적 성격이 가미된 배상을 의미한다.

7 윗글을 바탕으로 〈보기〉를 이해한 내용으로 적절하지 않은 것은?

보기

　우리나라의 법률 중에는 징벌적 손해 배상 제도의 성격을 가진 규정이 「하도급거래 공정화에 관한 법률」제35조에 포함되어 있다. 이 규정에 따르면 하도급거래 과정에서 자기의 기술자료를 유용당하여 손해를 입은 피해자는 그 손해의 3배까지 가해자로부터 배상받을 수 있다.

① 박 사원 : 이 규정에 따라 피해자가 받게 되는 배상금은 국가에 귀속되겠군.

② 이 주임 : 이 규정의 시행으로, 기술자료를 유용해 타인에게 손해를 끼치는 행위가 억제되는 효과가 생기겠군.

③ 유 대리 : 이 규정에 따라 피해자가 손해의 3배를 배상받을 경우에는 배상금에 징벌적 성격이 가미된 배상금이 포함되겠군.

④ 고 과장 : 일반적인 손해 배상 제도를 이용할 때보다 이 규정을 이용할 때에 피해자가 받을 수 있는 배상금의 최대한도가 더 커지겠군.

⑤ 김 팀장 : 이 규정이 만들어진 것으로 볼 때, 하도급거래 과정에서 발생하는 기술자료 유용은 적발 가능성이 매우 낮은 불법 행위에 해당하겠군.

> **해설** 〈보기〉는 징벌적 손해 배상 제도를 설명하고 있는데, 네 번째 문단에서는 피해자에게 배상금을 지급한다고 설명되어 있으므로 박 사원의 '배상금을 국가에 귀속'한다는 것은 적절하지 않다.
> ② 세 번째 문단에서는 "적발 가능성이 매우 낮은 불법 행위에 대해 억제력을 높이면서도 손해 배상을 더욱 충실히 할 방안들이 요구되는데 그 방안 중 하나가 징벌적 손해 배상 제도다."라고 되어 있으므로 이 주임은 적절히 이해하였다.
> ③ 피해자가 받은 배상금은 손해액과 징벌적 성격이 가미된 배상금이므로 유 대리는 적절히 이해하였다.
> ④ 네 번째 문단에서는 "일반적인 손해 배상 제도에서는 피해자가 손해액을 초과하여 배상받는 것이 불가능하지만 징벌적 손해 배상 제도에서는 그것이 가능하다."라고 했으므로 고 과장은 적절히 이해하였다.
> ⑤ 세 번째 문단에서는 징벌적 손해 배상 제도가 나온 배경으로 "적발 가능성이 매우 낮은 불법 행위에 대해 억제력을 높이면서도 손해배상을 더욱 충실히 할 방안들이 요구되는데"라고 제시하였으므로 김 팀장은 적절히 이해하였다.

Answer　6.④　7.①

8 다음은 행복 아파트의 애완동물 사육규정의 일부이다. 다음과 같은 규정을 참고할 때, 거주자들에게 안내되어야 할 사항으로 적절하지 않은 것은?

제4조 (애완동물 사육 시 준수사항)
① 애완동물은 훈련을 철저히 하며 항상 청결상태를 유지하고, 소음발생 등으로 입주자 등에게 피해를 주지 않아야 한다.
② 애완동물의 사육은 규정된 종류의 동물에 한하며, 년 ○회 이상 정기검진을 실시하고 진드기 및 해충기생 등의 예방을 철저히 하여야 한다.
③ 애완동물을 동반하여 승강기에 탑승할 경우 반드시 안고 탑승, 타인에게 공포감을 주지 말아야 한다.
④ 애완동물과 함께 산책할 경우 반드시 목줄을 사용하여야 하며, 배설물을 수거할 수 있는 장비를 지참하여 즉시 수거하여야 한다.
⑤ 애완동물을 동반한 야간 외출 시 손전등을 휴대하여 타인에게 공포감을 주지 않도록 하여야 한다.
⑥ 앞, 뒤 베란다 배수관 및 베란다 밖으로 배변처리를 금지한다.
⑦ 애완동물과 함께 체육시설, 화단 등 공공시설의 출입은 금지한다.

제5조 (애완동물 사육에 대한 동의)
① 애완견동물을 사육하고자 하는 세대에서는 단지 내 애완동물 동호회를 만들거나 가입하여 공공의 이익을 위하여 활동할 수 있다.
② 애완동물을 사육하는 세대는 사육 동물의 종류와 마리 수를 관리실에 고지해야 하며 애완동물을 제외한 기타 가축을 사육하고자 하는 세대에서는 반드시 관리실의 동의를 구하여야 한다.
③ 애완동물 사육 시 해당동의 라인에서 입주민 다수의 민원(반상회 건의 등)이 있는 세대에는 재발방지를 위하여 서약서를 징구할 수 있으며, 이후 재민원이 발생할 경우 관리규약에 의거하여 애완동물을 사육할 수 없도록 한다.
④ 세대 당 애완동물의 사육두수는 ○마리로 제한한다.

제6조 (환경보호)
① 애완동물을 사육하는 세대는 동호회에서 정기적으로 실시하는 단지 내 공용부분의 청소에 참여하여야 한다.
② 청소는 동호회에서 관리하며, 청소에 참석하지 않는 세대는 동호회 회칙으로 정한 청소비를 납부하여야 한다.

① "애완동물 동호회에 가입하지 않으신 애완동물 사육 세대에서도 공용부분 청소에 참여하셔야 합니다."

② "애완동물을 사육하는 세대는 사육 동물의 종류와 마리 수를 관리실에 반드시 고지하셔야 합니다."

③ "단지 내 주민 체육관에는 애완동물을 데리고 입장하실 수 없으니 착오 없으시기 바랍니다."

④ "애완동물을 동반하고 이동하실 경우, 승강기 이용이 제한되오니 반드시 계단을 이용해 주시기 바랍니다."

⑤ "베란다 배수관을 통해 배변처리를 할 수 없음을 유념해주시길 바랍니다."

✔ 해설 애완동물을 데리고 승강기에 탑승할 경우 반드시 안고 탑승해야 하며, 타인에게 공포감을 주지 말아야 한다는 규정은 있으나, 승강기 이용이 제한되거나 반드시 계단을 이용해야만 하는 것은 아니므로 잘못된 안내 사항이다.

9 다음 두 글에서 공통적으로 말하고자 하는 것은 무엇인가?

> (가) 많은 사람들이 기대했던 우주왕복선 챌린저는 발사 후 1분 13초만에 폭발하고 말았다. 사건 조사단에 의하면, 사고원인은 챌린저 주엔진에 있던 O-링에 있었다. O-링은 디오콜사가 NASA로부터 계약을 따내기 위해 저렴한 가격으로 생산될 수 있도록 설계되었다. 하지만 첫 번째 시험에 들어가면서부터 설계상의 문제가 드러나기 시작하였다. NASA의 엔지니어들은 그 문제점들을 꾸준히 제기했으나, 비행시험에 실패할 정도의 고장이 아니라는 것이 디오콜사의 입장이었다. 하지만 O-링을 설계했던 과학자도 문제점을 인식하고 문제가 해결될 때까지 챌린저 발사를 연기하도록 회사 매니저들에게 주지시키려 했지만 거부되었다. 한 마디로 그들의 노력이 미흡했기 때문이다.
>
> (나) 과학의 연구 결과는 사회에서 여러 가지로 활용될 수 있지만, 그 과정에서 과학자의 의견이 반영되는 일은 드물다. 과학자들은 자신이 책임질 수 없는 결과를 이 세상에 내놓는 것과 같다. 과학자는 자신이 개발한 물질을 활용하는 과정에서 나타날 수 있는 위험성을 충분히 알리고 그런 물질의 사용에 대해 사회적 합의를 도출하는 데 적극 협조해야 한다.

① 과학적 결과의 장단점
② 과학자와 기업의 관계
③ 과학자의 윤리적 책무
④ 과학자의 학문적 한계
⑤ 과학자의 사회적 영향

> ✔해설 (가) : 과학자가 설계의 문제점을 인식하고도 노력하지 않았기 때문에 결국 우주왕복선이 폭발하고 마는 결과를 가져왔다고 말하고 있다.
> (나) : 과학자는 자신이 개발한 물질의 위험성을 알리고 사회적 합의를 도출하는 데 협조해야 한다고 말하고 있다.
> 두 글을 종합해 보았을 때 공통적으로 말하고자 하는 바는 '과학자로서의 윤리적 책무를 다해야 한다.'라는 것을 알 수 있다.

10 다음에서 주장하고 있는 내용으로 적절한 것은?

> 기본적으로 한국 사회는 본격적인 자본주의 시대로 접어들었고 그것은 소비사회, 그리고 사회 구성원들의 자기표현이 거대한 복제기술에 의존하는 대중문화 시대를 열었다. 현대인의 삶에서 대중매체의 중요성은 더욱 더 높아지고 있으며 따라서 이제 더 이상 대중문화를 무시하고 엘리트 문화지향성을 가진 교육을 하기는 힘든 시기에 접어들었다. 세계적인 음악가로 추대받고 있는 비틀즈도 영국 고등학교가 길러낸 음악가이다.

① 대중문화에 대한 검열이 필요하다.

② 한국에서 세계적인 음악가의 탄생을 위해 고등학교에서 음악 수업의 강화가 필요하다.

③ 한국 사회에서 대중문화를 인정하는 것은 중요하다.

④ 교양 있는 현대인의 배출을 위해 고전음악에 대한 교육이 필요하다.

⑤ 대중문화를 이끌어 갈 젊은 세대 육성에 힘을 쏟아야 한다.

> ✔해설 '이제 더 이상 대중문화를 무시하고 엘리트 문화지향성을 가진 교육을 하기는 힘든 시기에 접어들었다.'가 이 글의 핵심 문장이라고 볼 수 있다. 따라서 대중문화의 중요성에 대해 말하고 있는 ③이 정답이다.

▌11~12 ▌ 다음은 우리나라의 공적연금제도와 관련된 설명이다. 물음에 답하시오.

　사람들은 은퇴 이후 소득이 급격하게 줄어드는 위험에 처할 수 있다. 이러한 위험이 발생할 경우 일정 수준의 생활(소득)을 보장해 주기 위한 제도가 공적연금제도이다. 우리나라의 공적연금제도에는 대표적으로 국민의 노후 생계를 보장해 주는 국민연금이 있다. 공적연금제도는 강제가입을 원칙으로 한다. 연금은 가입자가 비용은 현재 지불하지만 그 편익은 나중에 얻게 된다. 그러나 사람들은 현재의 욕구를 더 긴박하고 절실하게 느끼기 때문에 불확실한 미래의 편익을 위해서 당장은 비용을 지불하지 않으려는 경향이 있다. 또한 국가는 사회보장제도를 통하여 젊은 시절에 노후를 대비하지 않은 사람들에게도 최저생계를 보장해준다. 이 경우 젊었을 때 연금에 가입하여 성실하게 납부한 사람들이 방만하게 생활한 사람들의 노후생계를 위해 세금을 추가로 부담해야 하는 문제가 생긴다. 그러므로 국가가 나서서 강제로 연금에 가입하도록 하는 것이다.

　공적연금제도의 재원을 충당하는 방식은 연금 관리자의 입장과 연금 가입자의 입장에서 각기 다르게 나누어 볼 수 있다. 연금 관리자의 입장에서는 '적립방식'과 '부과방식'의 두 가지가 있다. '적립방식'은 가입자가 낸 보험료를 적립해 기금을 만들고 이 기금에서 나오는 수익으로 가입자가 납부한 금액에 비례하여 연금을 지급하지만, 연금액은 확정되지 않는다. '적립방식'은 인구 구조가 변하더라도 국가는 재정을 투입할 필요가 없고, 받을 연금과 내는 보험료의 비율이 누구나 일정하므로 보험료 부담이 공평하다. 하지만 일정한 기금이 형성되기 전까지는 연금을 지급할 재원이 부족하므로, 제도 도입 초기에는 연금 지급이 어렵다. '부과방식'은 현재 일하고 있는 사람들에게서 거둔 보험료로 은퇴자에게 사전에 정해진 금액만큼 연금을 지급하는 것이다. 이는 '적립방식'과 달리 세대 간 소득재분배 효과가 있으며, 제도 도입과 동시에 연금 지급을 개시할 수 있다는 장점이 있다. 다만 인구 변동에 따른 불확실성이 있다. 노인 인구가 늘어나 역삼각형의 인구구조가 만들어질 때는 젊은 세대의 부담이 증가되어 연금 제도를 유지하기가 어려워질 수 있다.

　연금 가입자의 입장에서는 납부하는 금액과 지급 받을 연금액의 관계에 따라 확정기여방식과 확정급여방식으로 나눌 수 있다. 확정기여방식은 가입자가 일정한 액수나 비율로 보험료를 낼 것만 정하고 나중에 받을 연금의 액수는 정하지 않는 방식이다. 이는 연금 관리자의 입장에서 보면 '적립방식'으로 연금 재정을 운용하는 것이다. 그래서 이 방식은 이자율이 낮아지거나 연금 관리자가 효율적으로 기금을 관리하지 못하는 경우에 개인이 손실 위험을 떠안게 된다. 또한 물가가 인상되는 경우 확정기여에 따른 적립금의 화폐가치가 감소되는 위험도 가입자가 감수해야 한다. 확정급여방식은 가입자가 얼마의 연금을 받을 지를 미리 정해 놓고, 그에 따라 개인이 납부할 보험료를 정하는 방식이다. 이는 연금 관리자의 입장에서는 '부과방식'으로 연금 재정을 운용하는 것이다. 나중에 받을 연금을 미리정하면 기금 운용 과정에서 발생하는 투자의 실패는 연금 관리자가 부담하게 된다. 그러나 이 경우에도 물가상승에 따른 손해는 가입자가 부담해야 하는 단점이 있다.

11 공적연금의 재원 충당 방식 중 '적립방식'과 '부과방식'을 비교한 내용으로 적절하지 않은 것은?

	항목	적립방식	부과방식
①	연금 지급 재원	가입자가 적립한 기금	현재 일하는 세대의 보험료
②	연금 지급 가능 시기	일정한 기금이 형성된 이후	제도 시작 즉시
③	세대 간 부담의 공평성	세대 간 공평성 미흡	세대 간 공평성 확보
④	소득 재분배 효과	소득 재분배 어려움	소득 재분배 가능
⑤	인구 변동 영향	받지 않음	받음

> ✔해설 ③ 받을 연금과 내는 보험료의 비율이 누구나 일정하여 보험료 부담이 공평한 것은 적립방식이다. 부과
> 방식은 현재 일하고 있는 사람들에게서 거둔 보험료를 은퇴자에게 사전에 정해진 금액만큼 연금을 지급
> 하는 것으로, 노인 인구가 늘어날 경우 젊은 세대의 부담이 증가할 수 있다고 언급하고 있다.

12 위 내용을 바탕으로 다음 상황에 대해 분석할 때 적절하지 않은 결론을 도출한 사람은?

> A회사는 이번에 공적연금 방식을 준용하여 퇴직연금 제도를 새로 도입하기로 하였다. 이에 회
> 사는 직원들이 퇴직연금 방식을 확정기여방식과 확정급여방식 중에서 선택할 수 있도록 하였다.

① 확정기여방식은 부담금이 공평하게 나눠지는 측면에서 장점이 있어.

② 확정기여방식은 기금을 운용할 회사의 능력에 따라 나중에 받을 연금액이 달라질 수 있어.

③ 확정기여방식은 기금의 이자 수익률이 물가상승률보다 높으면 연금액의 실질적 가치가 상승
할 수 있어.

④ 확정급여방식은 물가가 많이 상승하면 연금액의 실질적 가치가 하락할 수 있어.

⑤ 확정급여방식은 투자 수익이 부실할 경우 가입자가 보험료를 추가로 납부해야 하는 문제가
있어.

> ✔해설 ⑤ 확정급여방식의 경우 나중에 얼마의 연금을 받을 지 미리 정해놓고 보험료를 납부하는 것으로 기금
> 운용 과정에서 발생하는 투자의 실패를 연금 관리자가 부담하게 된다. 따라서 투자 수익이 부실한 경우
> 에도 가입자가 보험료를 추가로 납부해야 하는 문제는 발생하지 않는다.

Answer 11.③ 12.⑤

13 다음 글의 내용과 부합하는 것을 〈보기〉에서 모두 고르면?

> 가. "회원이 카드를 분실하거나 도난당한 경우에는 즉시 서면으로 신고하여야 하고 분실 또는 도난당한 카드가 타인에 의하여 부정사용되었을 경우에는 신고접수일 이후의 부정사용액에 대하여는 전액을 보상하나, 신고접수한 날의 전날부터 15일 전까지의 부정사용액에 대하여는 금 2백만 원의 범위 내에서만 보상하고, 16일 이전의 부정사용액에 대하여는 전액지급할 책임이 회원에게 있다."고 신용카드 발행회사 회원규약에 규정하고 있는 경우, 위와 같은 회원규약을 신의성실의 원칙에 반하는 무효의 규약이라고 볼 수 없다.
>
> 나. 카드의 월간 사용한도액이 회원 본인의 책임한도액이 되는 것은 아니므로 부정사용액 중 월간 사용한도액의 범위 내에서만 회원의 책임이 있는 것은 아니다.
>
> 다. 신용카드업법에 의하면 "신용카드가맹점은 신용카드에 의한 거래를 할 때마다 신용카드 상의 서명과 매출전표 상의 서명이 일치하는지를 확인하는 등 당해 신용카드가 본인에 의하여 정당하게 사용되고 있는지 여부를 확인하여야 한다."라고 규정하고 있다. 따라서 가맹점이 위와 같은 주의의무를 게을리하여 손해를 자초하거나 확대하였다면, 그 과실의 정도에 따라 회원의 책임을 감면해 주는 것이 거래의 안전을 위한 신의성실의 원칙상 정당하다.

보기

> ㉠ 신용카드사는 회원에 대하여 카드의 분실 및 도난 시 서면신고 의무를 부과하고, 부정사용액에 대한 보상액을 그 분실 또는 도난된 카드의 사용시기에 따라 상이하게 정할 수 있다.
>
> ㉡ 회원이 분실 또는 도난당한 카드가 타인에 의하여 부정사용되었을 경우, 신용카드사는 서면으로 신고 접수한 날 이후의 부정사용액에 대한 보상액을 제한할 수 있다.
>
> ㉢ 카드의 분실 또는 도난 사실을 서면으로 신고 접수한 날의 전날까지의 부정사용액에 대해서는 자신의 월간 카드사용한도액의 범위를 초과하여 회원이 책임을 질 수 있다.
>
> ㉣ 신용카드가맹점이 신용카드의 부정사용 여부를 확인하지 않은 경우에는 가맹점 과실의 경중을 묻지 않고 회원의 모든 책임이 면제된다.

① ㉠, ㉡   ② ㉠, ㉢

③ ㉡, ㉢   ④ ㉡, ㉣

⑤ ㉢, ㉣

✔해설 ㉡ 회원이 분실 또는 도난당한 카드가 타인에 의하여 부정사용되었을 경우, 신용카드사는 서면으로 신고 접수한 날 이후의 부정사용액에 대해서는 전액 보상한다. 다만, 신고접수한 날의 전날부터 15일 전까지의 부정사용액에 대하여는 금 2백만 원의 범위로 제한할 수 있으며 16일 이전의 부정사용액에 대해서는 전액 지급할 책임이 회원에게 있다.

㉣ 신용카드가맹점이 신용카드의 부정사용 여부를 확인하지 않은 경우에는 그 과실의 정도에 따라 회원의 책임을 감면해 주는 것이지, 회원의 모든 책임이 면제되는 것은 아니다.

14 다음은 해외이주자의 외화송금에 대한 설명이다. 옳지 않은 것은?

---

1. 필요서류
- 여권 또는 여권 사본
- 비자 사본 또는 영주권 사본
- 해외이주신고확인서(환전용) – 국내로부터 이주하는 경우
- 현지이주확인서(이주비환전용) – 현지이주의 경우
- 세무서장이 발급한 자금출처 확인서 – 해외이주비 총액이 10만 불 초과 시

2. 송금한도 등
한도 제한 없음

3. 송금방법
A은행 영업점을 거래외국환은행으로 지정한 후 송금 가능

4. 알아야 할 사항
- 관련법규에 의해 해외이주자로 인정받은 날로부터 3년 이내에 지정거래외국환은행을 통해 해외이주비를 지급받아야 함
- 해외이주자에게는 해외여행경비를 지급할 수 없음

---

① 송금 한도에는 제한이 없다.
② 국내로부터 이주하는 경우 해외이주신고확인서(환전용)가 필요하다.
③ 관련법규에 의해 해외이주자로 인정받은 날로부터 3년 이내에 지정거래외국환은행을 통해 해외이주비를 지급받아야 한다.
④ A은행 영업점을 거래외국환은행으로 지정한 후 송금이 가능하다.
⑤ 해외이주자의 외화송금에서 반드시 필요한 서류 중 하나는 세무서장이 발급한 자금출처 확인서다.

> ✔ 해설 ⑤ 세무서장이 발급한 자금출처 확인서는 해외이주비 총액이 10만 불을 초과할 때 필요한 서류다.

15 다음을 근거로 판단할 때 금융기관 등이 의무적으로 해야 할 일이 아닌 것을 〈보기〉에서 모두 고르면?

〈혐의거래보고 기본체계〉

1) 혐의거래보고의 대상

금융기관 등은 ①원화 2천만 원 또는 외화 1만 달러 상당 이상의 거래로서 금융재산이 불법재산이거나 금융거래 상대방이 자금세탁행위를 하고 있다고 의심할 만한 합당한 근거가 있는 경우, ②범죄수익 또는 자금세탁행위를 알게 되어 수사기관에 신고한 경우에는 의무적으로 금융정보분석원에 혐의거래보고를 하여야 한다.

의무보고대상거래를 보고하지 않을 경우에는 관련 임직원에 대한 징계 및 기관에 대한 과태료 부과 등 적절한 제재조치를 할 수 있다. 또한, 혐의거래 중 거래액이 보고대상 기준금액 미만인 경우에 금융기관은 이를 자율적으로 보고할 수 있다.

2) 혐의거래보고의 방법 및 절차

영업점직원은 업무지식과 전문성, 경험을 바탕으로 고객의 평소 거래상황, 직업, 사업내용 등을 고려하여 취급한 금융거래가 혐의거래로 의심되면 그 내용을 보고책임자에게 보고한다.

보고책임자는 특정금융거래정보보고 및 감독규정의 별지서식에 의한 혐의거래보고서에 보고기관, 거래상대방, 의심스러운 거래내용, 의심스러운 합당한 근거, 보존하는 자료의 종류 등을 기재하여 온라인으로 보고하거나 문서로 제출하되, 긴급한 경우에는 우선 전화나 팩스로 보고하고 추후 보완할 수 있다.

보기

㉠ A은행은 창구에서 3천만 원을 현금으로 인출하려는 고객의 금융재산이 불법재산이라고 의심할 만한 합당한 근거가 있어 혐의거래보고를 한다.

㉡ B은행이 자금세탁행위로 신고하여 검찰수사를 받고 있는 거래에 대하여 B은행은 혐의거래보고서를 금융정보분석원에 제출한다.

㉢ C은행은 10억 원을 해외송금하는 거래자에 대해 뚜렷이 의심할 만한 근거는 없으나 거액의 거래이므로 혐의거래보고를 한다.

㉣ D은행은 의심할 만한 합당한 근거가 있는 거래에 대해 혐의거래보고서를 완벽하게 작성하지 못했지만 신속한 조사를 위해 팩스로 검찰청에 제출한다.

㉤ E은행은 5백만 원을 현금으로 인출하는 거래에 대해 의심할 만한 합당한 근거를 찾고 혐의거래보고서를 금융정보분석원에 제출한다.

① ㉠, ㉡   ② ㉢, ㉣

③ ㉡, ㉣, ㉤   ④ ㉡, ㉢, ㉤

⑤ ㉢, ㉣, ㉤

✔ 해설 ㉠ 혐의거래보고의 대상 ①에 해당하는 사례로 의무적으로 금융정보분석원에 혐의거래보고를 하여야 한다.
㉡ 혐의거래보고의 대상 ②에 해당하는 사례로 의무적으로 금융정보분석원에 혐의거래보고를 하여야 한다.
㉢ 의심할 만한 합당한 근거가 없으므로 의무적으로 혐의거래보고를 해야 하는 것은 아니다.
㉣ 의무적으로 혐의거래보고를 하여야 하는 것은 금융정보분석원에 해당한다. 검찰청에 제출하는 것은 의무적으로 해야 하는 일은 아니다.
㉤ 거래액이 보고대상 기준금액인 원화 2천만 원 미만이므로 금융기관은 이를 자율적으로 보고할 수 있다.

16 다음 글의 빈칸에 들어갈 내용으로 가장 적절한 것은?

> 동양화의 특징인 여백의 표현도 산점 투시(散點透視)와 관련된 것이다. 동양화에서는 산점 투시를 택하여 구도를 융통성 있게 짜기 때문에 유모취신(遺貌取神)적 관찰 내용을 화면에 그대로 표현할 수 있다. 즉 대상 가운데 주제와 사상을 가장 잘 나타낼 수 있는 본질적인 부분만을 취하고, _____ 그 결과 여백이 생기게 된 것이다. 이 여백은 하늘일 수도 있고 땅일 수도 있으며, 혹은 화면에서 제거된 기타 여러 가지일 수도 있다. 그런데 여백은 단순히 비어 있는 공간은 아니다. 그것은 주제를 돋보이게 할 뿐 아니라 동시에 화면의 의경(意境)을 확대시킨다. 당나라 시대 백거이는 '비파행(琵琶行)'이라는 유명한 시에서 악곡이 쉬는 부분을 묘사할 때, "이 때에는 소리를 내지 않는 것이 소리를 내는 것보다 더 낫다."라고 하였다. 여기서 '일시적으로 소리를 쉬는 것'은 악곡 선율의 연속인데, 이는 '뜻은 다달았으되 붓이 닿지 않은 것'과 같은 뜻이다. 이로 인해 보는 이는 상상력을 발휘할 수 있는 여지를 더 많이 가질 수 있고, 동시에 작품은 예술적 공감대를 확대하게 된다.

① 풍경을 최대한 자세하게 표현한다.

② 주변 인물들의 표정을 과장되게 묘사한다.

③ 주제와 관련 없는 부분을 화면에서 제거한다.

④ 나머지는 추상적으로 표현하여 궁금증을 유발시킨다.

⑤ 화면을 여러 가지 화려한 색으로 채색한다.

✔ 해설 주어진 글은 미술, 음악 등 작품에서 본질적인 부분만을 취하고 '주제와 관련 없는 부분을 화면에서 제거'하는 '여백의 미'에 대한 내용이다.

Answer   15.⑤   16.③

17 다음 글을 바탕으로 하여 빈칸을 쓰되 예시를 사용하여 구체적으로 진술하고자 할 때, 가장 적절한 것은?

> 사람들은 경쟁을 통해서 서로의 기술이나 재능을 최대한 발휘할 수 있는 기회를 갖게 된다. 즉, 개인이나 집단이 남보다 먼저 목표를 성취하려면 가장 효과적으로 목표에 접근하여야 하며 그러한 경로를 통해 경제적으로나 시간적으로 가장 효율적으로 목표를 성취한다면 사회 전체로 볼 때 이익이 된다. 그러나 이러한 경쟁에 전제되어야 할 것은 많은 사람들의 합의로 정해진 경쟁의 규칙을 반드시 지켜야 한다는 것이다. 즉, _____

① 농구나 축구, 마라톤과 같은 운동 경기에서 규칙과 스포츠맨십이 지켜져야 하는 것처럼 경쟁도 합법적이고 도덕적인 방법으로 이루어져야 하는 것이다.

② 21세기의 무한 경쟁 시대에 우리가 살아남기 위해서는 기초 과학 분야에 대한 육성노력이 더욱 필요한 것이다.

③ 지구, 금성, 목성 등의 행성들이 태양을 중심으로 공전하는 것처럼 경쟁도 하나의 목표를 향하여 질서 있는 정진(精進)이 필요한 것이다.

④ 가수는 가창력이 있어야 하고, 배우는 연기에 대한 재능이 있어야 하듯이 경쟁은 자신의 적성과 소질을 항상 염두에 두고 이루어져야 한다.

⑤ 모로 가도 서울만 가면 된다고 어떤 수단과 방법을 쓰든 경쟁에서 이기기만 하면 되는 것이다.

> ✔해설 경쟁은 둘 이상의 사람이 하나의 목표를 향해서 다른 사람보다 노력하는 것이며, 이 때 경쟁의 전제가 되는 것은 합의에 의한 경쟁 규칙을 반드시 지켜야 한다는 점이므로 빈칸에는 '경쟁은 정해진 규칙을 꼭 지키는 가운데서 이루어져야 한다.'는 내용이 올 수 있을 것이다. 농구나 축구, 그리고 마라톤 등의 운동 경기는 자신의 소속 팀을 위해서 또는 자기 자신을 위해서 다른 팀이나 타인과 경쟁하는 것이며, 스포츠맨십은 규칙의 준수와 관련이 있으므로 글에서 말하는 경쟁의 한 예로 적합하다.

18 다음은 출산율 저하와 인구정책에 관한 글을 쓰기 위해 정리한 글감과 생각이다. 〈보기〉와 같은 방식으로 내용을 전개하려고 할 때 바르게 연결된 것은?

> ㉠ 가임 여성 1인당 출산율이 1.3명으로 떨어졌다.
> ㉡ 여성의 사회 활동 참여율이 크게 증가하고 있다.
> ㉢ 현재 시행되고 있는 출산장려 정책은 큰 효과가 없다.
> ㉣ 새롭고 실제 가정에 도움이 되는 출산장려 정책이 추진되어야 한다.
> ㉤ 가치관의 변화로 자녀의 필요성을 느끼지 않는다.
> ㉥ 인구 감소로 인해 노동력 부족 현상이 심화된다.
> ㉦ 노동 인구의 수가 국가 산업 경쟁력을 좌우한다.
> ㉧ 인구 문제에 대한 정부 차원의 대책을 수립한다.

보기

문제 상황 → 상황의 원인 → 예상 문제점 → 주장 → 주장의 근거 → 종합 의견

	문제 상황	상황의 원인	예상 문제점	주장	주장의 근거	종합 의견
①	㉠, ㉡	㉤	㉢	㉣	㉥, ㉦	㉧
②	㉠	㉡, ㉤	㉥, ㉦	㉣	㉢	㉧
③	㉡, ㉤	㉥	㉠	㉢, ㉣	㉧	㉦
④	㉢	㉠, ㉡, ㉤	㉦	㉧	㉥	㉣
⑤	㉣	㉠, ㉡, ㉧	㉢	㉤	㉥	㉦

✔**해설** • 문제 상황 : 출산율 저하(㉠)
• 출산율 저하의 원인 : 여성의 사회 활동 참여율(㉡), 가치관의 변화(㉤)
• 출산율 저하의 문제점 : 노동 인구의 수가 국가 산업 경쟁력을 좌우(㉦)하는데 인구 감소로 인해 노동력 부족 현상이 심화된다(㉥).
• 주장 : 새롭고 실제 가정에 도움이 되는 출산장려 정책이 추진되어야 한다(㉣).
• 주장의 근거 : 현재 시행되고 있는 출산장려 정책은 큰 효과가 없다(㉢).
• 종합 의견 : 인구 문제에 대한 정부 차원의 대책을 수립한다(㉧).

19 다음 글의 내용과 부합하는 것은?

여러 가지 호흡기 질환을 일으키는 비염은 미세먼지 속의 여러 유해 물질들이 코 점막을 자극하여 맑은 콧물이나 코막힘, 재채기 등의 증상을 유발하는 것을 말한다. 왜 코 점막의 문제인데, 비염 증상으로 재채기가 나타날까? 비염 환자들의 코 점막을 비내시경을 통해 관찰하게 되면 알레르기성 비염 환자에겐 코 점막 내의 돌기가 관찰된다. 이 돌기들이 외부에서 콧속으로 유입되는 먼지, 꽃가루, 유해물질 등에 민감하게 반응하면서 재채기 증상이 나타나는 것이다.

알레르기성 비염은 집먼지, 진드기 등이 매개가 되는 통연성 비염과 계절성 원인이 문제가 되는 계절성 비염으로 나뉜다. 최근 들어 미세먼지, 황사 등 대기 질을 떨어뜨리는 이슈가 자주 발생하면서 계절성 비염의 발생 빈도는 점차 늘어나고 있는 추세다.

아직도 비염을 단순히 코 점막 질환이라 생각한다면 큰 오산이다. 비염은 면역력의 문제, 체열 불균형의 문제, 장부의 문제, 독소의 문제가 복합적으로 얽혀서 코 점막의 비염 증상으로 표출되는 복합질환이다. 비염의 원인이 다양하고 복합적인만큼 환자마다 나타나는 비염 유형도 가지각색이다. 비염 유형에 따른 비염 증상에는 어떤 것이 있을까? 비염은 크게 열성 비염, 냉성 비염, 알레르기성 비염으로 나눌 수 있다.

가장 먼저, 열성 비염은 뇌 과열과 소화기의 열이 주된 원인으로 발생한다. 코 점막을 건조하게 만드는 열은 주로 뇌 과열과 소화기의 열 상승으로 발생하기 때문에 비염 증상으로는 코 점막의 건조, 출혈 및 부종 외에도 두통, 두중감, 학습장애, 얼굴열감, 급박한 변의 등이 동반되어 나타날 수 있다. 냉성 비염은 호흡기의 혈액순환 저하로 코 점막이 창백해지고 저온에 노출됐을 때 맑은 콧물 및 시큰한 자극감을 주 증상으로 하는 비염을 말한다. 또한, 호흡기 점막의 냉각은 소화기능의 저하와 신진대사 저하를 동반하기도 한다. 냉성 비염 증상은 맑은 콧물, 시큰거림 외에도 수족냉증, 체열 저하, 활력 감소, 만성 더부룩함, 변비가 동반되어 나타난다. 알레르기성 비염은 먼저, 꽃가루, 온도 등에 대한 면역 반응성이 과도하여 콧물, 코막힘, 재채기, 가려움증 등을 유발하는 비염 유형이다. 알레르기성 비염은 임상적으로 열성과 냉성으로 또 나뉠 수 있는데, 열성 비염의 동반증상으로는 코막힘, 건조함, 충혈, 부종 및 콧물이 있고, 냉성 비염의 동반증상은 맑은 콧물과 시큰한 자극감이 나타날 수 있다.

겨울철 환절기인 9~11월, 알레르기성 비염과 코감기 때문에 고생하는 이들이 많다. 코감기는 알레르기성 비염과 증상이 비슷해 많은 이들이 헷갈려 하지만, 치료법이 다르기 때문에 정확하게 구분하는 것이 중요하다. 알레르기성 비염은 여러 자극에 대해 코 점막이 과잉반응을 일으키는 염증성 질환으로 맑은 콧물, 코막힘, 재채기라는 3대 비염 증상과 함께 코 가려움증, 후비루 등이 나타날 수 있다. 또한 발열이나 오한 없이 오직 코의 증상이 나타나는데, 원인은 일교차, 꽃가루, 스트레스 등으로 다양하다. 반면 코감기는 몸 전체가 아픈 바이러스질환으로 누런 코, 심한 코막힘에 오한, 발열을 동반한 코 증상이 있으며, 코 점막이 새빨갛게 부어 오른 경우는 코감기로 볼 수 있다. 코감기는 충분한 휴식만으로도 치료가 가능할 수 있지만 알레르기성 비염은 꼭 약물치료가 필요하다.

① 비염은 단순히 코 점막의 질환이다.

② 냉성 비염은 뇌 과열과 소화기의 열이 주된 원인으로 발생한다.

③ 열성 비염은 두통, 두중감, 학습장애, 얼굴열감, 급박한 변의 등이 동반되어 나타날 수 있다.

④ 코감기는 오한이나 발열없이 맑은 콧물, 코막힘, 재채기의 증상이 나타난다.

⑤ 3대 비염증상은 진한 콧물, 빨간 코점막, 재채기이다.

✔ 해설 ① 비염은 면역력의 문제, 체열 불균형의 문제, 장부의 문제, 독소의 문제가 복합적으로 얽혀서 코 점막의 비염 증상으로 표출되는 복합질환이다.

② 열성 비염은 뇌 과열과 소화기의 열이 주된 원인으로 발생하고 냉성 비염은 호흡기의 혈액순환 저하로 발생한다.

④ 코감기는 몸 전체가 아픈 바이러스질환으로 누런 코, 심한 코막힘에 오한, 발열을 동반한 코 증상이 있다.

⑤ 알레르기성 비염은 맑은 콧물, 코막힘, 재채기라는 3대 비염증상을 동반한다.

Answer 19.③

▌20~21▐ 다음은 환전 안내문이다. 이를 보고 물음에 답하시오.

일반 해외여행자(해외체재자 및 해외유학생이 아닌 분)의 해외여행경비
• 관광, 출장, 방문 등의 목적으로 해외여행시 아래와 같이 외화를 환전할 수 있다.

환전 한도	제출 서류
• 금액 제한 없음(다만, 외국인 거주자는 1만 불 이내) ※ 동일인 기준 미화 1만 불 초과 환전 시 국세청 및 관세청에 통보된다. ※ 미화 1만 불 초과하여 휴대 출국시, 출국 전에 관할 세관의장에게 신고하여야 한다.	• 실명확인증표 • 여권(외국인 거주자의 경우)

해외체재자(해외유학생 포함)의 해외여행경비
• 상용, 문화, 공무, 기술훈련, 6개월 미만의 국외연수 등으로 외국에 체재하는 기간이 30일을 초과하는자(해외체재자) 및 외국의 교육기관 등에서 6개월 이상 수학, 연구, 연수목적 등으로 외국에 체재하는 자(해외유학생)에 대해 아래와 같이 외화를 환전할 수 있다.

환전 한도	제출 서류
• 금액 제한 없음 ※ 건당 미화 1만 불 초과 환전시, 지정거래은행으로부터 "외국환신고(확인)필증"을 발급 받으시기 바랍니다. ※ 연간 미화 10만 불 초과 환전 및 송금시, 국세청에 통보된다.	• 여권 • 입학허가서 등 유학사실 입증서류(해외유학생) • 소속 단체장 또는 국외연수기관장의 출장, 파견 증명서(해외체재자)

소지 목적의 외화환전
• 국민인 거주자는 소지를 목적으로 외국환은행으로부터 금액 제한 없이 외국통화 및 여행자수표를 매입할 수 있다.

환전 한도	제출 서류
• 금액 제한 없음 ※ 동일인 기준 미화 1만 불 초과 환전 시 국세청 및 관세청에 통보된다.	• 실명확인증표

북한지역 관광객 및 남북한 이산가족 방문여행자

환전 한도	제출 서류
• 미화 2천 불	• 여권 • 북한지역관광경비 지급영수증

20 관광 목적으로 미국을 여행하려는 자가 미화 1만 5천 불을 휴대하여 출국하려는 경우에는 누구에게 신고하여야 하는가?

① 한국은행 총재
② 국세청장
③ 관세청장
④ 관할 세관의장
⑤ 지정 거래은행장

✔해설 ④ 미화 1만 불 초과하여 휴대 출국시, 출국 전에 관할 세관의장에게 신고하여야 한다.

21 해외유학생이 미화 1만 5천 불을 환전하는 경우에는 지정거래은행으로부터 어떤 서류를 발급 받아야 하는가?

① 소요 경비확인서
② 외국환신고(확인)필증
③ 취득경위 입증서류
④ 수수료 지급영수증
⑤ 실명확인증표

✔해설 ② 건당 미화 1만 불 초과 환전시, 지정거래은행으로부터 "외국환신고(확인)필증"을 발급 받아야 한다.

22 다음 글을 읽고 〈보기〉의 질문에 답을 할 때 가장 적절한 것은?

> 다세포 생물체는 신경계와 내분비계에 의해 구성 세포들의 기능이 조절된다. 이 중 내분비계의 작용은 내분비선에서 분비되는 호르몬에 의해 일어난다. 호르몬을 분비하는 이자는 소화선인 동시에 내분비선이다. 이자 곳곳에는 백만 개 이상의 작은 세포 집단들이 있다. 이를 랑게르한스섬이라고 한다. 랑게르한스섬에는 인슐린을 분비하는 β 세포와 글루카곤을 분비하는 α 세포가 있다.
>
> 인슐린의 주된 작용은 포도당이 세포 내로 유입되도록 촉진하여 혈액에서의 포도당 농도를 낮추는 것이다. 또한 간에서 포도당을 글리코겐의 형태로 저장하게 하며 세포에서의 단백질 합성을 증가시키고 지방 생성을 촉진한다.
>
> 한편 글루카곤은 인슐린과 상반된 작용을 하는데, 그 주된 작용은 간에 저장된 글리코겐을 포도당으로 분해하여 혈액에서의 포도당 농도를 증가시키는 것이다. 또한 아미노산과 지방산을 저장 부위에서 혈액 속으로 분리시키는 역할을 한다.
>
> 인슐린과 글루카곤의 분비는 혈당량에 의해 조절되는데 식사 후에는 혈액 속에 포함되어 있는 포도당의 양, 즉 혈당량이 증가하기 때문에 β 세포가 자극을 받아서 인슐린 분비량이 늘어난다. 인슐린은 혈액 중의 포도당을 흡수하여 세포로 이동시키며 이에 따라 혈당량이 감소되고 따라서 인슐린 분비량이 감소된다. 반면 사람이 한참 동안 음식을 먹지 않거나 운동 등으로 혈당량이 70mg/dl 이하로 떨어지면 랑게르한스섬의 α 세포가 글루카곤 분비량을 늘린다. 글루카곤은 간에 저장된 글리코겐을 분해하여 포도당을 만들어 혈액으로 보내게 된다. 이에 따라 혈당량은 다시 높아지게 되는 것이다. 일반적으로 8시간 이상 공복 후 혈당량이 99mg/dl 이하인 경우 정상으로, 126mg/dl 이상인 경우는 당뇨로 판정한다.
>
> 포도당은 뇌의 에너지원으로 사용되는데, 인슐린과 글루카곤이 서로 반대되는 작용을 통해 이 포도당의 농도를 정상 범위로 유지시키는 데 크게 기여한다.

─────────── 보기 ───────────

> 인슐린에 대해서는 어느 정도 이해를 했습니까? 오늘은 '인슐린 저항성'에 대해 알아보도록 하겠습니다. 인슐린의 기능이 떨어져 세포가 인슐린에 효과적으로 반응하지 못하는 것을 인슐린 저항성이라고 합니다. 그럼 인슐린 저항성이 생기면 우리 몸속에서는 어떤 일이 일어나게 될지 설명해 보시겠습니까?

① 혈액 중의 포도당 농도가 높아지게 됩니다.
② 이자가 인슐린과 글루카곤을 과다 분비하게 됩니다.
③ 간에서 포도당을 글리코겐으로 빠르게 저장하게 됩니다.
④ 아미노산과 지방산을 저장 부위에서 분리시키게 됩니다.
⑤ 혈액의 포도당 농도가 낮아져 인슐린을 분비하게 됩니다.

✔해설 인슐린의 기능은 혈액으로부터 포도당을 흡수하여 세포로 이동시켜 혈액에서의 포도당의 농도를 낮추는 것인데, 인슐린의 기능이 저하될 경우 이러한 기능을 수행할 수 없기 때문에 혈액에서의 포도당 농도가 높아지게 된다.

23 다음 업무일지를 바르게 이해하지 못한 것은?

[2017년 5월 4일 업무보고서]

편집팀 팀장 박서준

시간	내용	비고
09:00~10:00	편집팀 회의	– 일주일 후 나올 신간 논의
10:00~12:00	통상업무	
12:00~13:00	점심식사	
13:00~14:30	릴레이 회의	– 편집팀 인원충원에 관해 인사팀 김서현 대리에게 보고 – 디자인팀에 신간 표지디자인 샘플 부탁
14:30~16:00	협력업체 사장과 미팅	– 내일 오전까지 인쇄물 400부 도착
16:00~18:00	서점 방문	– 지난 시즌 발간한 서적 동향 파악

① 5월 11일 신간이 나올 예정이다.
② 편집팀은 현재 인력이 부족한 상황이다.
③ 저번 달에도 신간을 발간했다.
④ 내일 오전 인쇄물 400부가 배송될 예정이다.
⑤ 오후에 디자인팀에 표지디자인 샘플을 부탁했다.

✔해설 ③ 지난 시즌이라고만 명시했지 구체적으로 언제 발간했는지 밝혀지지 않았다.

24 다음 중 '여요론트' 부족에 대해 이해한 내용으로 적절한 것은?

19세기 일부 인류학자들은 결혼이나 가족 등 문화의 일부에 주목하여 문화 현상을 이해하고자 하였다. 그들은 모든 문화가 '야만→미개→문명'이라는 단계적 순서로 발전한다고 설명하였다. 그러나 이 입장은 20세기에 들어서면서 어떤 문화도 부분만으로는 총체를 파악할 수 없다는 비판을 받았다. 문화를 이루는 인간 생활의 거의 모든 측면은 서로 관련을 맺고 있기 때문이다. 20세기 인류학자들은 이러한 사실에 주목하여 문화 현상을 바라보았다. 어떤 민족이나 인간 집단을 연구할 때에는 그들의 역사와 지리, 자연환경은 물론, 사람들의 체질적 특성과 가족제도, 경제체제, 인간 심성 등 모든 측면을 서로 관련지어서 고찰해야 한다는 것이다. 이를 총체적 관점이라고 한다.

오스트레일리아의 여요론트 부족의 이야기는 총체적 관점에서 인간과 문화를 이해해야 하는 이유를 잘 보여준다. 20세기 초까지 수렵과 채집 생활을 하던 여요론트 부족사회에서 돌도끼는 성인 남성만이 소유할 수 있는 가장 중요한 도구였다. 돌도끼의 제작과 소유는 남녀의 역할 구분, 사회의 위계질서 유지, 부족 경제의 활성화에 큰 영향을 미쳤다.

그런데 백인 신부들이 여성과 아이에게 선교를 위해 선물한 쇠도끼는 성(性) 역할, 연령에 따른 위계와 권위, 부족 간의 교역에 혼란을 초래하였다. 이로 인해 여요론트 부족사회는 엄청난 문화 해체를 겪게 되었다.

쇠도끼로 인한 여요론트 부족사회의 문화 해체 현상은 인간 생활의 모든 측면이 서로 밀접한 관계가 있음을 잘 보여준다. 만약 문화의 발전이 단계적으로 이루어진다는 관점에서 본다면 쇠도끼의 유입은 미개사회에 도입된 문명사회의 도구이며, 문화 해체는 사회 발전을 위해 필요한 과도기로 이해할 것이다. 하지만 이러한 관점으로는 쇠도끼의 유입이 여요론트 부족에게 가지는 의미와 그들이 겪은 문화 해체를 제대로 이해하고 그에 대한 올바른 해결책을 제시하기가 매우 어렵다.

총체적 관점은 인간 사회의 다양한 문화 현상을 이해하는 데 매우 중요한 공헌을 했다. 여요론트 부족사회의 이야기에서 알 수 있듯이, 총체적 관점은 사회나 문화에 대해 객관적이고 깊이 있는 통찰을 가능하게 한다. 이러한 관점을 가지고 인간이 처한 여러 가지 문제를 바라볼 때, 우리는 보다 바람직한 해결 방향을 모색할 수 있을 것이다.

① 문명사회로 나아가기 위해 쇠도끼를 수용하였다.
② 돌도끼는 성인 남자의 권위를 상징하는 도구였다.
③ 쇠도끼의 유입은 타 부족과의 교역을 활성화시켰다.
④ 자기 문화를 지키기 위해 외부와의 교류를 거부하였다.
⑤ 총체적관심은 사회에 대해 주관적인 통찰을 가능하게 했다.

✔ 해설 ② 여요론트 부족 사회에서 돌도끼는 성인 남성만이 소유할 수 있는 가장 중요한 도구였으며, 이는 성(性) 역할, 연령에 따른 위계와 권위 등에 큰 영향을 미쳤다. 이러한 2문단의 내용을 통해 돌도끼가 여요론트 부족 사회에서 성인 남자의 권위를 상징하는 도구였다는 것을 알 수 있다.

25 다음 밑줄 친 말 중, ㉠과 가장 유사한 의미로 쓰인 것은?

> 과학이 주장하는 모든 지식은 장차 언제나 기각될 수 있는 운명을 가진 불완전한 지식에 불과하다는 것을 말해 준다. 천동설은 지동설로, 케플러는 뉴턴으로, 뉴턴은 아인슈타인으로, 상대성 이론은 장차 또 다른 대체 이론으로 계속 변해 갈 운명을 ㉠안고 있는 것이다. 과학의 명제들은 적어도 경험적 관찰에 의해 반증될 가능성을 갖고 있다.

① 꽃다발을 <u>안고</u> 멀리서 걸어오는 그녀가 보였다.
② 그 말이 너무 우스워서 우리는 모두 배를 <u>안고</u> 웃었다.
③ 큰 충격을 받고 뛰쳐나간 나는 바람을 <u>안고</u> 하염없이 걸었다.
④ 사장님의 기대가 너무 커서 신입사원들은 부담을 <u>안고</u> 일을 시작했다.
⑤ 민준이는 서현이를 <u>안고</u>, 그 자리에 서 있었다.

✔ 해설 ㉠은 '운명을 안다'에 쓰인 '안다'이므로, 그 뜻이 '손해나 빚 또는 책임, 운명 등을 맡다'라고 볼 수 있다. 이와 가장 유사한 것은 ④의 '부담감을 안다'라고 할 수 있다.

CHAPTER

02 수리능력

01 직장생활과 수리능력

(1) 기초직업능력으로서의 수리능력

① 개념 : 직장생활에서 요구되는 사칙연산과 기초적인 통계를 이해하고 도표의 의미를 파악하거나 도표를 이용해서 결과를 효과적으로 제시하는 능력을 말한다.

② 수리능력은 크게 기초연산능력, 기초통계능력, 도표분석능력, 도표작성능력으로 구성된다.
  ㉠ 기초연산능력 : 직장생활에서 필요한 기초적인 사칙연산과 계산방법을 이해하고 활용할 수 있는 능력
  ㉡ 기초통계능력 : 평균, 합계, 빈도 등 직장생활에서 자주 사용되는 기초적인 통계기법을 활용하여 자료의 특성과 경향성을 파악하는 능력
  ㉢ 도표분석능력 : 그래프, 그림 등 도표의 의미를 파악하고 필요한 정보를 해석하는 능력
  ㉣ 도표작성능력 : 도표를 이용하여 결과를 효과적으로 제시하는 능력

(2) 업무수행에서 수리능력이 활용되는 경우

① 업무상 계산을 수행하고 결과를 정리하는 경우

② 업무비용을 측정하는 경우

③ 고객과 소비자의 정보를 조사하고 결과를 종합하는 경우

④ 조직의 예산안을 작성하는 경우

⑤ 업무수행 경비를 제시해야 하는 경우

⑥ 다른 상품과 가격비교를 하는 경우

⑦ 연간 상품 판매실적을 제시하는 경우

⑧ 업무비용을 다른 조직과 비교해야 하는 경우

⑨ 상품판매를 위한 지역조사를 실시해야 하는 경우

⑩ 업무수행과정에서 도표로 주어진 자료를 해석하는 경우

⑪ 도표로 제시된 업무비용을 측정하는 경우

예제 1

다음 자료를 보고 주어진 상황에 대한 물음에 답하시오.

〈근로소득에 대한 간이 세액표〉

월 급여액(천 원) [비과세 및 학자금 제외]		공제대상 가족 수				
이상	미만	1	2	3	4	5
2,500	2,520	38,960	29,280	16,940	13,570	10,190
2,520	2,540	40,670	29,960	17,360	13,990	10,610
2,540	2,560	42,380	30,640	17,790	14,410	11,040
2,560	2,580	44,090	31,330	18,210	14,840	11,460
2,580	2,600	45,800	32,680	18,640	15,260	11,890
2,600	2,620	47,520	34,390	19,240	15,680	12,310
2,620	2,640	49,230	36,100	19,900	16,110	12,730
2,640	2,660	50,940	37,810	20,560	16,530	13,160
2,660	2,680	52,650	39,530	21,220	16,960	13,580
2,680	2,700	54,360	41,240	21,880	17,380	14,010
2,700	2,720	56,070	42,950	22,540	17,800	14,430
2,720	2,740	57,780	44,660	23,200	18,230	14,850
2,740	2,760	59,500	46,370	23,860	18,650	15,280

※ 갑근세는 제시되어 있는 간이 세액표에 따름
※ 주민세＝갑근세의 10%
※ 국민연금＝급여액의 4.50%
※ 고용보험＝국민연금의 10%
※ 건강보험＝급여액의 2.90%
※ 교육지원금＝분기별 100,000원(매 분기별 첫 달에 지급)

박○○ 사원의 5월 급여내역이 다음과 같고 전월과 동일하게 근무하였으나, 특별수당은 없고 차량지원금으로 100,000원을 받게 된다면, 6월에 받게 되는 급여는 얼마인가? (단, 원 단위 절삭)

(주) 서원플랜테크 5월 급여내역			
성명	박○○	지급일	5월 12일
기본급여	2,240,000	갑근세	39,530
직무수당	400,000	주민세	3,950
명절 상여금		고용보험	11,970
특별수당	20,000	국민연금	119,700
차량지원금		건강보험	77,140
교육지원		기타	
급여계	2,660,000	공제합계	252,290
		지급총액	2,407,710

① 2,443,910
② 2,453,910
③ 2,463,910
④ 2,473,910

출제의도

업무상 계산을 수행하거나 결과를 정리하고 업무비용을 측정하는 능력을 평가하기 위한 문제로서, 주어진 자료에서 문제를 해결하는 데에 필요한 부분을 빠르고 정확하게 찾아내는 것이 중요하다.

해 설

기본 급여	2,240,000	갑근세	46,370
직무 수당	400,000	주민세	4,630
명절 상여금		고용 보험	12,330
특별 수당		국민 연금	123,300
차량 지원금	100,000	건강 보험	79,460
교육 지원		기타	
급여계	2,740,000	공제 합계	266,090
		지급 총액	2,473,910

답 ④

(3) 수리능력의 중요성

① 수학적 사고를 통한 문제해결

② 직업세계의 변화에의 적응

③ 실용적 가치의 구현

(4) 단위환산표

구분	단위환산
길이	1cm = 10mm, 1m = 100cm, 1km = 1,000m
넓이	1cm² = 100mm², 1m² = 10,000cm², 1km² = 1,000,000m²
부피	1cm³ = 1,000mm³, 1m³ = 1,000,000cm³, 1km³ = 1,000,000,000m³
들이	1mℓ = 1cm³, 1dℓ = 100cm³, 1L = 1,000cm³ = 10dℓ
무게	1kg = 1,000g, 1t = 1,000kg = 1,000,000g
시간	1분 = 60초, 1시간 = 60분 = 3,600초
할푼리	1푼 = 0.1할, 1리 = 0.01할, 1모 = 0.001할

예제 2

둘레의 길이가 4.4km인 정사각형 모양의 공원이 있다. 이 공원의 넓이는 몇 a 인가?

① 12,100a

② 1,210a

③ 121a

④ 12.1a

출제의도

길이, 넓이, 부피, 들이, 무게, 시간, 속도 등 단위에 대한 기본적인 환산 능력을 평가하는 문제로서, 소수점 계산이 필요하며, 자릿수를 읽고 구분할 줄 알아야 한다.

해 설

공원의 한 변의 길이는
$4.4 \div 4 = 1.1(\text{km})$이고
$1\text{km}^2 = 10000\text{a}$이므로
공원의 넓이는
$1.1\text{km} \times 1.1\text{km} = 1.21\text{km}^2 = 12100\text{a}$

답 ①

02 수리능력을 구성하는 하위능력

(1) 기초연산능력

① 사칙연산 : 수에 관한 덧셈, 뺄셈, 곱셈, 나눗셈의 네 종류의 계산법으로 업무를 원활하게 수행하기 위해서는 기본적인 사칙연산뿐만 아니라 다단계의 복잡한 사칙연산까지도 수행할 수 있어야 한다.

② 검산 : 연산의 결과를 확인하는 과정으로 대표적인 검산방법으로 역연산과 구거법이 있다.

   ㉠ 역연산 : 덧셈은 뺄셈으로, 뺄셈은 덧셈으로, 곱셈은 나눗셈으로, 나눗셈은 곱셈으로 확인하는 방법이다.

   ㉡ 구거법 : 원래의 수와 각 자리 수의 합이 9로 나눈 나머지가 같다는 원리를 이용한 것으로 9를 버리고 남은 수로 계산하는 것이다.

예제 3

다음 식을 바르게 계산한 것은?

$$1 + \frac{2}{3} + \frac{1}{2} - \frac{3}{4}$$

① $\frac{13}{12}$

② $\frac{15}{12}$

③ $\frac{17}{12}$

④ $\frac{19}{12}$

출제의도

직장생활에서 필요한 기초적인 사칙연산과 계산방법을 이해하고 활용할 수 있는 능력을 평가하는 문제로서, 분수의 계산과 통분에 대한 기본적인 이해가 필요하다.

해 설

$$\frac{12}{12} + \frac{8}{12} + \frac{6}{12} - \frac{9}{12} = \frac{17}{12}$$

답 ③

---

(2) 기초통계능력

① 업무수행과 통계

   ㉠ 통계의 의미 : 통계란 집단현상에 대한 구체적인 양적 기술을 반영하는 숫자이다.

   ㉡ 업무수행에 통계를 활용함으로써 얻을 수 있는 이점

   • 많은 수량적 자료를 처리가능하고 쉽게 이해할 수 있는 형태로 축소

   • 표본을 통해 연구대상 집단의 특성을 유추

   • 의사결정의 보조수단

   • 관찰 가능한 자료를 통해 논리적으로 결론을 추출 · 검증

ⓒ 기본적인 통계치
- 빈도와 빈도분포 : 빈도란 어떤 사건이 일어나거나 증상이 나타나는 정도를 의미하며, 빈도분포란 빈도를 표나 그래프로 종합적으로 표시하는 것이다.
- 평균 : 모든 사례의 수치를 합한 후 총 사례 수로 나눈 값이다.
- 백분율 : 전체의 수량을 100으로 하여 생각하는 수량이 그중 몇이 되는가를 퍼센트로 나타낸 것이다.

② 통계기법
ⓐ 범위와 평균
- 범위 : 분포의 흩어진 정도를 가장 간단히 알아보는 방법으로 최곳값에서 최젓값을 뺀 값을 의미한다.
- 평균 : 집단의 특성을 요약하기 위해 가장 자주 활용하는 값으로 모든 사례의 수치를 합한 후 총 사례 수로 나눈 값이다.
- 관찰값이 1, 3, 5, 7, 9일 경우 범위는 $9 - 1 = 8$이 되고, 평균은 $\dfrac{1 + 3 + 5 + 7 + 9}{5} = 5$가 된다.

ⓑ 분산과 표준편차
- 분산 : 관찰값의 흩어진 정도로, 각 관찰값과 평균값의 차의 제곱의 평균이다.
- 표준편차 : 평균으로부터 얼마나 떨어져 있는가를 나타내는 개념으로 분산값의 제곱근 값이다.
- 관찰값이 1, 2, 3이고 평균이 2인 집단의 분산은 $\dfrac{(1-2)^2 + (2-2)^2 + (3-2)^2}{3} = \dfrac{2}{3}$이고 표준편차는 분산값의 제곱근 값인 $\sqrt{\dfrac{2}{3}}$ 이다.

③ 통계자료의 해석
ⓐ 다섯숫자요약
- 최솟값 : 원자료 중 값의 크기가 가장 작은 값
- 최댓값 : 원자료 중 값의 크기가 가장 큰 값
- 중앙값 : 최솟값부터 최댓값까지 크기에 의하여 배열했을 때 중앙에 위치하는 사례의 값
- 하위 25%값·상위 25%값 : 원자료를 크기 순으로 배열하여 4등분한 값
ⓑ 평균값과 중앙값 : 평균값과 중앙값은 그 개념이 다르기 때문에 명확하게 제시해야 한다.

인터넷 쇼핑몰에서 회원가입을 하고 디지털캠코더를 구매하려고 한다. 다음은 구입하고자 하는 모델에 대하여 인터넷 쇼핑몰 세 곳의 가격과 조건을 제시한 표이다. 표에 있는 모든 혜택을 적용하였을 때 디지털캠코더의 배송비를 포함한 실제 구매가격을 바르게 비교한 것은?

구분	A 쇼핑몰	B 쇼핑몰	C 쇼핑몰
정상가격	129,000원	131,000원	130,000원
회원혜택	7,000원 할인	3,500원 할인	7% 할인
할인쿠폰	5% 쿠폰	3% 쿠폰	5,000원
중복할인여부	불가	가능	불가
배송비	2,000원	무료	2,500원

① A<B<C   　　　② B<C<A
③ C<A<B   　　　④ C<B<A

직장생활에서 자주 사용되는 기초적인 통계기법을 활용하여 자료의 특성과 경향성을 파악하는 능력이 요구되는 문제이다.

㉠ A 쇼핑몰
- 회원혜택을 선택한 경우 : 129,000 $-7,000+2,000=124,000$(원)
- 5% 할인쿠폰을 선택한 경우 :
$129,000 \times 0.95+2,000=124,550$
㉡ B 쇼핑몰 :
$131,000 \times 0.97-3,500=123,570$
㉢ C 쇼핑몰
- 회원혜택을 선택한 경우 :
$130,000 \times 0.93+2,500=123,400$
- 5,000원 할인쿠폰을 선택한 경우 :
$130,000-5,000+2,500$
$=127,500$
∴ C<B<A

답 ④

---

(3) 도표분석능력

① 도표의 종류

　㉠ 목적별 : 관리(계획 및 통제), 해설(분석), 보고

　㉡ 용도별 : 경과 그래프, 내역 그래프, 비교 그래프, 분포 그래프, 상관 그래프, 계산 그래프

　㉢ 형상별 : 선 그래프, 막대 그래프, 원 그래프, 점 그래프, 층별 그래프, 레이더 차트

② 도표의 활용

　㉠ 선 그래프

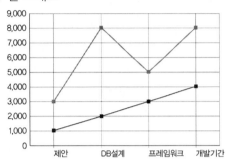

• 주로 시간의 경과에 따라 수량에 의한 변화 상황(시계열 변화)을 절선의 기울기로 나타내는 그래프이다.
• 경과, 비교, 분포를 비롯하여 상관관계 등을 나타낼 때 쓰인다.

　㉡ 막대 그래프

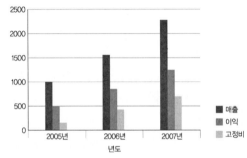

• 비교하고자 하는 수량을 막대 길이로 표시하고 그 길이를 통해 수량 간의 대소관계를 나타내는 그래프이다.
• 내역, 비교, 경과, 도수 등을 표시하는 용도로 쓰인다.

　㉢ 원 그래프

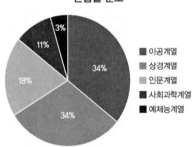

• 내역이나 내용의 구성비를 원을 분할하여 나타낸 그래프이다.
• 전체에 대해 부분이 차지하는 비율을 표시하는 용도로 쓰인다.

② 점 그래프

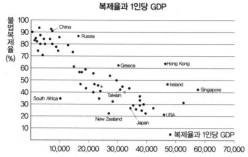

- 종축과 횡축에 2요소를 두고 보고자 하는 것이 어떤 위치에 있는가를 나타내는 그래프이다.
- 지역분포를 비롯하여 도시, 기방, 기업, 상품 등의 평가나 위치·성격을 표시하는데 쓰인다.

⑪ 층별 그래프

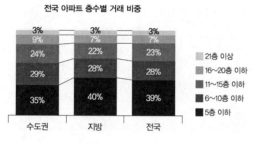

- 선 그래프의 변형으로 연속내역 봉 그래프라고 할 수 있다. 선과 선 사이의 크기로 데이터 변화를 나타낸다.
- 합계와 부분의 크기를 백분율로 나타내고 시간적 변화를 보고자 할 때나 합계와 각 부분의 크기를 실수로 나타내고 시간적 변화를 보고자 할 때 쓰인다.

⑪ 레이더 차트(거미줄 그래프)

- 원 그래프의 일종으로 비교하는 수량을 직경, 또는 반경으로 나누어 원의 중심에서의 거리에 따라 각 수량의 관계를 나타내는 그래프이다.
- 비교하거나 경과를 나타내는 용도로 쓰인다.

③ 도표 해석상의 유의사항

    ㉠ 요구되는 지식의 수준을 넓힌다.

    ㉡ 도표에 제시된 자료의 의미를 정확히 숙지한다.

    ㉢ 도표로부터 알 수 있는 것과 없는 것을 구별한다.

    ㉣ 총량의 증가와 비율의 증가를 구분한다.

    ㉤ 백분위수와 사분위수를 정확히 이해하고 있어야 한다.

예제 5

다음 표는 2009 ~ 2010년 지역별 직장인들의 자기개발에 관해 조사한 내용을 정리한 것이다. 이에 대한 분석으로 옳은 것은?

(단위 : %)

연도\구분\지역	2009				2010			
	자기개발하고 있음	자기개발 비용 부담 주체			자기개발하고 있음	자기개발 비용 부담 주체		
		직장 100%	본인 100%	직장50% + 본인50%		직장 100%	본인 100%	직장50% + 본인50%
충청도	36.8	8.5	88.5	3.1	45.9	9.0	65.5	24.5
제주도	57.4	8.3	89.1	2.9	68.5	7.9	68.3	23.8
경기도	58.2	12	86.3	2.6	71.0	7.5	74.0	18.5
서울시	60.6	13.4	84.2	2.4	72.7	11.0	73.7	15.3
경상도	40.5	10.7	86.1	3.2	51.0	13.6	74.9	11.6

① 2009년과 2010년 모두 자기개발 비용을 본인이 100% 부담하는 사람의 수는 응답자의 절반 이상이다.

② 자기개발을 하고 있다고 응답한 사람의 수는 2009년과 2010년 모두 서울시가 가장 많다.

③ 자기개발 비용을 직장과 본인이 각각 절반씩 부담하는 사람의 비율은 2009년과 2010년 모두 서울시가 가장 높다.

④ 2009년과 2010년 모두 자기개발을 하고 있다고 응답한 비율이 가장 높은 지역에서 자기개발비용을 직장이 100% 부담한다고 응답한 사람의 비율이 가장 높다.

해 설

② 지역별 인원수가 제시되어 있지 않으므로, 각 지역별 응답자 수는 알 수 없다.

③ 2009년에는 경상도에서, 2010년에는 충청도에서 가장 높은 비율을 보인다.

④ 2009년과 2010년 모두 '자기 개발을 하고 있다'고 응답한 비율이 가장 높은 지역은 서울시이며, 2010년의 경우 자기개발 비용을 직장이 100% 부담한다고 응답한 사람의 비율이 가장 높은 지역은 경상도이다.

답 ①

(4) 도표작성능력

① 도표작성 절차

　　㉠ 어떠한 도표로 작성할 것인지를 결정

　　㉡ 가로축과 세로축에 나타낼 것을 결정

　　㉢ 한 눈금의 크기를 결정

　　㉣ 자료의 내용을 가로축과 세로축이 만나는 곳에 표현

　　㉤ 표현한 점들을 선분으로 연결

　　㉥ 도표의 제목을 표기

② 도표작성 시 유의사항

　　㉠ 선 그래프 작성 시 유의점

　　• 세로축에 수량, 가로축에 명칭구분을 제시한다.

　　• 선의 높이에 따라 수치를 파악하는 경우가 많으므로 세로축의 눈금을 가로축보다 크게 하는 것이 효과적이다.

　　• 선이 두 종류 이상일 경우 반드시 그 명칭을 기입한다.

　　㉡ 막대 그래프 작성 시 유의점

　　• 막대 수가 많을 경우에는 눈금선을 기입하는 것이 알아보기 쉽다.

　　• 막대의 폭은 모두 같게 하여야 한다.

　　㉢ 원 그래프 작성 시 유의점

　　• 정각 12시의 선을 기점으로 오른쪽으로 그리는 것이 보통이다.

　　• 분할선은 구성비율이 큰 순서로 그린다.

　　㉣ 층별 그래프 작성 시 유의점

　　• 눈금은 선 그래프나 막대 그래프보다 적게 하고 눈금선은 넣지 않는다.

　　• 층별로 색이나 모양이 완전히 다른 것이어야 한다.

　　• 같은 항목은 옆에 있는 층과 선으로 연결하여 보기 쉽도록 한다.

출제예상문제

1 2019년 공채로 채용된 사무직, 연구직, 기술직, 고졸사원은 모두 2,000명이었고, 인원 현황은 다음과 같다. 2020년도에도 2,000명이 채용되는데, 사무직, 연구직, 기술직, 고졸사원의 채용 비율을 19 : 10 : 6 : 4로 변경할 방침이다. 다음 중 귀하가 판단하기에 공채로 배정되는 직무별 사원수의 변화에 대한 설명으로 적절한 것은?

구분	사무직	연구직	기술직	고졸사원
인원수	1,100명	200명	400명	300명

① 2020년 기술직 채용 인원은 2019년 기술직 채용 인원보다 늘어날 것이다.

② 2020년 사무직 채용 인원은 전체 채용 인원의 절반 이하로 줄어들 것이다.

③ 2020년 연구직 채용 인원은 전년 대비 3배 이상 증가할 것이다.

④ 2020년 고졸사원수는 2019년 채용된 고졸사원수보다 늘어날 것이다.

⑤ 2019년 대비 2020년 채용 인원은 감소율은 고졸사원보다 기술직이 더 크다.

> ✔ **해설** 2020년 채용되는 직무별 사원수를 구하면 사무직 974명, 연구직 513명, 기술직 308명, 고졸사원 205명이다. 기술직 사원의 수는 전년도 대비 감소하며, 연구직 사원은 전년도 대비 313명 증가하며, 2020년의 고졸사원의 수는 2019년보다 감소한다.
> ① 기술직 채용 인원은 2020년에 308명, 2019년에 400명이므로 2020년에 더 줄어들었다.
> ③ 연구직 채용 인원은 2019년에 200명, 2020년에 513명으로 전년 대비 약 2.5배 정도 증가하였다.
> ④ 2020년에 채용 된 고졸사원수는 2019년에 비해 95명 줄었다.
> ⑤ 2019년 대비 2020년 채용 인원은 감소율은 고졸사원의 경우 -31.7%, 기술직은 -23%로 고졸사원의 감소율이 더 크다.

2 다음 〈그림〉은 OO사회보장정보원의 2017~2020년 남성육아휴직제 시행 현황에 관한 자료이다. 이를 분석한 것으로 적절한 의견을 제시한 사람은?

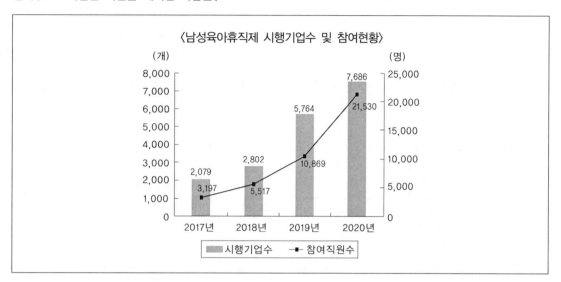

〈남성육아휴직제 시행기업수 및 참여현황〉

① 조 주임 : 2018년 이후 전년보다 참여직원수가 가장 많이 증가한 해와 시행기업수가 가장 많이 증가한 해는 동일하다.
② 최 주임 : 2020년 남성육아휴직제 참여직원수는 2017년의 7배 이상이다.
③ 고 대리 : 시행기업당 참여직원수가 가장 많은 해는 2020년이다.
④ 박 과장 : 2018년 대비 2020년 시행기업수의 증가율은 참여직원수의 증가율보다 높다.
⑤ 노 대리 : 2017~2020년 참여직원수 연간 증가인원의 평균은 6,000명 이하이다.

> ✔ 해설 고 대리는 "시행기업당 참여직원수가 가장 많은 해는 2020년이다."고 의견을 제시했다. 시행기업 대비 참여직원수를 보면 2017년은 약 1.5명, 2018년은 약 2.0명, 2019년은 약 1.9명, 2020년은 약 2.8명이다. 시행기업당 참여직원수가 가장 많은 해는 2020년이므로 고대리의 의견은 적절하다.
> ① 2018년 이후 전년보다 참여직원수가 가장 많이 증가한 해는 2020년으로 10,661명이다. 시행기업수가 가장 많이 증가한 해는 2019년으로 2,962개이다. 2018년 이후 전년보다 참여직원수가 가장 많이 증가한 해와 시행기업수가 가장 많이 증가한 해가 동일하지 않으므로 조 주임의 의견은 적절하지 않다.
> ② 2020년의 남성육아휴직제 참여직원수는 2017년 3,197명 대비 21,530명으로 7배 이하이므로 최 주임의 의견은 적절하지 않다.
> ④ 2018년의 시행기업수 2,802개 대비 2020년 시행기업수 7,686개의 증가율은 약 3배 가까이 된다. 2018년의 참여 직원수 5,517명 대비 2020년의 참여 직원수 21,530명의 증가율은 약 4배 가까이 되므로 박 과장의 의견은 적절하지 않다.
> ⑤ 2017년부터 2020년까지 참여직원수 연간 증가 인원의 평균은 $\dfrac{21,530-3,197}{3}=6,111$명이므로 노 대리의 의견은 적절하지 않다.

Answer 1.② 2.③

3 다음 〈표〉는 OO축산자원개발원에서 품목별 한우의 2020년 10월 평균가격, 전월, 전년 동월, 직전 3개년 동월 평균가격을 제시한 자료이다. 이를 검토한 의견으로 옳은 것은?

〈품목별 한우 평균가격(2020년 10월 기준)〉

(단위 : 원/kg)

품목		2020년 10월	전월	전년 동월	직전 3개년 동월
구분	등급	평균가격	평균가격	평균가격	평균가격
거세우	1등급	17,895	18,922	14,683	14,199
	2등급	16,534	17,369	13,612	12,647
	3등급	14,166	14,205	12,034	10,350
비거세우	1등급	18,022	18,917	15,059	15,022
	2등급	16,957	16,990	13,222	12,879
	3등급	14,560	14,344	11,693	10,528

※ 1) 거세우, 비거세우의 등급은 1등급, 2등급, 3등급만 있음.
   2) 품목은 구분과 등급의 조합임. 예를 들어 구분이 거세우이고 등급이 1등급이면 품목은 거세우 1등급임.

① A : 거세우 각 등급에서의 2020년 10월 평균가격이 비거세우 같은 등급의 2020년 10월 평균 가격보다 모두 높다.

② B : 모든 품목에서 전월 평균가격은 2020년 10월 평균가격보다 높다.

③ C : 2020년 10월 평균가격, 전월 평균가격, 전년 동월 평균가격, 직전 3개년 동월 평균가격은 비거세우 1등급이 다른 모든 품목에 비해 높다.

④ D : 직전 3개년 동월 평균가격 대비 전년 동월 평균가격의 증가폭이 가장 큰 품목은 거세우 2 등급이다.

⑤ E : 전년 동월 평균가격 대비 2020년 10월 평균가격 증감률이 가장 큰 품목은 비거세우 2등 급이다.

✔해설 E는 "전년 동월 평균가격 대비 2020년 10월 평균가격 증감률이 가장 큰 품목은 비거세우 2등급이다."라 고 검토했다. 비거세우 2등급의 전년 동월 평균가격 대비 2020년 10월 평균가격 증감률은 약 28.2% 증 가하였다. 거세우 1등급은 21.9%, 2등급은 21.5%, 3등급은 17.7%가 증가하였다. 비거세우의 경우 1등급 은 19.7%, 3등급은 25.1% 증가하였다. 따라서 E는 옳게 검토하였다.
① A는 "거세우 각 등급에서의 2020년 10월 평균가격이 비거세우 같은 등급의 2020년 10월 평균가격보 다 모두 높다."고 했다. 주어진 자료에서 2020년 10월 평균가격을 보면 전 등급에서 거세우보다 비 거세우의 가격이 높다. 따라서 A의 의견은 옳지 않다.
② B는 "모든 품목에서 전월 평균가격이 2020년 10월 평균가격보다 높다."고 했다. 비거세우 3등급의 경우 전월 평균가격은 14,344원으로 2020년 10월 평균가격인 14,560원보다 낮으므로 검토 의견은 옳지 않다.

③ C는 "2020년 10월 평균가격, 전월 평균가격, 전년 동월 평균가격, 직전 3개년 동월 평균가격은 비거세우 1등급이 다른 모든 품목에 비해 높다."고 했다. 이 중 전월 평균가격은 거세우 1등급은 18,922원, 비거세우 1등급은 18,917원이다. 거세우 1등급이 비거세우 1등급보다 전월 평균가격이 높으므로 C의 검토는 옳지 않다.

④ 직전 3개년 동월 평균가격 대비 전년 동월 평균가격의 증가폭은 거세우 2등급 965원보다 거세우 3등급 1,684원이 더 크므로 D의 검토는 옳지 않다.

4 다음은 W센터에 신고·접수된 상담건의 분야별 처리결과를 나타낸 자료이다. 이에 대한 설명으로 옳지 않은 것은?

⟨W센터에 신고·접수된 건의 분야별 처리결과⟩

처리결과 \ 분야	보건복지	고용노동	여성가족	교육	보훈	산업	기타	합
이첩	58	18	2	3	0	1	123	205
송부	64	16	3	1	4	0	79	167
내부처리	117	27	2	2	1	1	207	357
전체	239	61	7	6	5	2	409	729

① 보건복지 분야의 상담건은 내부처리건이 이첩된 건 보다 2배 이상이다.

② '이첩' 건수가 가장 적은 분야가 처리결과 중 이첩의 비중이 가장 낮은 분야이다.

③ 고용노동 분야 상담건 중 '송부' 건의 비중은 30%에 미치지 못한다.

④ 상담 분야가 명확하게 분류되지 않은 상담건이 전체 상담건의 50% 이상이다.

⑤ '보훈'과 '산업' 분야의 상담건 중 내부처리된 건의 비중은 동일하다.

✔해설 ⑤ '보훈'과 '산업' 분야의 상담건 중 내부처리된 건은 1건이지만 '보훈'의 전체처리건(5건) 중 내부처리건의 비중은 20%, '산업'의 전체처리건(2건) 중 내부처리건의 비중은 50%이다.

① 보건복지 분야의 상담건은 내부처리건이 117건, 이첩처리 된 것은 58건으로 2배 이상이다.

② '이첩' 건수가 가장 적은 분야는 0건으로 '보훈'이다. 이첩의 비중은 0으로 가장 낮은 분야이다.

③ 고용노동 분야 상담건 중 '송부' 건의 비중은 $\frac{16}{61} \times 100 = 26.2\%$로 30%를 미치지 않는다.

④ 상담 분야가 명확하게 분류되지 않은 상담건이 전체 상담건에서 차지하는 비중은 $\frac{409}{729} \times 100 = 56.1\%$ 이다.

Answer 3.⑤ 4.⑤

5 다음 〈그림〉은 OO정보보호산업협회의 2019년과 2020년 침해유형별 개인정보 침해경험을 설문조사한 결과이다. 이를 본 반응으로 옳은 것은?

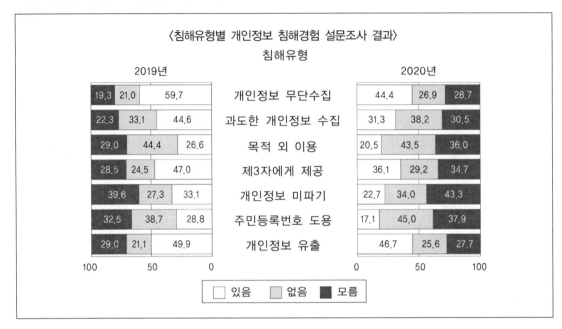

① 갑 : '있음'으로 응답한 비율이 큰 침해유형부터 순서대로 나열하면 2019년과 2020년의 순서는 동일하다.

② 을 : 2020년 '개인정보 무단수집'을 '있음'으로 응답한 비율은 '개인정보 미파기'를 '있음'으로 응답한 비율의 2배 이상이다.

③ 병 : 2020년 '있음'으로 응답한 비율의 전년대비 감소폭이 가장 큰 침해유형은 '과도한 개인정보 수집'이다.

④ 정 : 2020년 '모름'으로 응답한 비율은 모든 침해유형에서 전년대비 증가하였다.

⑤ 무 : 2020년 '있음'으로 응답한 비율의 전년대비 감소율이 가장 큰 침해유형은 '주민등록번호 도용'이다.

해설 설문조사 결과에 대해 무는 "2020년 '있음'으로 응답한 비율의 전년대비 감소율이 가장 큰 침해유형은 '주민등록번호 도용'이다."고 반응했다.

주민등록번호 도용을 기준으로 전년인 2019년에 '있음' 비율이 2020년보다 큰 항목이면서도 감소폭이 작은 항목은 개인정보 무단수집과 과도한 개인정보 수집, 주민등록 도용이다. 감소율을 살펴보면, 개인정보 무단 수집은 약 26%, 과도한 개인정보 수집은 약 30%, 목적 외 이용은 약 23%, 주민등록번호 도용은 약 40%다. 주민등록번호 도용의 감소율이 가장 높으므로 무는 옳은 반응을 보였다.

① '있음'으로 응답한 비율이 큰 침해유형부터 순서대로 나열하면 2019년의 경우 개인정보 무단 수집→개인정보 유출→제3자에게 제공→과도한 개인정보 수집→개인정보 미파기→주민등록번호 도용→목적 외 이용 순이다. 2020년의 경우는 개인정보 유출→개인정보 무단수집→제3자에게 제공→과도한 개인정보 수집→개인정보 미파기→목적 외 이용→주민등록번호 도용순이다. 2019년의 가장 비율이 큰 침해유형은 개인정보 무단수집이고, 2020년은 개인정보 유출로 동일하지 않으므로 갑의 반응은 옳지 않다.

② 을은 "2020년 개인정보 무단수집을 '있음'으로 응답한 비율은 개인정보 미파기를 '있음'으로 응답한 비율의 2배 이상"이라고 했다. 2020년 개인정보 무단수집을 '있음'으로 응답한 비율은 44.4%이다. 개인정보 미파기를 '있음'으로 응답한 비율은 22.7%이다. 2배인 45.4%에 미치지 못하므로 을은 반응은 옳지 않다.

③ 병은 "2020년 '있음'으로 응답한 비율의 전년대비 감소폭이 가장 큰 침해유형은 '과도한 개인정보 수집'이다."라고 했다. 2020년 '있음'으로 응답한 비율의 전년대비 감소폭이 가장 큰 침해유형은 13.3%인 과도한 개인정보 수집이 아니고 15.3%인 개인정보 무단수집이다.

④ 정은 "2020년 모름으로 응답한 비율은 모든 침해유형에서 전년대비 증가하였다."고 했다. 2020년 '모름'으로 응답한 비율은 개인정보 유출의 경우 2019년 29.0%에서 2020년에는 27.7%로 감소하였으므로 정의 해석은 옳지 않다.

|6~7| 다음 자료는 친환경인증 농산물의 생산 현황에 관한 자료이다. 물음에 답하시오.

〈종류별 친환경인증 농산물 생산 현황〉

(단위 : 톤)

구분	2018				2017
	합	인증형태			
		유기 농산물	무농약 농산물	저농약 농산물	
곡류	343,380	54,025	269,280	20,075	371,055
과실류	341,054	9,116	26,850	305,088	457,794
채소류	585,004	74,750	351,340	158,914	753,524
서류	41,782	9,023	30,157	2,602	59,407
특용작물	163,762	6,782	155,434	1,546	190,069
기타	23,253	14,560	8,452	241	20,392
계	1,498,235	168,256	841,513	488,466	1,852,241

〈지역별 친환경인증 농산물 생산 현황〉

(단위 : 톤)

구분	2018				2017
	합	인증형태			
		유기 농산물	무농약 농산물	저농약 농산물	
서울	1,746	106	1,544	96	1,938
부산	4,040	48	1,501	2,491	6,913
대구	13,835	749	3,285	9,801	13,852
인천	7,663	1,093	6,488	82	7,282
광주	5,946	144	3,947	1,855	7,474
대전	1,521	195	855	471	1,550
울산	10,859	408	5,142	5,309	13,792
세종	1,377	198	826	353	0
경기도	109,294	13,891	71,521	23,882	126,209
강원도	83,584	17,097	52,810	13,677	68,300
충청도	159,495	29,506	64,327	65,662	65,662
전라도	611,468	43,330	43,330	124,217	922,641
경상도	467,259	52,567	176,491	238,201	457,598
제주도	20,148	8,924	8,855	2,369	16,939
계	1,498,235	168,256	841,513	488,466	1,852,241

6 주어진 자료에 대한 설명으로 옳은 것은?

① 친환경인증 농산물의 전 종류는 전년도에 비해 생산량이 감소하였다.

② 2018년 친환경인증 농산물의 종류별 생산량에서 유기 농산물의 비중은 채소류보다 곡류가 더 높다.

③ 2018년 각 지역 내에서 인증 형태별 생산량 순위가 서울과 같은 지역은 인천뿐이다.

④ 2018년 친환경인증 농산물의 전년대비 생산 감소량이 가장 큰 종류는 과실류이다.

⑤ 2018년 제주도에서 생산된 친환경인증 농산물 중 저농약 농산물의 비중은 10% 이하다.

> ✔️해설 ② 2018년 친환경인증 농산물의 종류별 생산량에서 채소류의 유기 농산물의 비중은 12.7%이고 곡류의 유기 농산물의 비중은 15.7%로 곡류가 더 높다.
> ① 기타 작물의 생산량을 20,392톤에서 23,253톤으로 증가하였다.
> ③ 2018년 각 지역 내에서 서울, 인천, 강원도의 인증 형태별 생산량 순위는 무농약 농산물〉유기 농산물〉저농약 농산물 순이다.
> ④ 2018년 친환경인증 농산물의 전년대비 생산 감소량이 가장 큰 종류는 −29.7%로 서류이다.
> ⑤ 2018년 제주도에서 생산된 친환경인증 농산물 중 저농약 농산물의 비중은 11.8%이다.

7 2018년 친환경인증 농산물의 생산량이 전년대비 30% 이상 감소한 지역을 모두 포함한 것은?

① 부산, 전라도

② 서울, 부산

③ 광주, 강원도

④ 강원도, 충청도

⑤ 충청도, 전라도

> ✔️해설 ① 부산은 2018년 친환경인증 농산물의 생산량이 전년대비 41.6% 감소하였고, 전라도는 33.7% 감소하였다.

│8~9│ 다음은 상품설명서의 일부이다. 물음에 답하시오.

---

1. 연체이자율
(1) 연체이자율은 [여신이자율+연체기간별 연체가산이자율]로 적용한다.

연체가산이자율은 연체기간별로 다음과 같이 적용하며 연체 기간에 따라 구분하여 부과하는 방식(계단방식)을 적용한다.
- 연체기간이 30일 이하 : 연 6%
- 연체기간이 31일 이상 90일 이하일 경우 : 연 7%
- 연체기간이 91일 이상 : 연 8%

(2) 연체이자율은 최고 15%로 한다.

(3) 연체이자(지연배상금)을 내야 하는 경우
- 「이자를 납입하기로 약정한 날」에 납입하지 아니한 때

이자를 납입하여야 할 날의 다음날부터 14일까지는 내야 할 약정이자에 대해 연체이자가 적용되고, 14일이 경과하면 기한이익상실로 인해 여신원금에 연체이율을 곱한 연체이자를 내야 한다.

(예시) 원금 1억 2천만 원, 약정이자율 연 5%인 여신의 이자(50만 원)를 미납하여 연체가 발생하고, 연체 발생 후 31일 시점에 납부할 경우 연체이자(일시상환)		
연체기간	계산방법	연체이자
연체발생~14일분	지체된 약정이자(50만 원) × 연 11%(5%+6%) × 14/365	2,109원
연체 15일~30일분	원금(1억 2천만 원) × 연 11%(5%+6%) × 16/365	578,630원
계		580,739원

※ 기한이익상실 전 발생한 약정이자는 별도
※ 위 내용은 이해를 돕기 위해 연체이자만을 단순하게 계산한 예시임. 연체이자는 여신조건, 여신종류 등에 따라 달라질 수 있으며 실제 납부금액은 연체이자에 약정이자를 포함하여 계산됨

- 「원금을 상환하기로 약정한 날」에 상환하지 아니한 때

원금을 상환하여야 할 날의 다음날부터는 여신원금에 대한 연체이자를 내야 한다.
- 「분할상환금(또는 분할상환 원리금)을 상환하기로 한 날」에 상환하지 아니한 때

분할상환금(또는 분할상환 원리금)을 상환하여야 할 날의 다음날부터는 해당 분할상환금(또는 분할상환 원리금)에 대한 연체이자를, 2회 이상 연속하여 지체한 때에는 기한이익상실로 인해 여신원금에 대한 연체이자를 내야 한다.

2. 유의사항
(1) 여신기한 전에 채무를 상환해야 하는 경우

채무자인 고객 소유의 예금, 담보 부동산에 법원이나 세무서 등으로부터의 (가)압류명령 등이 있는 때에는 은행으로부터 별도 청구가 없더라도 모든 여신(또는 해당 여신)을 여신기한에 이르기 전임에도 불구하고 곧 상환해야 한다.

(2) 금리인하요구권

　　채무자는 본인의 신용상태가 호전되거나 담보가 보강되었다고 인정되는 경우(회사채 등급 상승, 재무상태 개선, 특허취득, 담보제공 등)에는 증빙자료를 첨부한 금리인하신청서를 은행에 제출, 금리변경을 요구할 수 있다.

8 분할상환금을 2회 이상 연속하여 상환하지 아니한 경우에는 어떻게 되는가?

① 해당 분할상환금에 대한 연체이자를 내야 한다.

② 기한이익상실로 인해 여신원금에 대한 연체이자를 내야 한다.

③ 증빙자료를 첨부한 금리인하신청서를 은행에 제출하여야 한다.

④ 은행으로부터 별도 청구가 없더라도 모든 여신(또는 해당 여신)을 여신기한에 이르기 전임에도 불구하고 곧 상환해야 한다.

⑤ 내야 할 약정이자에 대한 연체이자를 내야 한다.

> 해설　① 분할상환금을 상환하기로 한 날에 1회 상환하지 아니한 때에 해당한다.
> 　　③ 금리인하를 요구할 경우에 해당한다.
> 　　④ 채무자인 고객 소유의 예금, 담보 부동산에 법원이나 세무서 등으로부터의 (가)압류명령 등이 있는 때에 해당한다.
> 　　⑤ 이자를 납입하기로 약정한 날에 납입하지 아니한 때에 해당한다.

9 원금 1억 5천만 원, 약정이자율 연 5%인 여신의 이자(62만 5천 원)를 미납하여 연체가 발생하고, 연체 발생 후 31일 시점에 납부할 경우 실제 납부금액은 얼마인가? (단, 소수 첫째자리에서 반올림한다)

① 1,150,925원　　　　　　　　　　② 1,250,925원

③ 1,350,925원　　　　　　　　　　④ 1,450,925원

⑤ 1,550,925원

> 해설　• 연체발생~14일분 : 지체된 약정이자(62만 5천 원)×연 11%(5%+6%)×14/365≒2,637원
> 　　• 연체 15일~30일분 : 원금(1억 5천만 원)×연 11%(5%+6%)×16/365≒723,288원
> 　　• 연체이자 : 2,637+723,288=725,925(원)
> 　　실제 납부금액은 연체이자에 약정이자를 포함하여 계산되므로
> 　　725,925+625,000=1,350,925(원)이 된다.

10 다음은 A은행과 B은행을 비교한 표이다. 이에 관한 설명으로 옳지 않은 것은?

〈표 1〉

(단위 : 개)

	A은행		B은행	
	2013년	2014년	2013년	2014년
기관 수	6,679	6,395	6,809	6,508
기관 당 지점 수	3	3	14	15

〈표 2〉

(단위 : 백만 달러)

	A은행		B은행	
	2013년	2014년	2013년	2014년
기관 당 자산	161	178	2,162	2,390
총 대출	655,006	723,431	7,891,471	8,309,427
총 저축	922,033	963,115	11,190,522	11,763,780

〈표 3〉

(단위 : %)

	A은행		B은행	
	2013년	2014년	2013년	2014년
예대율	71.0	75.1	70.5	70.6
자산 대비 대출 비중	63.7	60.9	52.6	52.7
핵심 예금 비중	47.6	45.8	33.4	32.2
순 자본 비율	11.0	10.8	11.2	11.2

① 2013년 대비 2014년 B은행 기관 수의 감소폭은 같은 기간 A은행의 감소폭보다 크다.
② 2014년 B은행의 기관 당 지점 수는 A은행의 5배에 달한다.
③ 2013년 대비 2014년 예대율 증가폭은 A은행이 B은행보다 크다.
④ 2013년 대비 2014년 순 자본 비율은 A은행이 0.2%p 감소한 반면 B은행은 변화가 없다.
⑤ 2014년 자산 대비 대출 비중은 B은행이 A은행보다 8.2%p 높다.

✔ 해설 ⑤ 2014년 자산 대비 대출 비중은 A은행이 B은행보다 8.2%p 높다.

11 다음은 교육복지지원 정책사업 내 단위사업 세출 결산 현황을 나타낸 표이다. 2012년 대비 2013년의 급식비 지원 증감률로 옳은 것은? (단, 소수 둘째자리부터 버림한다.)

(단위 : 백만 원)

단위사업명	결산액	
	2013년	2012년
총계	5,016,557	3,228,077
학비 지원	455,516	877,020
방과후교육 지원	636,291	−
급식비 지원	647,314	665,984
정보화 지원	61,814	64,504
농어촌학교 교육여건 개선	110,753	71,211
교육복지우선 지원	157,598	188,214
누리과정 지원	2,639,752	989,116
교과서 지원	307,519	288,405
학력격차해소	−	83,622

① −2.8%
② −1.4%
③ 2.8%
④ 10.5%
⑤ 1.4%

✔ 해설 급식비 지원 증감률 = $\dfrac{647,314 - 665,984}{665,984} \times 100 ≒ -2.8\%$

12 다음은 어느 공과대학의 각 학과 지원자의 비율을 나타낸 것이다. 2018년 건축공학과를 지원한 학생 수가 270명일 때 2018년 건축공학과 지원자 수는 전년 대비 몇 명이 증가하였는가? (단, 2017년과 2018년의 공과대학 전체 지원자 수는 같다고 가정한다.)

(단위 : %)

학과 \ 연도	2017년	2018년
화학공학	13.3	12.5
생명공학	11.6	9.5
기계공학	12.4	14.9
건축공학	24.2	27
도시공학	12.1	12.4
기타학과	26.4	23.7

① 28명
② 21명
③ 14명
④ 7명
⑤ 0명

✔ 해설 ㉠ 2018년의 공과대학 전체 지원자 수를 x라 하면,

$$27(\%) = \frac{270(\text{명})}{x(\text{명})} \times 100 \quad \therefore x = 1{,}000\text{명}$$

㉡ 2017년도의 건축공학과를 지원한 학생 수를 y라 하면,

$$24.2(\%) = \frac{y(\text{명})}{1{,}000(\text{명})} \times 100 \quad \therefore y = 242\text{명}$$

㉢ 2018년 건축공학과 지원자 수는 270명이고 2017년 지원자 수는 242명이므로, 2018년 건축공학과 지원자 수는 2017년 대비 28명이 증가하였다.

〈거래 조건〉

구분		금리
적용금리	모집기간 중	큰 만족 실세예금 1년 고시금리
	계약기간 중 중도해지	없음
	만기 후	원금의 연 0.10%
중도해지 수수료율 (원금기준)	예치기간 3개월 미만	개인 원금의 0.38% 법인 원금의 0.38%
	예치기간 3개월 이상~6개월 미만	개인 원금의 0.29% 법인 원금의 0.30%
	예치기간 6개월 이상~9개월 미만	개인 원금의 0.12% 법인 원금의 0.16%
	예치기간 9개월 이상~12개월 미만	원금의 0.10%
이자지급방식		만기일시지급식
계약의 해지		영업점에서 해지 가능

〈유의사항〉
• 예금의 원금보장은 만기 해지 시에만 적용된다.
• 이 예금은 분할해지 할 수 없으며 중도해지 시 중도해지수수료 적용으로 원금손실이 발생할 수 있다. (중도해지수수료는 '가입금액×중도해지수수료율'에 의해 결정)
• 이 예금은 예금기간 중 지수가 목표지수변동률을 넘어서 지급금리가 확정되더라도 이자는 만기에만 지급한다.
• 지수상승에 따른 수익률(세전)은 실제 지수상승률에도 불구하고 연 4.67%를 최대로 한다.

13 석준이는 개인이름으로 최초 500만 원의 원금을 가지고 이 상품에 가입했다가 불가피한 사정으로 5개월 만에 중도해지를 했다. 이때 석준이의 중도해지 수수료는 얼마인가?

① 6,000원
② 8,000원
③ 14,500원
④ 15,000원
⑤ 19,000원

✔해설 5,000,000×0.29%=14,500원

14 상원이가 이 예금에 가입한 후 증시 호재로 인해 지수가 약 29% 상승하였다. 이 경우 상원이의 최대 수익률은 연 몇 %인가? (단, 수익률은 세전으로 한다)

① 연 1.35%

② 연 4.67%

③ 연 14.5%

④ 연 21%

⑤ 연 29%

 해설 〈유의사항〉에 "지수상승에 따른 수익률(세전)은 실제 지수상승률에도 불구하고 연 4.67%를 최대로 한다."고 명시되어있다.

15 다음은 아동·청소년의 인구변화에 관한 표이다. 다음 중 비율이 가장 높은 것은?

(단위 : 명)

연령＼연도	2000년	2005년	2010년
전체 인구	44,553,710	45,985,289	47,041,434
0~24세	18,403,373	17,178,526	15,748,774
0~9세	6,523,524	6,574,314	5,551,237
10~24세	11,879,849	10,604,212	10,197,537

① 2000년의 전체 인구 중에서 0~24세 사이의 인구가 차지하는 비율

② 2005년의 0~24세 인구 중에서 10~24세 사이의 인구가 차지하는 비율

③ 2010년의 전체 인구 중에서 0~24세 사이의 인구가 차지하는 비율

④ 2000년의 0~24세 인구 중에서 10~24세 사이의 인구가 차지하는 비율

⑤ 2005년의 0~24세 인구 중에서 0~9세 사이의 인구가 차지하는 비율

해설

④ $\frac{11,879,849}{18,403,373} \times 100 ≒ 64.55\%$

① $\frac{18,403,373}{44,553,710} \times 100 ≒ 41.31\%$

② $\frac{10,604,212}{17,178,526} \times 100 ≒ 61.73\%$

③ $\frac{15,748,774}{47,041,434} \times 100 ≒ 33.48\%$

⑤ $\frac{6,574,314}{17,178,526} \times 100 ≒ 38.27\%$

16 다음은 지난 10년간의 농가경제의 변화 추이를 나타낸 표이다. 이에 대한 설명으로 옳지 않은 것은?

〈표 1〉 농가 판매가격 및 농가 구입가격 지수 추이

(단위 : %)

구분	2005년	2010년	2012년	2013년	2014년
농가 판매가격 지수	92.5	100.0	117.5	113.2	111.3
농가 구입가격 지수	81.8	100.0	106.1	107.1	108.4

〈표 2〉 2005년~2014년 농가 판매 및 구입가격 증감률

(단위 : %)

농가 판매가격 지수		농가 구입가격 지수	
농산물 전체	20.3	구입용품 전체	32.5
곡물	14.0	가계용품	25.5
청과물	31.2	농업용품	46.7
축산물	5.9	농촌임료금	51.9

※ 농가교역조건지수 : 농가가 판매하는 농축산물과 구입하는 가계용품·농업용품·농촌임료금의 가격상승 정도를 비교하여 가격 측면에서 농가의 채산성을 나타내는 지표

※ 농가교역조건지수 $= \dfrac{\text{농가 판매가격 지수}}{\text{농가 구입가격 지수}} \times 100$

① 지난 10년간 농가가 농축산물을 판매한 가격보다 가계용품·농업용품·농촌임료금 등을 구입한 가격이 더 크게 상승하였다.

② 지난 10년간 농가구입 품목 중 농촌임료금은 51.9% 증가하였다.

③ 지난 10년간 농가 판매가격은 곡물 14.0%, 청과물 31.2%, 축산물 5.9% 증가하는데 그쳤다.

④ 위 두 표를 통해 지난 10년간 가격 측면에서 농가의 채산성을 나타내는 '농가교역조건'이 악화되고 있음을 알 수 있다.

⑤ 지난 10년간 농가교역조건지수는 약 13.0%p 하락하였다.

> ✔ 해설
> • 2005년 농가교역조건지수 : $\dfrac{92.5}{81.8} \times 100 ≒ 113\%$
> • 2014년 농가교역조건지수 : $\dfrac{111.3}{108.4} \times 100 ≒ 103\%$
> ∴ 지난 10년간 농가교역지수는 약 10%p 하락하였다.

17 다음은 2014년 분야별 상담 건수 현황에 관한 표이다. 8월의 분야별 상담 건수비율로 적절하지 않은 것은? (단, 소수점 셋째자리에서 반올림한다.)

구분	개인정보	스팸	해킹·바이러스	인터넷 일반	인터넷 주소	KISA 사업문의	기타	합계
5월	10,307	12,408	14,178	476	182	2,678	10,697	50,926
6월	10,580	12,963	10,102	380	199	2,826	12,170	49,220
7월	13,635	12,905	7,630	393	201	3,120	13,001	50,875
8월	15,114	9,782	9,761	487	175	3,113	11,128	49,560

① 스팸 : 19.74%

② 해킹·바이러스 : 19.70%

③ 인터넷 일반 : 1.3%

④ 인터넷 주소 : 0.35%

⑤ 기타 : 22.45%

 해설

③ $\frac{487}{49,560} \times 100 = 0.98\%$

① $\frac{9,782}{49,560} \times 100 = 19.74\%$

② $\frac{9,761}{49,560} \times 100 = 19.70\%$

④ $\frac{175}{49,560} \times 100 = 0.35\%$

⑤ $\frac{11,128}{49,560} \times 100 = 22.45\%$

18 다음은 국내 은행의 당기순이익 및 당기순이익 점유비 추이를 나타낸 표이다. 2015년 C사의 점유비가 재작년보다 7.2%p 감소하였다면 2015년 A사와 B사의 당기순이익 점유비 합은?

(단위 : 억 원, %)

구분	2013년	2014년	2015년
A사	2,106(4.1)	1,624(4.7)	1,100(㉠)
B사	12,996(25.8)	8,775(25.6)	5,512(21.3)
C사	13,429(26.6)	3,943(11.5)	5,024(㉡)
D사	16,496(32.7)	13,414(39.1)	8,507(32.9)
E사	5,434(10.8)	6,552(19.1)	5,701(22.1)
총계	50461(100)	34308(100)	25844(100)

① 22.8%
② 24.3%
③ 25.6%
④ 27.1%
⑤ 29.7%

✔해설 • 2015년 C사의 단기순이익 점유비가 2013년도보다 7.2% 감소하였으므로, ㉡=19.4%
• 2015년 A사의 단기순이익 점유비 ㉠=4.3%
∴ 2015년 A사와 B사의 당기순이익 점유비 합은 4.3+21.3=25.6%이다.

19 다음은 신입사원 300명을 대상으로 어떤 스포츠에 관심이 있는지 조사한 표이다. 두 종목 이상의 스포츠에 관심이 있는 사원의 수는?

스포츠 종목	비율(%)	스포츠 종목	비율(%)
야구	30	축구와 농구	7
농구	20	야구와 축구	9
축구	25	농구와 야구	9

① 25명
② 50명
③ 75명
④ 100명
⑤ 125명

✔해설 300×(7+9+9)%=75명

Answer 17.③ 18.③ 19.③

20 서울시 유료 도로에 대한 자료이다. 산업용 도로 3km의 건설비는 얼마가 되는가?

분류	도로수(개)	총길이(km)	건설비(억 원)
관광용 도로	5	30	30
산업용 도로	7	55	300
산업관광용 도로	9	198	400
합계	21	283	730

① 약 5.5억 원

② 약 11억 원

③ 약 16.5억 원

④ 약 22억 원

⑤ 약 25.5억 원

 • $1km$ 당 산업용 도로의 건설비 $= \dfrac{300}{55} = 5.5$(억 원)

• $3km$ 당 산업용 도로의 건설비 $= 5.5 \times 3 = 16.5$(억 원)

21 다음은 갑과 을의 시험 성적에 관한 자료이다. 이에 대한 설명으로 옳지 않은 것은?

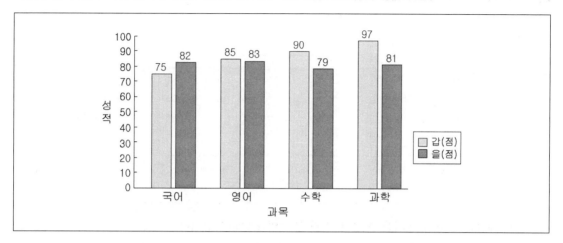

① 을이 갑보다 성적이 높은 과목은 국어이다.
② 갑의 평균 점수는 을의 평균 점수보다 낮다.
③ 을은 수학을 제외하고 모두 80점대를 기록했다.
④ 갑의 과목별 성적은 국어 점수가 가장 낮다.
⑤ 을의 시험 점수 중 가장 낮은 성적을 받은 과목은 수학이다.

> ✔해설 ① 을의 국어 점수는 82점으로 갑보다 높다.
> ② 갑의 평균 점수는 86.75점, 을의 평균 점수는 81.25점이다.
> ③ 을의 수학 점수는 79점이고 나머지는 80점대를 기록했다.
> ④ 갑의 국어 점수는 75점으로 상대적으로 다른 과목에 비해 낮은 점수이다.
> ⑤ 을의 시험 점수 중 가장 낮은 성적을 받은 과목은 79점인 수학이다.

22 다음은 우리나라의 2020년 경지 면적 상위 5개 시·군에 대한 자료이다. 이에 대한 설명으로 옳지 않은 것은?

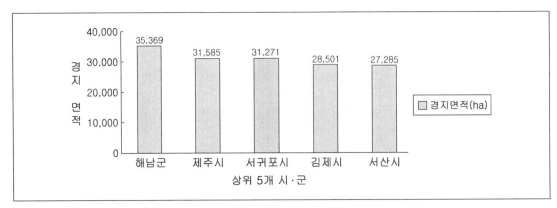

① 해남군의 경지 면적은 서산시 경지 면적의 1.2배 이상이다.
② 서귀포시의 경지 면적은 상위 3번째에 해당한다.
③ 김제시의 경지 면적은 제주시 경지 면적의 80% 미만이다.
④ 김제시와 서산시 경지 면적의 합은 해남군 경지 면적의 1.5배 이상이다.
⑤ 가장 적은 경지면적을 보유한 곳은 서산시이다.

✔해설 ① 약 1.3배 차이난다.
② 서귀포시의 경지 면적은 상위 3번째에 해당한다.
③ 김제시의 경지 면적은 제주시 경지 면적의 약 90%이다.
④ 김제시와 서산시 경지면적의 합이 55,786ha이므로 약 1.58배 차이난다.
⑤ 가장 적은 경지면적을 보유한 곳은 27,285ha의 서산시이다.

23 다음은 연도별 택배 물량에 대한 자료이다. 이에 대한 설명으로 옳지 않은 것은?

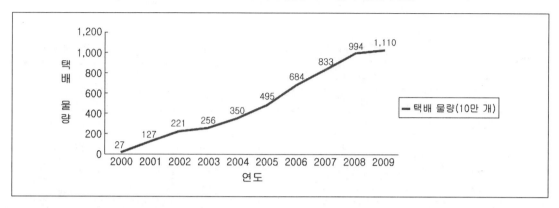

① 택배 물량은 매년 지속적으로 증가하고 있다.

② 2007년 대비 2008년의 택배 물량의 증가율은 15% 이상이다.

③ 2000년 대비 2009년의 택배 물량은 40배 이상 증가하였다.

④ 2009년에 택배 매출액이 가장 높다.

⑤ 2001년의 택배 물량은 전년도보다 증가하였다.

✔ 해설 ① 택배 물량은 매년 증가하고 있다.

② $\dfrac{994-833}{833} \times 100 ≒ 19\%$ 증가하였다.

③ 약 41배 차이 난다.

④ 제시된 자료만으로 매출액을 평가하기 어렵다.

⑤ 2001년의 택배 물량은 127(10만 개)이고, 전년도 물량은 27(10만 개)이다.

❙24~25❙ 다음 자료는 2월 공항별 운항 및 수송현황에 관한 자료이다. 물음에 답하시오.

공항＼구분	운항편수(편)	여객수(천 명)	화물량(톤)
인천	20,818	3,076	249,076
김포	11,924	1,836	21,512
김해	6,406	(㉠)	10,279
제주	11,204	1,820	21,137
청주	(㉡)	108	1,582
광주	944	129	1,290
대구	771	121	1,413
전체	52,822	7,924	306,289

24 위의 자료에 대한 설명으로 옳지 않은 것은?

① 김포공항의 여객수와 제주공항의 여객수의 합은 인천공항의 여객수보다 많다.

② 김포공항의 화물량은 김해공항의 화물량의 2배 이상이다.

③ 인천공항의 화물량은 전체 화물량의 80% 이상을 차지한다.

④ ㉡에 들어갈 수는 655이다.

⑤ 전체 공항 중에 화물량이 가장 적은 곳은 광주공항이다.

✔해설 ㉡ : 52,822 − 20,818 − 11,924 − 6,406 − 11,204 − 944 − 771 = 755

25 위의 자료에서 ㉠에 알맞은 수는?

① 830

② 834

③ 838

④ 842

⑤ 858

✔해설 ㉠ : 7,924 − 3,076 − 1,836 − 1,820 − 108 − 129 − 121 = 834

Answer 24.④ 25.②

문제해결능력

01 문제와 문제해결

(1) 문제의 정의와 분류

① 정의 : 업무를 수행함에 있어서 답을 요구하는 질문이나 의논하여 해결해야 되는 사항이다.

② 문제의 분류

구분	창의적 문제	분석적 문제
문제제시 방법	현재 문제가 없더라도 보다 나은 방법을 찾기 위한 문제 탐구→문제 자체가 명확하지 않음	현재의 문제점이나 미래의 문제로 예견될 것에 대한 문제 탐구→문제 자체가 명확함
해결방법	창의력에 의한 많은 아이디어의 작성을 통해 해결	분석, 논리, 귀납과 같은 논리적 방법을 통해 해결
해답 수	해답의 수가 많으며, 많은 답 가운데 보다 나은 것을 선택	답의 수가 적으며 한정되어 있음
주요특징	주관적, 직관적, 감각적, 정성적, 개별적, 특수성	객관적, 논리적, 정량적, 이성적, 일반적, 공통성

(2) 업무수행과정에서 발생하는 문제 유형

① 발생형 문제(보이는 문제) : 현재 직면하여 해결하기 위해 고민하는 문제이다. 원인이 내재되어 있기 때문에 원인지향적인 문제라고도 한다.

　㉠ 일탈문제 : 어떤 기준을 일탈함으로써 생기는 문제

　㉡ 미달문제 : 어떤 기준에 미달하여 생기는 문제

② 탐색형 문제(찾는 문제) : 현재의 상황을 개선하거나 효율을 높이기 위한 문제이다. 방치할 경우 큰 손실이 따르거나 해결할 수 없는 문제로 나타나게 된다.

　㉠ 잠재문제 : 문제가 잠재되어 있어 인식하지 못하다가 확대되어 해결이 어려운 문제

　㉡ 예측문제 : 현재로는 문제가 없으나 현 상태의 진행 상황을 예측하여 찾아야 앞으로 일어날 수 있는 문제가 보이는 문제

ⓒ 발견문제 : 현재로서는 담당 업무에 문제가 없으나 선진기업의 업무 방법 등 보다 좋은 제도나 기법을
발견하여 개선시킬 수 있는 문제

③ 설정형 문제(미래 문제) : 장래의 경영전략을 생각하는 것으로 앞으로 어떻게 할 것인가 하는 문제이다.
문제해결에 창조적인 노력이 요구되어 창조적 문제라고도 한다.

예제 1

D회사 신입사원으로 입사한 귀하는 신입사원 교육에서 업무수행과정에서 발생
하는 문제 유형 중 설정형 문제를 하나씩 찾아오라는 지시를 받았다. 이에 대해
귀하는 교육받은 내용을 다시 복습하려고 한다. 설정형 문제에 해당하는 것은?

① 현재 직면하여 해결하기 위해 고민하는 문제
② 현재의 상황을 개선하거나 효율을 높이기 위한 문제
③ 앞으로 어떻게 할 것인가 하는 문제
④ 원인이 내재되어 있는 원인지향적인 문제

출제의도

업무수행 중 문제가 발생하였을 때
문제 유형을 구분하는 능력을 측정하
는 문항이다.

해 설

업무수행과정에서 발생하는 문제 유
형으로는 발생형 문제, 탐색형 문제,
설정형 문제가 있으며 ①④는 발생형
문제이며 ②는 탐색형 문제, ③이 설
정형 문제이다.

답 ③

---

(3) 문제해결

① 정의 : 목표와 현상을 분석하고 이 결과를 토대로 과제를 도출하여 최적의 해결책을 찾아 실행·평가해
가는 활동이다.

② 문제해결에 필요한 기본적 사고

ⓒ 전략적 사고 : 문제와 해결방안이 상위 시스템과 어떻게 연결되어 있는지를 생각한다.

ⓒ 분석적 사고 : 전체를 각각의 요소로 나누어 그 의미를 도출하고 우선순위를 부여하여 구체적인 문제
해결방법을 실행한다.

ⓒ 발상의 전환 : 인식의 틀을 전환하여 새로운 관점으로 바라보는 사고를 지향한다.

ⓒ 내·외부자원의 활용 : 기술, 재료, 사람 등 필요한 자원을 효과적으로 활용한다.

③ 문제해결의 장애요소

ⓒ 문제를 철저하게 분석하지 않는 경우

ⓒ 고정관념에 얽매이는 경우

ⓒ 쉽게 떠오르는 단순한 정보에 의지하는 경우

ⓒ 너무 많은 자료를 수집하려고 노력하는 경우

④ 문제해결방법

    ㉠ 소프트 어프로치 : 문제해결을 위해서 직접적인 표현보다는 무언가를 시사하거나 암시를 통하여 의사를 전달하여 문제해결을 도모하고자 한다.

    ㉡ 하드 어프로치 : 상이한 문화적 토양을 가지고 있는 구성원을 가정하고, 서로의 생각을 직설적으로 주장하고 논쟁이나 협상을 통해 서로의 의견을 조정해 가는 방법이다.

    ㉢ 퍼실리테이션(facilitation) : 촉진을 의미하며 어떤 그룹이나 집단이 의사결정을 잘 하도록 도와주는 일을 의미한다.

02 문제해결능력을 구성하는 하위능력

(1) 사고력

① 창의적 사고 : 개인이 가지고 있는 경험과 지식을 통해 새로운 가치 있는 아이디어를 산출하는 사고능력이다.

    ㉠ 창의적 사고의 특징
- 정보와 정보의 조합
- 사회나 개인에게 새로운 가치 창출
- 창조적인 가능성

예제 2

M사 홍보팀에서 근무하고 있는 귀하는 입사 5년차로 창의적인 기획안을 제출하기로 유명하다. S부장은 이번 신입사원 교육 때 귀하에게 창의적인 사고란 무엇인지 교육을 맡아달라고 부탁하였다. 창의적인 사고에 대한 귀하의 설명으로 옳지 않은 것은?

① 창의적인 사고는 새롭고 유용한 아이디어를 생산해 내는 정신적인 과정이다.
② 창의적인 사고는 특별한 사람들만이 할 수 있는 대단한 능력이다.
③ 창의적인 사고는 기존의 정보들을 특정한 요구조건에 맞거나 유용하도록 새롭게 조합시킨 것이다.
④ 창의적인 사고는 통상적인 것이 아니라 기발하거나, 신기하며 독창적인 것이다.

출제의도

창의적 사고에 대한 개념을 정확히 파악하고 있는지를 묻는 문항이다.

해 설

흔히 사람들은 창의적인 사고에 대해 특별한 사람들만이 할 수 있는 대단한 능력이라고 생각하지만 그리 대단한 능력이 아니며 이미 알고 있는 경험과 지식을 해체하여 다시 새로운 정보로 결합하여 가치 있는 아이디어를 산출하는 사고라고 할 수 있다.

답 ②

ⓛ 발산적 사고 : 창의적 사고를 위해 필요한 것으로 자유연상법, 강제연상법, 비교발상법 등을 통해 개발할 수 있다.

구분	내용
자유연상법	생각나는 대로 자유롭게 발상 ex) 브레인스토밍
강제연상법	각종 힌트에 강제적으로 연결 지어 발상 ex) 체크리스트
비교발상법	주제의 본질과 닮은 것을 힌트로 발상 ex) NM법, Synectics

POINT 브레인스토밍
ⓐ 진행방법
- 주제를 구체적이고 명확하게 정한다.
- 구성원의 얼굴을 볼 수 있는 좌석 배치와 큰 용지를 준비한다.
- 구성원들의 다양한 의견을 도출할 수 있는 사람을 리더로 선출한다.
- 구성원은 다양한 분야의 사람들로 5~8명 정도로 구성한다.
- 발언은 누구나 자유롭게 할 수 있도록 하며, 모든 발언 내용을 기록한다.
- 아이디어에 대한 평가는 비판해서는 안 된다.
ⓑ 4대 원칙
- 비판엄금(Support) : 평가 단계 이전에 결코 비판이나 판단을 해서는 안 되며 평가는 나중까지 유보한다.
- 자유분방(Silly) : 무엇이든 자유롭게 말하고 이런 바보 같은 소리를 해서는 안 된다는 등의 생각은 하지 않아야 한다.
- 질보다 양(Speed) : 질에는 관계없이 가능한 많은 아이디어들을 생성해내도록 격려한다.
- 결합과 개선(Synergy) : 다른 사람의 아이디어에 자극되어 보다 좋은 생각이 떠오르고, 서로 조합하면 재미있는 아이디어가 될 것 같은 생각이 들면 즉시 조합시킨다.

② 논리적 사고 : 사고의 전개에 있어 전후의 관계가 일치하고 있는가를 살피고 아이디어를 평가하는 사고능력이다.
ⓐ 논리적 사고를 위한 5가지 요소 : 생각하는 습관, 상대 논리의 구조화, 구체적인 생각, 타인에 대한 이해, 설득
ⓑ 논리적 사고 개발 방법
- 피라미드 구조 : 하위의 사실이나 현상부터 사고하여 상위의 주장을 만들어가는 방법
- so what기법 : '그래서 무엇이지?'하고 자문자답하여 주어진 정보로부터 가치 있는 정보를 이끌어 내는 사고 기법

③ 비판적 사고 : 어떤 주제나 주장에 대해서 적극적으로 분석하고 종합하며 평가하는 능동적인 사고이다.
ⓐ 비판적 사고 개발 태도 : 비판적 사고를 개발하기 위해서는 지적 호기심, 객관성, 개방성, 융통성, 지적 회의성, 지적 정직성, 체계성, 지속성, 결단성, 다른 관점에 대한 존중과 같은 태도가 요구된다.
ⓑ 비판적 사고를 위한 태도
- 문제의식 : 비판적인 사고를 위해서 가장 먼저 필요한 것은 바로 문제의식이다. 자신이 지니고 있는 문제와 목적을 확실하고 정확하게 파악하는 것이 비판적인 사고의 시작이다.
- 고정관념 타파 : 지각의 폭을 넓히는 일은 정보에 대한 개방성을 가지고 편견을 갖지 않는 것으로 고정관념을 타파하는 일이 중요하다.

(2) 문제처리능력과 문제해결절차

① 문제처리능력 : 목표와 현상을 분석하고 이를 토대로 문제를 도출하여 최적의 해결책을 찾아 실행·평가하는 능력이다.

② 문제해결절차 : 문제 인식 → 문제 도출 → 원인 분석 → 해결안 개발 → 실행 및 평가
  ㉠ 문제 인식 : 문제해결과정 중 'what'을 결정하는 단계로 환경 분석 → 주요 과제 도출 → 과제 선정의 절차를 통해 수행된다.
    • 3C 분석 : 환경 분석 방법의 하나로 사업환경을 구성하고 있는 요소인 자사(Company), 경쟁사(Competitor), 고객(Customer)을 분석하는 것이다.

예제 3

L사에서 주력 상품으로 밀고 있는 TV의 판매 이익이 감소하고 있는 상황에서 귀하는 B부장으로부터 3C분석을 통해 해결방안을 강구해 오라는 지시를 받았다. 다음 중 3C에 해당하지 않는 것은?

① Customer   ② Company
③ Competitor   ④ Content

출제의도

3C의 개념과 구성요소를 정확히 숙지하고 있는지를 측정하는 문항이다.

해 설

3C 분석에서 사업 환경을 구성하고 있는 요소인 자사(Company), 경쟁사(Competitor), 고객을 3C(Customer)라고 한다. 3C 분석에서 고객 분석에서는 '고객은 자사의 상품·서비스에 만족하고 있는지'를, 자사 분석에서는 '자사가 세운 달성목표와 현상 간에 차이가 없는지'를 경쟁사 분석에서는 '경쟁기업의 우수한 점과 자사의 현상과 차이가 없는지'에 대한 질문을 통해서 환경을 분석하게 된다.

답 ④

• SWOT 분석 : 기업내부의 강점과 약점, 외부환경의 기회와 위협요인을 분석·평가하여 문제해결 방안을 개발하는 방법이다.

		내부환경요인	
		강점(Strengths)	약점(Weaknesses)
외부환경요인	기회 (Opportunities)	SO 내부강점과 외부기회 요인을 극대화	WO 외부기회를 이용하여 내부약점을 강점으로 전환
	위협 (Threat)	ST 외부위협을 최소화하기 위해 내부강점을 극대화	WT 내부약점과 외부위협을 최소화

ⓛ 문제 도출 : 선정된 문제를 분석하여 해결해야 할 것이 무엇인지를 명확히 하는 단계로, 문제 구조 파악→핵심 문제 선정 단계를 거쳐 수행된다.

- Logic Tree : 문제의 원인을 파고들거나 해결책을 구체화할 때 제한된 시간 안에서 넓이와 깊이를 추구하는데 도움이 되는 기술로 주요 과제를 나무모양으로 분해·정리하는 기술이다.

ⓒ 원인 분석 : 문제 도출 후 파악된 핵심 문제에 대한 분석을 통해 근본 원인을 찾는 단계로 Issue 분석→Data 분석→원인 파악의 절차로 진행된다.

ⓔ 해결안 개발 : 원인이 밝혀지면 이를 효과적으로 해결할 수 있는 다양한 해결안을 개발하고 최선의 해결안을 선택하는 것이 필요하다.

ⓜ 실행 및 평가 : 해결안 개발을 통해 만들어진 실행계획을 실제 상황에 적용하는 활동으로 실행계획 수립→실행→Follow-up의 절차로 진행된다.

예제 4

C사는 최근 국내 매출이 지속적으로 하락하고 있어 사내 분위기가 심상치 않다. 이에 대해 Y부장은 이 문제를 극복하고자 문제처리 팀을 구성하여 해결방안을 모색하도록 지시하였다. 문제처리 팀의 문제해결 절차를 올바른 순서로 나열한 것은?

① 문제 인식→원인 분석→해결안 개발→문제 도출→실행 및 평가
② 문제 도출→문제 인식→해결안 개발→원인 분석→실행 및 평가
③ 문제 인식→원인 분석→문제 도출→해결안 개발→실행 및 평가
④ 문제 인식→문제 도출→원인 분석→해결안 개발 →실행 및 평가

출제의도

실제 업무 상황에서 문제가 일어났을 때 해결 절차를 알고 있는지를 측정하는 문항이다.

해 설

일반적인 문제해결절차는 '문제 인식 → 문제 도출→원인 분석→해결안 개발 → 실행 및 평가'로 이루어진다.

답 ④

출제예상문제

1 A사에서는 2020년의 집행 금액이 가장 많은 팀부터 2021년의 예산을 많이 분배할 계획이다. 5개 팀의 2020년 예산 관련 내역이 다음과 같을 때, 2021년에도 유통팀이 가장 많은 예산을 분배받기 위해서는 12월 말까지 얼마를 더 집행해야 하는가? (단, 집행 금액은 신청 금액을 초과할 수 없다)

〈2020년의 예산 신청 내역〉

(단위 : 백만 원)

영업1팀	영업2팀	영업3팀	유통팀	물류팀
28	27	29	31	30

〈2020년 6월 말까지의 예산 집행률〉

(단위 : %)

영업1팀	영업2팀	영업3팀	유통팀	물류팀
35%	60%	20%	50%	45%

※ 예산 집행률 = 집행 금액 ÷ 신청 금액 × 100

① 14,430,000원

② 14,450,000원

③ 14,470,000원

④ 14,490,000원

⑤ 14,510,000원

✔해설 집행 금액이 신청 금액을 초과할 수 없는 상황에서 집행 금액이 가장 많기 위해서는 신청 금액을 100% 집행해야 한다. 유통팀 다음으로 신청 금액이 많은 물류팀이 100% 집행할 경우, 유통팀은 30백만 원보다 더 많은 금액을 집행해야 하는데, 6월 말 현재 유통팀이 집행한 금액은 31×0.5=15.5백만 원이므로 12월 말까지 적어도 14.5백만 원을 초과하는 금액을 집행해야 한다.

Answer 1.⑤

2 다음은 어느 TV 홈쇼핑 회사에 대한 3C 분석 사례이다. 분석한 내용을 바탕으로 회사 발전 전략을 제안한 내용 중 그 타당성이 가장 떨어지는 사람은?

Company	Competitor	Customer
• 높은 시장점유율 • 긍정적인 브랜드 이미지 • 차별화된 고객서비스 기술 • 고가 상품 중심의 수익 구조 • 우수 인력과 정보시스템 • TV 방송에 한정된 영업 방식	• 저가의 다양한 상품 구축 • 공격적은 프로모션 및 가격할인 서비스 • A/S 및 사후관리 능력 우수 • 인터넷, 모바일, 카탈로그 등 다양한 영업 방식	• 일반 소매업 대비 홈쇼핑 시장의 높은 성장률 • 30~50대 여성이 90% 이상을 차지하는 고객 구성 • 저렴한 가격, 편리성, 품질, 다양성 등에 대한 고객의 Needs • 상위 5%의 고객이 전체 매출의 30%를 차지

① 甲 : 홈쇼핑 분야에서 높은 시장점유율을 유지하기 위한 지속적인 노력이 필요합니다.

② 乙 : 저렴한 가격에 대한 고객의 요구를 채우기 위해 고가 상품 중심의 수익 구조를 개선해야 합니다.

③ 丙 : TV 방송에만 머무를 것이 아니라 다양한 매체를 활용한 영업 방식을 도입하는 것도 적극적으로 검토해야 합니다.

④ 丁 : 여성 고객뿐만 아니라 남성 고객에게도 어필할 수 있도록 남성적인 브랜드 이미지를 구축해 나가야 합니다.

⑤ 戊 : 매출의 30%를 차지하는 상위 5%의 고객을 위한 차별화된 고객서비스를 제공하여 충성도를 제고할 필요가 있습니다.

✔ 해설 ④ 30~50대 여성이 90%를 차지하는 고객 구성의 상황에서 남성 고객 유치를 위해 남성적인 브랜드 이미지를 구축하는 것은 주 고객층의 외면을 불러올 수 있다.

3 다음 글의 내용이 모두 참일 때, 타 지점에서 온 직원들의 지역으로 옳은 것은?

> 직원들은 전국 지점 직원들이 모인 캠프에서 만난 세 사람에 대한 이야기를 하고 있다. 이들은 캠프에서 만난 타 지점 직원들의 이름은 정확하게 기억하고 있다. 하지만 그들이 어느 지역에서 일하고 있는지에 대해서는 그렇지 않다.
>
> 이 사원 : 甲은 대구 乙이 울산에서 일한다고 했어, 丙이 부산 지점이라고 했고.
>
> 김 사원 : 甲이랑 乙이 울산에서 일한다고 했지. 丙은 부산이 맞고.
>
> 정 사원 : 다 틀렸어. 丙이 울산이고 乙이 대구에서, 甲이 부산에서 일한다고 했어.
>
> 세 명의 직원들은 캠프에서 만난 직원들에 대하여 각각 단 한 명씩의 일하는 지역을 알고 있으며 캠프에서 만난 직원들이 일하는 지역은 부산, 울산, 대구 지역 외에는 없고, 모두 다른 지역에서 일한다.

① 甲-대구, 乙-울산, 丙-부산
② 甲-대구, 乙-부산, 丙-울산
③ 甲-울산, 乙-부산, 丙-대구
④ 甲-부산, 乙-울산, 丙-대구
⑤ 甲-부산, 乙-대구, 丙-울산

✔해설 ④ 이 사원과 김 사원의 진술 중 乙과 丙의 지역에 대한 진술이 동일하고 甲에 대한 진술이 다르므로 乙과 丙에 대한 진술 중 하나가 참이다. 乙이 일하는 지역이 울산이면, 甲의 지역은 대구, 울산이 아니므로 부산이 된다. 甲의 지역이 부산이므로 정 사원은 甲의 지역을 알고 있고 乙과 丙이 일하는 지역에 대한 정보는 틀린 것이므로 丙이 일하는 지역은 부산, 울산이 아닌 대구이다. (이 사원과 김 사원의 진술에서 丙의 지역이 부산이라고 가정하면 甲의 지역은 세 지역 모두 불가능하게 되어 다른 진술들과 충돌하게 된다)

4 A회사는 다가올 추석을 대비하여 직원들로 하여금 선호하는 명절 선물을 조사하였다. 조사결과가 다음과 같을 때, 항상 참인 것을 고르면? (단, 甲~戊는 모두 직원이다)

> • 명절 선물로 '정육'을 선호하는 직원은 '과일'을 선호하지 않았다.
> • 명절 선물로 '한과'를 선호하지 않은 직원은 '과일'을 선호했다.
> • 명절 선물로 '건어물'을 선호하지 않은 직원은 '햄 세트'를 선호했다.
> • 명절 선물로 '건어물'을 선호하는 직원은 '정육'을 선호하지 않았다.

① 명절 선물로 '건어물'을 선호하는 甲은 '과일'을 선호한다.
② 명절 선물로 '한과'를 선호하는 乙은 '햄 세트'를 선호한다.
③ 명절 선물로 '과일'을 선호하는 丙은 '햄 세트'를 선호하지 않는다.
④ 명절 선물로 '정육'을 선호하는 丁은 '햄 세트'를 선호한다.
⑤ 명절 선물로 '건어물'을 선호하는 戊는 '한과'를 선호한다.

✔ **해설** 명제가 참일 경우 항상 참이 되는 것은 대우이다. 주어진 조사 결과를 도식화하여 정리하면 다음과 같다.

조사 결과	대우
정육 → ~과일	과일 → ~정육
~한과 → 과일	~과일 → 한과
~건어물 → 햄 세트	~햄 세트 → 건어물
건어물 → ~정육	정육 → ~건어물

따라서 네 번째 조사 결과의 대우 (정육 → ~건어물)와 세 번째 조사 결과의 (~건어물 → 햄 세트)를 통해 (정육 → ~건어물 → 햄 세트)가 성립하므로, ④는 항상 참이 된다.

5 다음 글의 내용이 참일 때, 반드시 참인 진술은?

> - 김 대리, 박 대리, 이 과장, 최 과장, 정 부장은 A 회사의 직원들이다.
> - A 회사의 모든 직원은 내근과 외근 중 한 가지만 한다.
> - A 회사의 직원 중 내근을 하면서 미혼인 사람에는 직책이 과장 이상인 사람은 없다.
> - A 회사의 직원 중 외근을 하면서 미혼이 아닌 사람은 모두 그 직책이 과장 이상이다.
> - A 회사의 직원 중 외근을 하면서 미혼인 사람은 모두 연금 저축에 가입해 있다.
> - A 회사의 직원 중 미혼이 아닌 사람은 모두 남성이다.

① 갑 : 김 대리가 내근을 한다면, 그는 미혼이다.

② 을 : 박 대리가 미혼이면서 연금 저축에 가입해 있지 않다면, 그는 외근을 한다.

③ 병 : 이 과장이 미혼이 아니라면, 그는 내근을 한다.

④ 정 : 최 과장이 여성이라면, 그는 연금 저축에 가입해 있다.

⑤ 무 : 정 부장이 외근을 한다면, 그는 연금 저축에 가입해 있지 않다.

> **✔ 해설** 제시된 진술을 다음과 같이 정리할 수 있다.
> ㉮ : 내근 vs 외근(배타적 선언문)
> ㉯ : 내근 + 미혼 → not 과장 이상
> ㉰ : 외근 + not 미혼 → 과장 이상
> ㉱ : 외근 + 미혼 → 연금 저축 가입
> ㉲ : not 미혼 → 남성
> ④ 주어진 조건에 따라 여성은 미혼이다. 따라서 최 과장은 여성이며, 미혼이다. 내근을 하는 직원이면
> 서 미혼인 사람 중에는 과장 이상의 직책이 없으므로 최 과장은 내근을 할 수 없고, 외근이다. 외근
> 이면서 미혼인 사람은 연금 저축에 가입했다고 했으므로 ④는 반드시 참이다.
> ① '㉱'에 의해 과장 이상이 아닌 경우 외근을 하지 않거나 미혼이다. 김 대리가 내근을 한다면 그가 미
> 혼이든 미혼이 아니든 지문의 내용은 참이 된다. 따라서 반드시 참은 아니다.
> ② '㉱'에 의해 박 대리가 연금 저축에 가입해 있지 않다면 그는 외근을 하지 않거나 미혼이 아니다. 박
> 대리는 미혼이므로 외근을 하지 않는다. 따라서 반드시 거짓이다.
> ③ 이 과장이 미혼이 아니라면 '㉯'에 의해 그가 내근을 하지 않는 경우도 성립한다. 따라서 반드시 참은
> 아니다.
> ⑤ 정 부장이 외근을 한다면 '㉯'에 의해 그는 미혼이거나 그렇지 않은 경우가 성립하며, 외근을 하면서
> 미혼이 아닌 경우라면 '㉱'에 의해 그가 연금 저축에 가입해 있는지는 파악할 수 없다.

Answer 4.④ 5.④

┃6~7┃ 다음 자료를 보고 이어지는 물음에 답하시오.

〈입찰 관련 낙찰업체 선정 기준〉

1. 1차 평가 : 책임건축사의 경력 및 실적(50점)

구분	배점	등급				
[경력] 전문분야 신축 건축설계 경력기간 합산 평가	20점	20년 이상	20년 미만 18년 이상	18년 미만 16년 이상	16년 미만 14년 이상	14년 미만
		20.0	16.0	12.0	8.0	0
[수행실적] 공고일 기준 최근 10년간 업무시 설 신축 건축설계 수행실적	30점	4건 이상	3건 이상	2건 이상	1건 이상	1건 미만
		30.0	25.0	20.0	15.0	0

2. 2차 평가 : 계약회사 및 협력회사(50점)
   1) 계약회사(건축설계) 30점

구분		배점	등급				
[수행실적] 공고일 기준 최근 10년간 건축회사의 업무시설 신축 건축설계 수행실적	건수	15점	4건 이상	3건 이상	2건 이상	1건 이상	1건 미만
			15.0	12.0	9.0	6.0	0
	면적	15점	8만m² 이상	8만m²미만 6만m²이상	6만m²미만 4만m²이상	4만m²미만 2만m²이상	2만m² 미만
			15.0	12.0	9.0	6.0	0

   2) 협력회사(정비계획, 지하 공간 등) 20점

구분	배점	등급				
[수행실적] 정비계획 실적(착수~고시)	10점	4건 이상	3건 이상	2건 이상	1건 이상	1건 미만
		10.0	8.0	6.0	4.0	0
[지하 공간 수행실적] 지하공공보행통로 설계 실적	10점	4건 이상	3건 이상	2건 이상	1건 이상	1건 미만
		10.0	8.0	6.0	4.0	0

3. 환산점수 : 해당회사 점수 합계÷100×20
   ■ 환산점수 20점과 입찰 가격 80점을 합하여 100점 만점에 최고 득점 업체로 선정함.

6 다음 중 위의 낙찰업체 선정 기준에 대한 설명으로 올바르지 않은 것은 어느 것인가?

① 책임건축사와 계약회사가 모두 경력이 많을수록 낙찰될 확률이 높다.

② 책임건축사의 경력기간이 10년인 업체와 15년인 업체와의 환산점수는 8점의 차이가 난다.

③ 협력회사의 수행실적은 착수 단계에서 고시가 완료된 단계까지가 포함된 것을 인정한다.

④ 계약회사의 수행실적에서는 수행 면적의 크기도 평가 항목에 포함된다.

⑤ 계약회사의 수행 실적과 경력이 협력회사의 수행 실적과 경력보다 더 중요한 판단기준이다.

✔해설 8점의 차이는 해당 항목의 환산 전 항목의 평가 점수 차이이며, 이 차이는 환산 점수화되면 5분의 1로 줄어들게 된다.
① 1차와 2차 평가 항목에서는 책임건축사와 건축회사 모두의 수행 경력을 평가기준으로 삼고 있다.
③ 협력회사의 평가 기준상 착수~고시완료까지의 실적을 인정하는 것으로 명시되어 있다.
④ 면적은 15점의 배점이 되어 있는 평가 항목이다.
⑤ 계약회사에 대한 평가 배점은 30점, 협력회사에 대한 평가 배점은 20점이므로 올바른 설명이다.

7 1, 2차 평가를 거쳐 가격 점수와 함께 비교 대상이 된 다음 2개 업체의 환산점수는 각각 몇 점인가?

구분		A	B
책임건축사	경력기간	18년	16년
	실적	3건	4건
계약회사	건수	3건	2건
	면적	4.5만m²	6만m²
협력회사	정비계획	4건	3건
	지하 공간	2건	3건

① 15.5점, 15.5점

② 15.8점, 15.6점

③ 15.3점, 15.6점

④ 15.2점, 15.4점

⑤ 15.6점, 15.8점

✔해설 주어진 정보를 통해 점수를 계산해 보면 다음과 같다.

구분		A	B
책임건축사	경력기간	18년=16점	16년=12점
	실적	3건=25점	4건=30점
계약회사	건수	3건=12점	2건=9점
	면적	4.5만㎡=9점	6만㎡=12점
협력회사	정비계획	4건=10점	3건=8점
	지하 공간	2건=6점	3건=8점
계		16+25+12+9+10+6=78점	12+30+9+12+8+8=79점

따라서 환산점수는 A가 78÷100×20=15.6점이며, B가 79÷100×20=15.8점이 된다.

┃8~9┃ 다음은 상품설명서 중 일부이다. 물음에 답하시오.

〈거래조건〉

구분	내용
가입자격	신규 임관 군 간부(장교, 부사관, 군의관, 법무관, 공중보건의 등) ※ 신규 임관 기준 : 군 신분증의 임관일로부터 익년도말까지
예금종류	자유로우대적금
가입기간	12개월 이상 24개월 이내(월 단위)
적립방식	자유적립식
가입금액	초입금 및 매회 입금 1만 원 이상, 1인당 월 20만 원 이내 자유적립
기본금리 (연 %, 세전)	자유로우대적금 가입기간별 금리에 따름
우대금리 (%p. 세전)	아래 우대조건을 만족하는 경우 가입일 현재 기본금리에 가산하여 만기해지 시 적용 세부조건 / 우대금리 이 적금 가입기간 중 만기 전월까지 "6개월 이상" A은행에 급여 이체 시 — 0.2 가입월부터 만기 전월까지 기간 중 A은행 카드(개인 신용·체크) 월 평균 20만 원 이상 이용 시 — 0.2 만기일 전월말 기준으로 A은행의 주택청약종합저축(청약저축 포함) 가입 시 — 0.2

8 다음은 상품설명서의 일부이다. 다음 중 위 상품의 우대금리를 받을 수 있는 사람은?

① 적금 가입기간 중 만기 전월까지 5개월 동안 A은행에 급여이체를 한 민수

② 가입월부터 만기 전월까지의 기간 중 A은행 카드로 월 평균 15만 원을 이용한 진성

③ 적금 만기 후 A은행의 주택청약종합저축에 가입한 대원

④ 가입월부터 만기 전월까지의 기간 중 A은행 카드로 월 평균 10만 원을 이용한 준형

⑤ 적금 가입기간 중 만기 전월까지 7개월 동안 A은행에 급여이체를 한 경준

✔해설 ⑤ 적금 가입기간 중 만기 전월까지 "6개월 이상" A은행에 급여이체 시 우대금리를 받을 수 있다.

9 다음 중 위 적금에 가입할 수 없는 사람은?

① 육군 장교로 임관한 권 소위

② 공군에 입대한 전 이병

③ 군의관으로 임관한 빈 소위

④ 해병대 부사관으로 임관한 송 하사

⑤ 법무관으로 임관한 장 소위

✔해설 ② 해당 상품은 신규 임관 군 간부만이 가입할 수 있는 상품으로 일반 사병으로 입대한 전 이병은 가입할 수 없다.

｜10～11｜ 표준 업무시간이 80시간인 업무를 각 부서에 할당해 본 결과, 다음과 같은 표를 얻었다. 물음에 답하시오.

부서명	투입인원(명)	개인별 업무시간(시간)	회의	
			횟수(회)	소요시간(시간/회)
A	2	41	3	1
B	3	30	2	2
C	4	22	1	4

※ 업무효율 $= \dfrac{\text{표준 업무시간}}{\text{총 투입시간}}$

※ 총 투입시간은 개인별 투입시간의 합임.

※ 개인별 투입시간＝개인별 업무시간＋회의 소요시간.

※ 부서원은 업무를 분담하여 동시에 수행할 수 있음.

※ 투입된 인원의 업무능력과 인원당 소요시간이 동일하다고 가정함.

10 다음 중 각 부서의 개인별 투입시간으로 옳은 것은?

① A 부서 : 26시간   ② A 부서 : 28시간

③ B 부서 : 31시간   ④ B 부서 : 34시간

⑤ C 부서 : 44시간

> ✔ 해설   ㉠ 개인별 투입시간＝개인별 업무시간＋회의 소요시간
>   ㉡ 회의 소요시간＝횟수×소요시간
> - A부서의 개인별 투입시간＝41＋(3×1)＝44시간
> - B부서의 개인별 투입시간＝30＋(2×2)＝34시간
> - C부서의 개인별 투입시간＝22＋(1×4)＝26시간

11 어느 부서의 업무효율이 가장 높은가?

① A   ② B

③ C   ④ A, B

⑤ B, C

> ✔ 해설   ㉠ 총 투입시간이 적을수록 업무효율이 높다.
>   ㉡ 총 투입시간＝투입인원×개인별 투입시간
> - A부서의 총 투입시간＝2×44＝88시간
> - B부서의 총 투입시간＝3×34＝102시간
> - C부서의 총 투입시간＝4×26＝104시간

12 다음은 새로 출시된 스마트통장에 관한 설명이다. 이 통장에 가입할 수 없는 사람은?

〈스마트통장〉

1. 상품특징
   만 14세~33세 대학생 등 젊은 고객을 대상으로 우대서비스를 제공하는 요구불 상품

2. 가입대상
   만 14세~33세 개인(1인 1통장)

3. 가입기간
   제한 없음

4. 금리안내
   기본금리 연 1.5%(일별잔액 100만 원 한도, 100만 원 초과시 0.1%)

5. 우대금리
   • 당행 최초 거래 고객 : 연 0.5%p(일별 잔액 100만 원 이하)
   • 우대금리 적용요건
   −A은행 글로벌체크카드 또는 스마티신용카드 가입고객이 본 상품을 결제계좌로 사용하는 경우로서 요건에 해당하는 경우
   −스마트통장 가입일이 A은행에 고객정보 최초 등록일과 동일한 경우

---

① 고등학교에 갓 입학한 만 17세 영재
② 직장에 다니는 만 35세 종엽
③ 갓 대학교에 입학한 만 20세 재영
④ 회사에 취직한 만 27세 희진
⑤ 대학을 막 졸업한 만 24세 하나

✔해설 ② 해당 상품은 만 14세~33세 개인만이 가입할 수 있는 상품으로 만 35세인 종엽이는 가입할 수 없다.

13 다음은 무농약농산물과 저농약농산물 인증기준에 대한 자료이다. 자신이 신청한 인증을 받을 수 있는 사람을 모두 고르면?

무농약농산물과 저농약농산물의 재배방법은 각각 다음과 같다.

1) 무농약농산물의 경우 농약을 사용하지 않고, 화학비료는 권장량의 2분의 1 이하로 사용하여 재배한다.

2) 저농약농산물의 경우 화학비료는 권장량의 2분의 1 이하로 사용하고, 농약은 살포시기를 지켜 살포 최대횟수의 2분의 1 이하로 사용하여 재배한다.

〈농산물별 관련 기준〉

종류	재배기간 내 화학비료 권장량(kg/ha)	재배기간 내 농약살포 최대횟수	농약 살포시기
사과	100	4	수확 30일 전까지
감	120	4	수확 14일 전까지
복숭아	50	5	수확 14일 전까지

※ 1ha = 10,000㎡, 1t = 1,000kg

• 甲 : 5km²의 면적에서 재배기간 동안 농약을 전혀 사용하지 않고 20t의 화학비료를 사용하여 사과를 재배하였으며, 이 사과를 수확하여 무농약농산물 인증신청을 하였다.

• 乙 : 3ha의 면적에서 재배기간 동안 농약을 1회 살포하고 50kg의 화학비료를 사용하여 복숭아를 재배하였다. 하지만 수확시기가 다가오면서 병충해 피해가 나타나자 농약을 추가로 1회 살포하였고, 열흘 뒤 수확하여 저농약농산물 인증신청을 하였다.

• 丙 : 가로와 세로가 각각 100m, 500m인 과수원에서 감을 재배하였다. 재배기간 동안 총 2회 (올해 4월 말과 8월 초) 화학비료 100kg씩을 뿌리면서 병충해 방지를 위해 농약도 함께 살포하였다. 추석을 맞아 9월 말에 감을 수확하여 저농약농산물 인증신청을 하였다.

---

① 甲

② 甲, 乙

③ 甲, 丙

④ 乙, 丙

⑤ 甲, 乙, 丙

• 甲 : 5㎢는 500ha이므로 사과를 수확하여 무농약농산물 인증신청을 하려면 농약을 사용하지 않고, 화
학비료는 50,000kg(=50t)의 2분의 1 이하로 사용하여 재배해야 한다. 사용된 화학비료는
20t(20,000kg)이고, 농약을 사용하지 않았으므로 무농약농산물 인증을 받을 수 있다.
• 乙 : 복숭아의 농약 살포시기는 수확 14일 전까지이다. 저농약농산물 인증신청을 위한 살포시기를 지키
지 못 하였으므로 인증을 받을 수 없다.
• 丙 : 5ha(100m×500m)에서 감을 수확하여 저농약농산물 인증신청을 하려면 화학비료는 600kg의 2분
의 1 이하로 사용하고, 농약은 살포시기를 지켜(수확 14일 전까지) 살포 최대횟수인 4회의 2분의 1 이
하로 사용하여 재배해야한다. 사용된 화학비료는 100kg이고, 총 2회 살포하였으므로 저농약농산물 인
증을 받을 수 있다.

14 신입사원 A는 상사로부터 아직까지 '올해의 농업인 상'투표에 참여하지 않은 사원들에게 투표 참여 안내 문자를 발송하라는 지시를 받았다. 다음에 제시된 내용을 바탕으로 할 때, A가 문자를 보내야하는 사원은 몇 명인가?

'올해의 농업인 상' 후보에 총 5명(甲~戊)이 올랐다. 수상자는 120명의 신입사원 투표에 의해 결정되며 투표규칙은 다음과 같다.

- 투표권자는 한 명당 한 장의 투표용지를 받고, 그 투표용지에 1순위와 2순위 각 한 명의 후보자를 적어야 한다.
- 투표권자는 1순위와 2순위로 동일한 후보자를 적을 수 없다.
- 투표용지에 1순위로 적힌 후보자에게는 5점이, 2순위로 적힌 후보자에게는 3점이 부여된다.
- '올해의 농업인 상'은 개표 완료 후, 총 점수가 가장 높은 후보자가 수상하게 된다.
- 기권표와 무효표는 없다.

현재 투표까지 중간집계 점수는 다음과 같다.

후보자	중간집계 점수
甲	360
乙	15
丙	170
丁	70
戊	25

---

① 50명　　　　　　　　　　　② 45명

③ 40명　　　　　　　　　　　④ 35명

⑤ 30명

✔ **해설** 1명의 투표권자가 후보자에게 줄 수 있는 점수는 1순위 5점, 2순위 3점으로 총 8점이다. 현재 투표까지 중간집계 점수가 640이므로 80명이 투표에 참여하였으며, 아직 투표에 참여하지 않은 사원은 120－80 ＝40명이다. 따라서 신입사원 A는 40명의 사원에게 문자를 보내야 한다.

15 갑, 을, 병 세 사람이 정이 새로 구입한 스마트폰의 색상에 대해 자신들의 의견을 다음과 같이 이야기하고 있다. 한 사람만 거짓말을 하고 있다면 정이 산 스마트폰의 색상으로 옳은 것은?

> ㉠ 갑 : 금색은 아니야.
> ㉡ 을 : 검은색이나 흰색 중 하나일거야.
> ㉢ 병 : 아니야, 분명이 검은색이야.

① 금색　　　　　　　　　　　② 흰색
③ 검은색　　　　　　　　　　④ 은색
⑤ 남색

✔해설 ㉠ 정의 핸드폰이 금색이면 을, 병 모두 거짓이다.
㉡ 정의 핸드폰이 검은색이라면 갑, 을, 병 모두 참이다.
㉢ 정의 핸드폰이 흰색이라면 갑, 을은 참이고 병은 거짓이다.
한 사람만 거짓말을 했으므로 정의 핸드폰은 흰색이 된다.

16 다음에 제시된 전제에 따라 결론을 바르게 추론한 것은?

> • 비오는 날을 좋아하는 사람은 감성적이다.
> • 녹차를 좋아하는 사람은 커피를 좋아하지 않는다.
> • 감성적인 사람은 커피를 좋아한다.
> • 그러므로 _____

① 커피를 좋아하는 사람은 비오는 날을 좋아한다.
② 비오는 날을 좋아하는 사람은 커피를 좋아한다.
③ 감성적인 사람은 비오는 날을 좋아한다.
④ 녹차를 좋아하는 사람은 이성적일 것이다.
⑤ 비를 좋아하는 사람은 감성적일 것이다.

✔해설 비오는 날을 좋아하는 사람→감성적인 사람→커피를 좋아하는 사람

Answer 14.③ 15.② 16.②

17 인사부에서 근무하는 H씨는 다음 〈상황〉과 〈조건〉에 근거하여 부서 배정을 하려고 한다. 〈상황〉과 〈조건〉을 모두 만족하는 부서 배정은 어느 것인가?

〈상황〉

총무부, 영업부, 홍보부에는 각각 3명, 2명, 4명의 인원을 배정하여야 한다. 이번에 선발한 인원으로는 5급이 A, B, C가 있으며, 6급이 D, E, F가 있고 7급이 G, H, I가 있다.

〈조건〉

조건1 : 총무부에는 5급이 2명 배정되어야 한다.

조건2 : B와 C는 서로 다른 부서에 배정되어야 한다.

조건3 : 홍보부에는 7급이 2명 배정되어야 한다.

조건4 : A와 I는 같은 부서에 배정되어야 한다.

	총무부	영업부	홍보부
①	A, C, I	D, E	B, F, G, H
②	A, B, E	D, G	C, F, H, I
③	A, B, I	C, D, G	E, F, H
④	B, C, H	D, E	A, F, G, I
⑤	B, D, F	A, C	E, G, H, I

✔해설 ② A와 I가 같은 부서에 배정되어야 한다는 조건4를 만족하지 못한다.
　　③ 홍보부에 4명이 배정되어야 한다는 〈상황〉에 부합하지 못한다.
　　④ B와 C가 서로 다른 부서에 배정되어야 한다는 조건2를 만족하지 못한다.
　　⑤ 총무부에는 5급이 2명 배정되어야 한다는 조건1을 만족하지 못한다.

18 다음은 공공기관을 구분하는 기준이다. 다음 규정에 따라 각 기관을 구분한 결과가 옳지 않은 것은?

〈공공기관의 구분〉

제00조 제1항
공공기관을 공기업·준정부기관과 기타공공기관으로 구분하여 지정한다. 직원 정원이 50인 이상인 공공기관은 공기업 또는 준정부기관으로, 그 외에는 기타공공기관으로 지정한다.

제00조 제2항
제1항의 규정에 따라 공기업과 준정부기관을 지정하는 경우 자체수입액이 총수입액의 2분의 1 이상인 기관은 공기업으로, 그 외에는 준정부기관으로 지정한다.

제00조 제3항
제1항 및 제2항의 규정에 따른 공기업을 다음의 구분에 따라 세분하여 지정한다.
• 시장형 공기업 : 자산규모가 2조 원 이상이고, 총 수입액 중 자체수입액이 100분의 85 이상인 공기업
• 준시장형 공기업 : 시장형 공기업이 아닌 공기업

〈공공기관의 현황〉

공공기관	직원 정원	자산규모	자체수입비율
A	70명	4조 원	90%
B	45명	2조 원	50%
C	65명	1조 원	55%
D	60명	1.5조 원	45%

※ 자체수입비율 : 총 수입액 대비 자체수입액 비율

---

① A - 시장형 공기업
② B - 기타공공기관
③ C - 준정부기관
④ D - 준정부기관
⑤ C - 준시장형 공기업

✔해설 ③ C는 정원이 50명이 넘으므로 기타공공기관이 아니며, 자체수입비율이 55%이므로 자체수입액이 총수입액의 2분의 1 이상이기 때문에 공기업이다. 시장형 공기업 조건에 해당하지 않으므로 C는 준시장형 공기업이다.

▌19~21 ▌ 입사면접의 면접관으로 뽑힌 6명(A, B, C, D, E, F)의 임원들이 세 명씩 두 개의 조로 나뉘어 면접에 참여하려 한다. 다음에 주어진 조건을 읽고 물음에 답하시오.

- A와 C는 같은 조에 속할 수 없다.
- B가 속한 조에는 A가 반드시 속해야 하고, F는 함께 할 수 없다.
- 모든 면접관들은 두 개의 조 중 한 조에만 들어갈 수 있다.

---

19 다음 중 같은 조에 들어갈 수 없는 면접관들을 고르면?

① A, D
② B, C
③ C, E
④ C, F
⑤ D, E

> ✔**해설** ② A와 B는 한 조가 되고, C와 F는 한 조가 된다. D와 E는 어느 조에 들어가는 지 알 수 없다. 따라서 같은 조에 들어갈 수 없는 면접관은 B와 C이다.

20 다음 중 같은 조에 들어갈 수 있는 면접관들이 아닌 것은?

① A, B, D
② C, E, F
③ B, E, F
④ C, D, F
⑤ A, B, E

> ✔**해설** ③ B가 속한 조에 F는 함께 할 수 없다.

21 A와 E가 같은 조에 속하는 경우 무조건 같은 팀이 되는 면접관들을 고르면?

① B, D
② A, D
③ D, E
④ C, D
⑤ B, F

> ✔**해설** A, E가 같은 조에 속하는 경우 A, B, E가 한 조가 되고, C, D, F가 한 조가 된다.

22 다음의 내용을 토대로 발생할 수 있는 상황을 바르게 예측한 것은?

인기가수 A는 자신의 사생활을 폭로한 한 신문사 기자 B를 상대로 기사 정정 및 사과를 요구하였다. 그러나 B는 자신은 시민의 알 권리를 보장하기 위해 할 일을 한 것뿐이라며 기사를 정정할 수 없다고 주장하였다. A는 자신을 원고로, B를 피고로 하여 사생활 침해에 대한 위자료 1,000만 원을 구하는 소를 제기하였다. 민사 1심 법원은 기사 내용에 대한 진위 여부를 바탕으로 B의 주장이 옳다고 인정하여, A의 청구를 기각하는 판결을 선고하였다. 이에 대해 A는 항소를 제기하였다.

- 소 또는 상소 제기 시 납부해야 할 송달료
  - 민사 제1심 소액사건(소가 2,000만 원 이하의 사건) : 당사자 수 × 송달료 10회분
  - 민사 제1심 소액사건 이외의 사건 : 당사자 수 × 송달료 15회분
  - 민사 항소사건 : 당사자 수 × 송달료 12회분
  - 민사 상고사건 : 당사자 수 × 송달료 8회분
- 당사자 : 원고, 피고

---

① A가 제기한 소는 민사 제1심 소액사건 이외의 사건에 해당한다.

② 1회 송달료가 3,200원일 경우 A가 소를 제기하기 위해 내야 할 송달료는 48,000원이다.

③ A가 법원의 판결에 불복하고 항소를 제기하는데 드는 송달료는 원래의 소를 제기할 때 들어간 송달료보다 적다.

④ 1회 송달료가 2,500원일 경우 A가 납부한 송달료의 합계는 총 110,000원이다.

⑤ 민사 항소사건의 경우 송달료는 10회분을 납부해야 한다.

> ✔ 해설 ④ 1회 송달료가 2,500원일 경우 A가 납부한 송달료의 합계는 처음의 소를 제기할 때 들어간 송달료 50,000원에 항소를 제기하기 위해 들어간 송달료 60,000원을 더한 110,000원이 된다.
>   ① A가 제기한 소는 소가 2,000만 원 이하의 사건이므로 제1심 소액사건에 해당한다.
>   ② 1회 송달료가 3,200원일 경우 A가 소를 제기하기 위해 내야할 송달료는 당사자 수 × 송달료 10회분이므로, 2 × 32,000 = 64,000원이다.
>   ③ A가 원래의 소를 제기할 때 들어가는 송달료는 당사자 수 × 송달료 10회분이고, 항소를 제기할 때 들어가는 송달료는 당사자 수 × 송달료 12회분이므로, 당사자 수가 같을 경우 항소를 제기할 때 들어가는 송달료가 원래의 송달료보다 많다.
>   ⑤ 민사 항소사건의 경우 당사자수 × 송달료 12회분을 납부해야 한다.

23 다음은 어느 은행의 대출 상품에 관한 정보이다. 보기 중에서 이 대출상품에 적합한 사람을 모두 고른 것은? (단, 보기 중 모든 사람이 캐피탈의 보증서가 발급된다고 가정한다)

소액대출 전용상품

- 특징 : 은행-캐피탈 간 협약상품으로 직업, 소득에 관계없이 쉽고 간편하게 최고 1,000만 원까지 이용 가능한 개인 소액대출 전용상품
- 대출대상 : 캐피탈의 보증서가 발급되는 개인
- 대출기간 : 4개월 이상 1년 이내(거치기간 없음). 다만, 원리금 상환을 위하여 자동이체일과 상환기일을 일치시키는 경우에 한하여 최장 13개월 이내에서 대출기간 지정 가능
- 대출한도 : 300만 원 이상 1,000만 원 이내
- 대출금리 : 신용등급에 따라 차등적용
- 상환방법 : 원금균등할부상환
- 중도상환 : 수수료 없음

보기

○ 정훈 : 회사를 운영하고 있으며, 갑작스럽게 1,000만 원이 필요하여 법인 앞으로 대출을 원하고 있다.
○ 수미 : 4학년 2학기 등록금 400만 원이 필요하며, 거치기간을 거쳐 입사한 후에 대출상환을 원하고 있다.
○ 은정 : 갑작스러운 남편의 수술로 500만 원이 필요하며 5개월 후 곗돈 500만 원을 타면 대출상환을 할 수 있다.

---

① ○
② ○
③ ○○
④ ○○
⑤ ○○○

✔해설 ○ 이 대출상품은 개인을 대상으로 하기 때문에 법인은 대출을 받을 수 없다.
　　　○ 대출기간은 4개월 이상 1년 이내로 거치기간이 없다.

24 지환이의 신장은 170cm, 체중은 80kg이다. 다음을 근거로 할 때, 지환이의 비만 정도를 바르게 나열한 것은?

> 과다한 영양소 섭취와 적은 체내 에너지 소비로 인한 에너지 대사의 불균형으로 지방이 체내에 지나치게 축적되어 체중이 과다해지는 것을 비만이라 한다.
>
> 비만 정도를 측정하는 방법은 Broca 보정식과 체질량지수를 이용하는 것이 대표적이다.
>
> Broca 보정식은 신장과 체중을 이용하여 비만 정도를 측정하는 간단한 방법이다. 이 방법에 의하면 신장(cm)에서 100을 뺀 수치에 0.9를 곱한 수치가 '표준체중(kg)'이며, 표준체중의 110% 이상 120% 미만의 체중을 '체중과잉', 120% 이상의 체중을 '비만'이라고 한다.
>
> 한편 체질량 지수는 체중(kg)을 '신장(m)'의 제곱으로 나눈 값을 의미한다. 체질량 지수에 따른 비만 정도는 다음 〈표〉와 같다.

〈표〉

체질량 지수	비만 정도
18.5 미만	저체중
18.5 이상 ~ 23.0 미만	정상
23.0 이상 ~ 25.0 미만	과체중
25.0 이상 ~ 30.0 미만	경도비만
30.0 이상 ~ 35.0 미만	중등도비만
35.0 이상	고도비만

① Broca 보정식으로는 체중과잉, 체질량 지수로는 과체중에 해당한다.
② Broca 보정식으로는 체중과잉, 체질량 지수로는 경도비만에 해당한다.
③ Broca 보정식으로는 비만, 체질량 지수로는 중등도비만에 해당한다.
④ Broca 보정식으로는 비만, 체질량 지수로는 경도비만에 해당한다.
⑤ Broca 보정식으로는 비만, 체질량 지수로는 정상에 해당한다.

✔ 해설 ㉠ Broca 보정식에 의한 신장 $170cm$의 표준체중은 $(170-100) \times 0.9 = 63kg$이므로, 지환이는 $\frac{80}{63} \times 100 ≒ 127(\%)$로 비만에 해당한다.

㉡ 지환이의 체질량 지수는 $\frac{80}{1.7^2} ≒ 27.7$이므로 경도비만에 해당한다.

25 다음은 특보의 종류 및 기준에 관한 자료이다. ㉠과 ㉡의 상황에 어울리는 특보를 올바르게 짝지은 것은?

〈특보의 종류 및 기준〉

종류	주의보	경보
강풍	육상에서 풍속 14m/s 이상 또는 순간풍속 20m/s 이상이 예상될 때. 다만, 산지는 풍속 17m/s 이상 또는 순간풍속 25m/s 이상이 예상될 때	육상에서 풍속 21m/s 이상 또는 순간풍속 26m/s 이상이 예상될 때. 다만, 산지는 풍속 24m/s 이상 또는 순간풍속 30m/s 이상이 예상될 때
호우	6시간 강우량이 70mm 이상 예상되거나 12시간 강우량이 110mm 이상 예상될 때	6시간 강우량이 110mm 이상 예상되거나 12시간 강우량이 180mm 이상 예상될 때
태풍	태풍으로 인하여 강풍, 풍랑, 호우 현상 등이 주의보 기준에 도달할 것으로 예상될 때	태풍으로 인하여 풍속이 17m/s 이상 또는 강우량이 100mm 이상 예상될 때. 다만, 예상되는 바람과 비의 정도에 따라 아래와 같이 세분한다. 표 참조
폭염	6월~9월에 일최고기온이 33℃ 이상이고, 일최고열지수가 32℃ 이상인 상태가 2일 이상 지속될 것으로 예상될 때	6월~9월에 일최고기온이 35℃ 이상이고, 일최고열지수가 41℃ 이상인 상태가 2일 이상 지속될 것으로 예상될 때

	3급	2급	1급
바람(m/s)	17~24	25~32	33이상
비(mm)	100~249	250~399	400이상

㉠ 태풍이 남해안에 상륙하여 울산지역에 270mm의 비와 함께 풍속 26m/s의 바람이 예상된다.
㉡ 지리산에 오후 3시에서 오후 9시 사이에 약 130mm의 강우와 함께 순간풍속 28m/s가 예상된다.

	㉠	㉡
①	태풍경보 1급	호우주의보
②	태풍경보 2급	호우경보+강풍주의보
③	태풍주의보	강풍주의보
④	태풍경보 2급	호우경보+강풍경보
⑤	태풍경보 3급	호우주의보

✅ 해설 ㉠ : 태풍경보 표를 보면 알 수 있다. 비가 270mm이고 풍속 26m/s에 해당하는 경우는 태풍경보 2급이다.
㉡ : 6시간 강우량이 130mm 이상 예상되므로 호우경보에 해당하며 산지의 경우 순간풍속 28m/s 이상이 예상되므로 강풍주의보에 해당한다.

Answer 25.②

01 자원과 자원관리

(1) 자원

① 자원의 종류 : 시간, 돈, 물적자원, 인적자원

② 자원의 낭비요인 : 비계획적 행동, 편리성 추구, 자원에 대한 인식 부재, 노하우 부족

(2) 자원관리 기본 과정

① 필요한 자원의 종류와 양 확인

② 이용 가능한 자원 수집하기

③ 자원 활용 계획 세우기

④ 계획대로 수행하기

예제 1

당신은 A출판사 교육훈련 담당자이다. 조직의 효율성을 높이기 위해 전사적인 시간관리에 대한 교육을 실시하기로 하였지만 바쁜 일정상 직원들을 집합교육에 동원할 수 있는 시간은 제한적이다. 다음 중 귀하가 최우선의 교육 대상으로 삼아야 하는 것은 어느 부분인가?

구분	긴급한 일	긴급하지 않은 일
중요한 일	제1사분면	제2사분면
중요하지 않은 일	제3사분면	제4사분면

출제의도

주어진 일들을 중요도와 긴급도에 따른 시간관리 매트릭스에서 우선순위를 구분할 수 있는가를 측정하는 문항이다.

① 중요하고 긴급한 일로 위기사항이나 급박한 문제, 기간이 정해진 프로젝트 등이 해당되는 제1사분면
② 긴급하지는 않지만 중요한 일로 인간관계구축이나 새로운 기회의 발굴, 중장기 계획 등이 포함되는 제2사분면
③ 긴급하지만 중요하지 않은 일로 잠깐의 급한 질문, 일부 보고서, 눈 앞의 급박한 사항이 해당되는 제3사분면
④ 중요하지 않고 긴급하지 않은 일로 하찮은 일이나 시간낭비거리, 즐거운 활동 등이 포함되는 제4사분면

---

02 **자원관리능력을 구성하는 하위능력**

(1) 시간관리능력

① 시간의 특성

　㉠ 시간은 매일 주어지는 기적이다.

　㉡ 시간은 똑같은 속도로 흐른다.

　㉢ 시간의 흐름은 멈추게 할 수 없다.

　㉣ 시간은 꾸거나 저축할 수 없다.

　㉤ 시간은 사용하기에 따라 가치가 달라진다.

② 시간관리의 효과

　㉠ 생산성 향상

　㉡ 가격 인상

　㉢ 위험 감소

　㉣ 시장 점유율 증가

③ 시간계획

　　㉠ 개념 : 시간 자원을 최대한 활용하기 위하여 가장 많이 반복되는 일에 가장 많은 시간을 분배하고, 최단시간에 최선의 목표를 달성하는 것을 의미한다.

　　㉡ 60 : 40의 Rule

계획된 행동 (60%)	계획 외의 행동 (20%)	자발적 행동 (20%)
총 시간		

예제 2

유아용품 홍보팀의 사원 은이씨는 일산 킨텍스에서 열리는 유아용품박람회에 참여하고자 한다. 당일 회의 후 출발해야 하며 회의 종료 시간은 오후 3시이다.

장소	일시
일산 킨텍스 제2전시장	2016. 1. 20(금) PM 15:00~19:00 * 입장가능시간은 종료 2시간 전 까지

오시는 길
지하철 : 4호선 대화역(도보 30분 거리)
버스 : 8109번, 8407번(도보 5분 거리)

• 회사에서 버스정류장 및 지하철역까지 소요시간

출발지	도착지		소요시간
회사	×× 정류장	도보	15분
		택시	5분
	지하철역	도보	30분
		택시	10분

• 일산 킨텍스 가는 길

교통편	출발지	도착지	소요시간
지하철	강남역	대화역	1시간 25분
버스	×× 정류장	일산 킨텍스 정류장	1시간 45분

위의 제시 상황을 보고 은이씨가 선택할 교통편으로 가장 적절한 것은?

① 도보 – 지하철
② 도보 – 버스
③ 택시 – 지하철
④ 택시 – 버스

출제의도

주어진 여러 시간정보를 수집하여 실제 업무 상황에서 시간자원을 어떻게 활용할 것인지 계획하고 할당하는 능력을 측정하는 문항이다.

해 설

④ 택시로 버스정류장까지 이동해서 버스를 타고 가게 되면 택시(5분), 버스(1시간 45분), 도보(5분)으로 1시간 55분이 걸린다.
① 도보–지하철 : 도보(30분), 지하철(1시간 25분), 도보(30분)이므로 총 2시간 25분이 걸린다.
② 도보–버스 : 도보(15분), 버스(1시간 45분), 도보(5분)이므로 총 2시간 5분이 걸린다.
③ 택시–지하철 : 택시(10분), 지하철(1시간 25분), 도보(30분)이므로 총 2시간 5분이 걸린다.

답 ④

(2) 예산관리능력

① 예산과 예산관리

    ㉠ 예산 : 필요한 비용을 미리 헤아려 계산하는 것이나 그 비용을 말한다.

    ㉡ 예산관리 : 활동이나 사업에 소요되는 비용을 산정하고, 예산을 편성하는 것뿐만 아니라 예산을 통제하는 것 모두를 포함한다.

② 예산의 구성요소

비용	직접비용	재료비, 원료와 장비, 시설비, 여행(출장) 및 잡비, 인건비 등
	간접비용	보험료, 건물관리비, 광고비, 통신비, 사무비품비, 각종 공과금 등

③ 예산수립 과정 : 필요한 과업 및 활동 구명 → 우선순위 결정 → 예산 배정

예제 3

당신은 가을 체육대회에서 총무를 맡으라는 지시를 받았다. 다음과 같은 계획에 따라 예산을 진행하였으나 확보된 예산이 생각보다 적게 되어 불가피하게 비용항목을 줄여야 한다. 다음 중 귀하가 비용 항목을 없애기에 가장 적절한 것은 무엇인가?

〈○○산업공단 춘계 1차 워크숍〉

1. 해당부서 : 인사관리팀, 영업팀, 재무팀
2. 일　　정 : 2016년 4월 21일~23일(2박 3일)
3. 장　　소 : 강원도 속초 ○○연수원
4. 행사내용 : 바다열차탑승, 체육대회, 친교의 밤 행사, 기타

① 숙박비　　　　　　　　　② 식비
③ 교통비　　　　　　　　　④ 기념품비

출제의도

업무에 소요되는 예산 중 꼭 필요한 것과 예산을 감축해야할 때 삭제 또는 감축이 가능한 것을 구분해내는 능력을 묻는 문항이다.

해 설

한정된 예산을 가지고 과업을 수행할 때에는 중요도를 기준으로 예산을 사용한다. 위와 같이 불가피하게 비용 항목을 줄여야 한다면 기본적인 항목인 숙박비, 식비, 교통비는 유지되어야 하기에 항목을 없애기 가장 적절한 정답은 ④번이 된다.

답 ④

(3) 물적관리능력

① 물적자원의 종류

    ㉠ 자연자원 : 자연상태 그대로의 자원 ex) 석탄, 석유 등

    ㉡ 인공자원 : 인위적으로 가공한 자원 ex) 시설, 장비 등

② 물적자원관리 : 물적자원을 효과적으로 관리할 경우 경쟁력 향상이 향상되어 과제 및 사업의 성공으로 이어지며, 관리가 부족할 경우 경제적 손실로 인해 과제 및 사업의 실패 가능성이 커진다.

③ 물적자원 활용의 방해요인

    ㉠ 보관 장소의 파악 문제

    ㉡ 훼손

    ㉢ 분실

④ 물적자원관리 과정

과정	내용
사용 물품과 보관 물품의 구분	• 반복 작업 방지 • 물품활용의 편리성
동일 및 유사 물품으로의 분류	• 동일성의 원칙 • 유사성의 원칙
물품 특성에 맞는 보관 장소 선정	• 물품의 형상 • 물품의 소재

S호텔의 외식사업부 소속인 K씨는 예약일정 관리를 담당하고 있다. 아래의 예약일정과 정보를 보고 K씨의 판단으로 옳지 않은 것은?

출제의도

주어진 정보와 일정표를 토대로 이용 가능한 물적자원을 확보하여 이를 정확하게 안내할 수 있는 능력을 측정하는 문항이다. 고객이 제공한 정보를 정확하게 파악하고 그 조건 안에서 가능한 자원을 제공할 수 있어야 한다.

〈S호텔 일식 뷔페 1월 ROOM 예약 일정〉

* 예약 : ROOM 이름(시작시간)

SUN	MON	TUE	WED	THU	FRI	SAT
					1	2
					백합(16)	장미(11) 백합(15)
3	4	5	6	7	8	9
라일락(15)		백향목(10) 백합(15)	장미(10) 백향목(17)	백합(11) 라일락(18)	백향목(15)	장미(10) 라일락(15)

ROOM 구분	수용가능인원	최소투입인력	연회장 이용시간
백합	20	3	2시간
장미	30	5	3시간
라일락	25	4	2시간
백향목	40	8	3시간

- 오후 9시에 모든 업무를 종료함
- 한 타임 끝난 후 1시간씩 세팅 및 정리
- 동 시간 대 서빙 투입인력은 총 10명을 넘을 수 없음

해 설

③ 조건을 고려했을 때 5일 장미 ROOM과 7일 장미ROOM이 예약 가능하다.
① 참석 인원이 27명이므로 30명 수용 가능한 장미ROOM과 40명 수용 가능한 백향목ROOM 두 곳이 적합하다.
② 만약 2명이 안 온다면 총 참석인원 25명이므로 라일락ROOM, 장미 ROOM, 백향목ROOM이 예약 가능하다.
④ 오후 8시에 마무리하려고 계획하고 있으므로 적절하다.

안녕하세요. 1월 첫째 주 또는 둘째 주에 신년회 행사를 위해 ROOM을 예약하려고 하는데요. 저희 동호회의 총 인원은 27명이고 오후 8시쯤 마무리하려고 합니다. 신정과 주말, 월요일은 피하고 싶습니다. 예약이 가능할까요?

① 인원을 고려했을 때 장미ROOM과 백향목ROOM이 적합하겠군
② 만약 2명이 안 온다면 예약 가능한 ROOM이 늘어나겠구나
③ 조건을 고려했을 때 예약 가능한 ROOM은 5일 장미ROOM뿐이겠구나
④ 오후 5시부터 8시까지 가능한 ROOM을 찾아야해

 ③

(4) 인적자원관리능력

① 인맥 : 가족, 친구, 직장동료 등 자신과 직접적인 관계에 있는 사람들인 핵심인맥과 핵심인맥들로부터 알 게 된 파생인맥이 존재한다.

② 인적자원의 특성 : 능동성, 개발가능성, 전략적 자원

③ 인력배치의 원칙

　　㉠ 적재적소주의 : 팀의 효율성을 높이기 위해 팀원의 능력이나 성격 등과 가장 적합한 위치에 배치하여 팀원 개개인의 능력을 최대로 발휘해 줄 것을 기대하는 것

　　㉡ 능력주의 : 개인에게 능력을 발휘할 수 있는 기회와 장소를 부여하고 그 성과를 바르게 평가하며 평가 된 능력과 실적에 대해 그에 상응하는 보상을 주는 원칙

　　㉢ 균형주의 : 모든 팀원에 대한 적재적소를 고려

④ 인력배치의 유형

　　㉠ 양적 배치 : 부문의 작업량과 조업도, 여유 또는 부족 인원을 감안하여 소요인원을 결정하여 배치하는 것

　　㉡ 질적 배치 : 적재적소의 배치

　　㉢ 적성 배치 : 팀원의 적성 및 흥미에 따라 배치하는 것

예제 5

최근 조직개편 및 연봉협상 과정에서 직원들의 불만이 높아지고 있다. 온갖 루머가 난무한 가운데 인사팀원인 당신에게 사내 게시판의 직원 불만사항에 대한 진위여부를 파악하고 대안을 세우라는 팀장의 지시를 받았다. 다음 중 당신이 조치를 취해야 하는 직원은 누구인가?

① 사원 A는 팀장으로부터 업무 성과가 탁월하다는 평가를 받았는데도 조직개편으로 인한 부서 통합으로 인해 승진을 못한 것이 불만이다.
② 사원 B는 회사가 예년에 비해 높은 영업 이익을 얻었는데도 불구하고 연봉 인상에 인색한 것이 불만이다.
③ 사원 C는 회사가 급여 정책을 변경해서 고정급 비율을 낮추고 기본급과 인센티브를 지급하는 제도로 바꾼 것이 불만이다.
④ 사원 D는 입사 동기인 동료가 자신보다 업무 실적이 좋지 않고 불성실한 근무태도를 가지고 있는데, 팀장과의 친분으로 인해 자신보다 높은 평가를 받은 것이 불만이다.

출제의도

주어진 직원들의 정보를 통해 시급하게 진위여부를 가리고 조치하여 인력 배치를 해야 하는 사항을 확인하는 문제이다.

해 설

사원 A, B, C는 각각 조직 정책에 대한 불만이기에 논의를 통해 조직적으로 대처하는 것이 옳지만, 사원 D는 팀장의 독단적인 전횡에 대한 불만이기 때문에 조사하여 시급히 조치할 필요가 있다. 따라서 가장 적절한 답은 ④번이 된다.

답 ④

출제예상문제

1 다음 사례에 대한 분석으로 옳은 것은?

> 사람이 하던 일을 로봇으로 대체했을 때 얻을 수 있는 편익은 시간당 6천 원이고 작업을 지속하는 시간에 따라 '과부하'라는 비용이 든다. 로봇이 하루에 작업을 지속하는 시간과 그에 따른 편익 및 비용의 정도를 각각 금액으로 환산하면 다음과 같다.
>
> (단위 : 원)
>
> | 시간 | 3 | 4 | 5 | 6 | 7 |
> |------|------|------|------|------|------|
> | 총 편익 | 18,000 | 24,000 | 30,000 | 36,000 | 42,000 |
> | 총 비용 | 8,000 | 12,000 | 14,000 | 15,000 | 22,000 |
>
> ※ 순편익 = 총 편익 − 총 비용

① 로봇은 하루에 6시간 작업을 지속하는 것이 가장 합리적이다.

② 로봇이 1시간 더 작업을 할 때마다 추가로 발생하는 비용은 일정하다.

③ 로봇으로 대체함으로써 하루에 최대로 얻을 수 있는 순편익이 22,000원이다.

④ 로봇이 1시간 더 작업할 때마다 추가로 발생하는 편익은 계속 증가한다.

⑤ 로봇이 4시간 작업했을 때의 순편익은 7시간 작업했을 때의 순편익보다 크다.

> ✔ 해설 ② 1시간 더 일할 때마다 추가로 발생하는 비용은 일정하지 않다.
> ③ 로봇으로 대체함으로써 하루에 최대로 얻을 수 있는 순편익은 21,000원이다.
> ④ 1시간 더 작업할 때마다 추가로 발생하는 편익은 6,000원으로 항상 일정하다.
> ⑤ 4시간 작업했을 때의 순편익은 12,000원, 7시간 작업했을 때의 순편익은 20,000원이다.

2 A그룹은 직원들의 사기 증진을 위해 사내 동아리 활동을 지원하고자 한다. 다음의 지원계획과 동아리 현황에 따라 지원금을 지급한다고 할 때, 지원금을 가장 많이 받는 동아리와 가장 적게 받는 동아리 간의 금액 차이는 얼마인가?

[지원계획]
- 지원을 받기 위해서는 한 모임당 6명 이상 9명 이하로 구성되어야 한다.
- 기본지원금: 한 모임당 1,500천 원을 기본으로 지원한다. 단, 업무능력 개발을 위한 모임의 경우는 2,000천 원을 지원한다.
- 추가지원금: 동아리 만족도 평가 결과에 따라,
  - '상' 등급을 받은 모임에는 구성원 1인당 120천 원을,
  - '중' 등급을 받은 모임에는 구성원 1인당 100천 원을,
  - '하' 등급을 받은 모임에는 구성원 1인당 70천 원을 추가로 지원한다.
- 직원 간 교류 장려를 위해 동아리 간 교류가 인정되는 동아리에는 위의 두 지원금을 합한 금액의 30%를 별도로 지원한다.

[동아리 현황]

동아리	업무능력 개발 有/無	구성원 수	만족도 평가 결과	교류 有/無
A	有	5	상	有
B	無	6	중	無
C	無	8	상	有
D	有	7	중	無
E	無	9	하	無

---

① 2,100천 원

② 2,130천 원

③ 2,700천 원

④ 3,198천 원

⑤ 3,242천 원

✔ 해설
- A: 구성원이 6명 미만으로 지원금을 받을 수 없다.
- B: 기본지원금 1,500 + 추가지원금 600 = 2,100천 원
- C: 기본지원금 1,500 + 추가지원금 960 + 교류 장려금 738 = 3,198천 원
- D: 기본지원금 2,000 + 추가지원금 700 = 2,700천 원
- E: 기본지원금 1,500 + 추가지원금 630 = 2,130천 원
따라서 가장 많이 받는 동아리인 C와 지원금을 받지 못하는 A 간의 금액 차이는 3,198천 원이다.

3 다음 네 명의 임원들은 회의 참석차 한국으로 출장을 오고자 한다. 이들의 현지 이동 일정과 이동 시간을 참고할 때, 한국에 도착하는 시간이 빠른 순서대로 올바르게 나열한 것은 어느 것인가?

구분	출발국가	출발시각(현지시간)	소요시간
H상무	네덜란드	12월 12일 17:20	13시간
P전무	미국 동부	12월 12일 08:30	14시간
E전무	미국 서부	12월 12일 09:15	11시간
M이사	터키	12월 12일 22:30	9시간

※ 현지시간 기준 한국은 네덜란드보다 8시간, 미국 동부보다 14시간, 미국 서부보다 16시간, 터키보다 6시간이 빠르다. 예를 들어, 한국이 11월 11일 20시일 경우 네덜란드는 11월 11일 12시가 된다.

① P전무 – E전무 – M이사 – H상무
② E전무 – P전무 – H상무 – M이사
③ E전무 – P전무 – M이사 – H상무
④ E전무 – M이사 – P전무 – H상무
⑤ P전무 – E전무 – H상무 – M이사

✔️**해설** 출발시각을 한국 시간으로 먼저 바꾼 다음 소요시간을 더해서 도착 시간을 확인해 보면 다음과 같다.

	출발시각(현지시간)	출발시각(한국시간)	소요시간	도착시간
H상무	12월 12일 17:20	12월 13일 01:20	13시간	12월 13일 14:20
P전무	12월 12일 08:30	12월 12일 22:30	14시간	12월 13일 12:30
E전무	12월 12일 09:15	12월 13일 01:15	11시간	12월 13일 12:15
M이사	12월 12일 22:30	12월 13일 04:30	9시간	12월 13일 13:30

따라서 도착 시간이 빠른 순서는 E전무 – P전무 – M이사 – H상무가 된다.

4 200만 원을 가진 갑은 다음 A, B프로젝트 중 B프로젝트에 투자하기로 결정하였다. 갑의 선택이 합리적이기 위한 B프로젝트 연간 예상 수익률의 최저 수준으로 가장 적절한 것은 어느 것인가?(단, 각 프로젝트의 기간은 1년으로 가정한다.)

- A프로젝트는 200만 원의 투자 자금이 소요되고, 연 9.0%의 수익률이 예상된다.
- B프로젝트는 400만 원의 투자 자금이 소요되고, 부족한 돈은 연 5.0%의 금리로 대출받을 수 있다.

---

① 8.1% ② 7.1%

③ 6.1% ④ 5.1%

⑤ 4.1%

✔ 해설 A프로젝트 : 200만원 투자, 수익률 9%로 1년 후 18만 원의 수익이 발생한다.
B프로젝트 : 400만원 투자(그 중 200만 원은 연리 5%로 대출받음. 따라서 10만 원의 비용이 발생한다.)
따라서 B프로젝트를 선택하려면, 적어도 28만 원보다 많은 수익이 발생하여야 한다. 400만원 중 수익이 28만 원보다 많으려면, 수익률이 적어도 7%보다 높아야 하며 따라서 7.1%가 연간 예상 수익률의 최저 수준이 됨을 알 수 있다.

5 다음은 A공단에서 운영하는 '직장여성아파트'에 대한 임대료와 신입사원인 甲 씨의 월 소득 및 비용현황 자료이다. 신입사원인 甲 씨는 A공단에서 운영하는 '직장여성아파트'에 입주하려고 한다. 근무 지역은 별 상관이 없는 甲 씨는 월 급여에서 비용을 지출하고 남은 금액의 90%를 넘지 않는 금액으로 가장 넓고 좋은 방을 구하려 한다. 甲 씨가 구할 수 있는 방으로 가장 적절한 것은 다음 중 어느 것인가?

〈지역별 보증금 및 월 임대료〉

(단위 : 원)

구분	아파트	K지역	P지역	D지역	I지역	B지역	C지역
보증금	큰방	990,000	660,000	540,000	840,000	960,000	360,000
	작은방	720,000	440,000	360,000	540,000	640,000	240,000
월 임대료	큰방	141,000	89,000	71,000	113,000	134,000	50,000
	작은방	91,000	59,000	47,000	75,000	89,000	33,000

〈甲 씨의 월 소득 및 비용현황〉

(단위 : 만 원)

월 급여	외식비	저금	각종세금	의류구입	여가	보험	기타소비
300	50	50	20	30	25	25	30

* 월 소득과 비용 내역은 매월 동일하다고 가정함.

① P지역 작은 방
② I지역 작은 방
③ B지역 작은 방
④ D지역 큰 방
⑤ P지역 큰 방

✔해설 甲 씨의 월 급여액에서 비용을 모두 지출하고 남은 금액은 70만 원이다. 90%를 넘지 않아야 하므로 아파트 입주를 위한 최대 지출 가능 금액은 63만 원이다. 또한, 한도액 내에서 가장 넓어야 하므로 보증금과 월 임대료의 합이 611,000인 D지역의 큰 방이 가장 적절한 곳이 된다.

6 N기업은 다음 〈행사 계획〉과 같이 행사장을 이용하려고 한다. 다음 표를 참고할 때, 5회에 걸친 홍보 계획에 사용하게 될 총 예산액은 얼마인가?

〈행사장 요금표〉

시 간	월~금요일	토요일	일요일, 공휴일	행사장 설비 (별도)
10:00~12:30	35,000원	45,000원	45,000원	
12:30~15:00	55,000원	95,000원	95,000원	4,500원
15:00~17:30	45,000원	75,000원	65,000원	

* 당일 2회 사용 시 행사장 설비비 제외한 총 금액 10% 할인

* 사용시간 20분 초과 시 다음 시간대 1회 추가 사용으로 간주

* 기본 사용 인원 70명 기준, 추가 10명 당 1만 원 추가 비용 발생(10명 미만 추가 비용 없음)

〈행사 계획〉

회 차	이용요일	이용시간	행사장 설비	예상인원
1	수요일	10:00~12:00	미사용	70명
2	일요일	13:00~15:00	사용	85명
3	일요일	15:00~17:30	미사용	65명
4	토요일	13:00~15:30	사용	90명
5	월요일	15:00~17:30	미사용	75명

① 431,000원

② 439,000원

③ 443,500원

④ 448,000원

⑤ 458,000원

✔ 해설 각 회차별 사용요금은 다음과 같다.

1회 : 35,000원

2회 : 95,000원+4,500원+10,000원

3회 : 65,000원

4회 : 95,000원×2+4,500원+20,000원

5회 : 45,000원

– 일요일 2회 사용이므로 행사장 설비를 제외한 나머지 2회분 170,000원의 10%인 17,000원 할인

– 토요일 시간 초과로 2회 사용이므로 210,000원에 대한 10% 할인 적용하여 21,000원 할인

따라서 총 사용요금은 35,000+157,500+193,500+45,000=431,000원이 된다.

|7~8| 다음 예제를 보고 물음에 답하시오.

〈프로젝트의 단위활동〉

활동	직전 선행활동	활동시간(일)
A	—	3
B	—	5
C	A	3
D	B	2
E	C, D	4

〈프로젝트의 PERT 네트워크〉

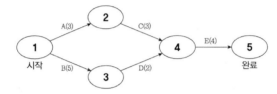

이 프로젝트의 단위활동과 PERT 네트워크를 보면

• A와 B활동은 직전 선행활동이 없으므로 동시에 시작할 수 있다.

• A활동 이후에 C활동을 하고, B활동 이후에 D활동을 하며, C와 D활동이 끝난 후 E활동을 하므로 한 눈에 볼 수 있는 표로 나타내면 다음과 같다.

A(3일)	C(3일)		E(4일)
B(5일)		D(2일)	

∴ 이 프로젝트를 끝내는 데는 최소한 11일이 걸린다.

7 R회사에 근무하는 J대리는 Z프로젝트의 진행을 맡고 있다. J대리는 이 프로젝트를 효율적으로 끝내기 위해 위의 예제를 참고하여 일의 흐름도를 다음과 같이 작성하였다. 이 프로젝트를 끝내는 데 최소한 며칠이 걸리겠는가?

〈Z프로젝트의 단위활동〉

활동	직전 선행활동	활동시간(일)
A	–	7
B	–	5
C	A	4
D	B	2
E	B	4
F	C, D	3
G	C, D, E	2
H	F, G	2

〈Z프로젝트의 PERT 네트워크〉

① 15일 ② 16일
③ 17일 ④ 18일
⑤ 20일

✔ 해설

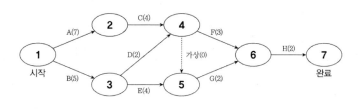

8 위의 문제에서 A활동을 7일에서 3일로 단축시킨다면 전체 일정은 며칠이 단축되겠는가?

① 1일
② 2일
③ 3일
④ 4일
⑤ 5일

 해설

A(3일)		C(4일)		F(3일)		H(2일)
B(5일)			D(2일)			
		E(4일)			G(2일)	

총 13일이 소요되므로 전체일정은 3일이 단축된다.

9 Z회사는 오늘을 포함하여 30일 동안에 자동차를 생산할 계획이며 Z회사의 하루 최대투입가능 근로자 수는 100명이다. 다음 〈공정표〉에 근거할 때 Z회사가 벌어들일 수 있는 최대 수익은 얼마인가? (단, 작업은 오늘부터 개시되며 각 근로자는 자신이 투입된 자동차의 생산이 끝나야만 다른 자동차의 생산에 투입될 수 있고 1일 필요 근로자 수 이상의 근로자가 투입되더라도 자동차당 생산 소요기간은 변하지 않는다)

〈공정표〉

자동차	소요기간	1일 필요 근로자 수	수익
A	5일	20명	15억 원
B	10일	30명	20억 원
C	10일	50명	40억 원
D	15일	40명	35억 원
E	15일	60명	45억 원
F	20일	70명	85억 원

① 150억 원
② 155억 원
③ 160억 원
④ 165억 원
⑤ 170억 원

해설 30일 동안 최대 수익을 올릴 수 있는 진행공정은 다음과 같다.

F(20일, 70명)			C(10일, 50명)
B(10일, 30명)	A(5일, 20명)		

F(85억)+B(20억)+A(15억)+C(40억)=160억

10 A 기업은 자사 컨테이너 트럭과 외주를 이용하여 B 지점에서 C 지점까지 월 평균 1,600 TEU의 물량을 수송하는 서비스를 제공하고 있다. 아래의 운송조건에서 40feet용 트럭의 1일 평균 필요 외주 대수는?

- 1일 차량가동횟수 : 1일 2회
- 보유차량 대수 : 40feet 컨테이너 트럭 11대
- 차량 월 평균 가동일 수 : 25일

---

① 2대
② 3대
③ 4대
④ 5대
⑤ 6대

✔️**해설** A 기업은 월 평균 1,600TEU의 물량을 수송하는 서비스를 제공하는데 1TEU는 20ft 컨테이너 하나를 말한다. 따라서 A 기업은 월 평균 1,600×20=32,000ft의 물량을 수송한다.
- 하루 40ft 컨테이너에 대한 트럭의 적재량=40ft×2(1일 2회 차량가동가능)=80ft
- 월 평균 40ft 컨테이너 한 대의 적재량은 25(월평균 가동일)×80ft=2,000ft
∴ 일 평균 트럭소요 대수=월평균 물량÷월 평균 40ft 컨테이너 한 대의 적재량=1,600×20÷2,000=16대
A 기업에서 11대의 트럭을 보유하고 있으므로, 16-11=5, 1일 평균 필요 외주대수는 5대이다.

11 다음은 ○○그룹 자원관리팀에 근무하는 현수의 상황이다. A자원을 구입하는 것과 B자원을 구입하는 것에 대한 분석으로 옳지 않은 것은?

현수는 새로운 프로젝트를 위해 B자원을 구입하였다. 그런데 B자원을 주문한 날 상사가 A자원을 구입하라고 지시하자 고민하다가 결국 상사를 설득시켜 그대로 B자원을 구입하기로 결정했다. 단, 여기서 두 자원을 구입하기 위해 지불해야 할 금액은 각각 50만 원씩으로 같지만 ○○그룹에게 있어 A자원의 실익은 100만 원이고 B자원의 실익은 150만 원이다. 그리고 자원을 주문한 이상 주문 취소는 불가능하다.

---

① 상사를 설득시켜 그대로 B자원을 구입하기로 결정한 현수의 선택은 합리적이다.
② B자원의 구입으로 인한 기회비용은 100만 원이다.
③ B자원을 구입하기 위해 지불한 50만 원은 회수할 수 없는 매몰비용이다.
④ ○○그룹에게 있어 더 큰 실제의 이익을 주는 자원은 A자원이다.
⑤ 주문 취소가 가능하더라도 B자원을 구입하는 것이 합리적이다.

✔️**해설** ④ ○○그룹에게 있어 A자원의 실익은 100만 원이고 B자원의 실익은 150만 원이므로 더 큰 실제의 이익을 주는 자원은 B자원이다.

Answer 8.③ 9.③ 10.④ 11.④

12 다음 자료에 대한 분석으로 옳지 않은 것은?

> △△그룹에는 총 50명의 직원이 근무하고 있으며 자판기 총 설치비용과 사내 전 직원이 누리는 총 만족감을 돈으로 환산한 값은 아래 표와 같다. (단, 자판기로부터 각 직원이 누리는 만족감의 크기는 동일하며 설치비용은 모든 직원이 똑같이 부담한다)

자판기 수(개)	총 설치비용(만 원)	총 만족감(만 원)
3	150	210
4	200	270
5	250	330
6	300	360
7	350	400

① 자판기를 7개 설치할 경우 각 직원들이 부담해야 하는 설치비용은 7만 원이다.

② 자판기를 최적으로 설치하였을 때 전 직원이 누리는 총 만족감은 400만 원이다.

③ 자판기를 4개 설치할 경우 더 늘리는 것이 합리적이다.

④ 자판기를 한 개 설치할 때마다 추가되는 비용은 일정하다.

⑤ 자판기를 3개에서 4개로 증가시킬 경우 직원 1인당 만족감 증가가 설치비용 증가보다 크다.

✔해설 ② △△그룹에서 자판기의 최적 설치량은 5개이며 이때 전 직원이 누리는 총 만족감은 330만 원이다.

13 A는 철도교통팀의 물류팀장으로 근무하고 있다. 첫 프로젝트로 물류의 흐름을 이용해 최적의 시간으로써 고객만족을 높이려 한다. 아래 그림은 이러한 물류의 단계별 흐름을 나타낸 것이다. 이 때 아래 그림을 보고 A 팀장이 이해한 것으로 옳은 것을 고르면?

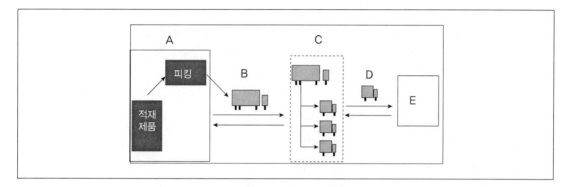

① A : 창고 → B : 수송 → C : 크로스독 운송 → D : 루트 배송 → E : 고객

② A : 창고 → B : 수송 → C : 루트 배송 → D : 크로스독 운송 → E : 고객

③ A : 창고 → B : 크로스독 운송 → C : 수송 → D : 루트 배송 → E : 고객

④ A : 수송 → B : 창고 → C : 크로스독 운송 → D : 루트 배송 → E : 고객

⑤ A : 수송 → B : 루트 배송 → C : 크로스독 운송 → D : 창고 → E : 고객

✔ **해설** 크로스 도크 (Cross Dock)방식을 사용할 경우 대내 운송품은 유통센터에 하역되고 목적지별로 정렬되고 이어 트럭에 다시 실리는 과정을 거치게 된다. 재화는 실제로 전혀 창고에 들어가지 않으며 단지 도크를 거쳐 이동할 뿐이며, 이로 인해 최소 재고를 유지하고, 유통비용을 줄일 수 있다.

14 다음은 2019년 H기업이 지출한 물류비 내역이다. 이 중에서 자가물류비와 위탁물류비는 각각 얼마인가?

㉠ 노무비 8,500만 원	㉡ 전기료 200만 원
㉢ 지급운임 300만 원	㉣ 이자 150만 원
㉤ 재료비 2,500만 원	㉥ 지불포장비 50만 원
㉦ 수수료 50만 원	㉧ 가스 · 수도료 250만 원
㉨ 세금 50만 원	㉩ 상 · 하차용역비 350만 원

① 자가물류비 12,150만 원, 위탁물류비 350만 원
② 자가물류비 11,800만 원, 위탁물류비 700만 원
③ 자가물류비 11,650만 원, 위탁물류비 750만 원
④ 자가물류비 11,600만 원, 위탁물류비 900만 원
⑤ 자가물류비 11,450만 원, 위탁물류비 1,050만 원

> ✔해설 ㉠ 자가물류비=노무비+재료비+전기료+이자+가스 · 수도료+세금=8,500만 원+2,500만 원+200만 원 +150만 원+250만 원+50만 원=11,650원
> ㉡ 위탁물류비=지급운임+지불포장비+수수료+상 · 하차용역비=300만 원+50만 원+50만 원+350만 원=750만 원

15 서울교통공사에서는 다음과 같은 경영실적사례를 공시하였다. 아래의 표에서 물류비의 10% 절감은 몇%의 매출액 증가효과와 동일한가?

• 매출액 : 2,000억 원	• 물류비 : 400억 원
• 기타 비용 : 1,500억 원	• 경상이익 : 100억 원

① 20% ② 25%
③ 30% ④ 35%
⑤ 40%

> ✔해설 물류비를 10% 절감하면 40억 원, 경상이익은 140억이 된다. 그러므로 매출액은 2,800억 원이 되므로 40%가 증가한다고 볼 수 있다.

16 철수와 영희는 서로 간 운송업을 동업의 형식으로 하고 있다. 그런데 이들 기업은 2.5톤 트럭으로 운송하고 있다. 누적실제차량수가 400대, 누적실제가동차량수가 340대, 누적주행거리가 40,000km, 누적실제주행거리가 30,000km, 표준연간차량의 적하일수는 233일, 표준연간일수는 365일, 2.5톤 트럭의 기준용적은 10㎡, 1회 운행당 평균용적은 8㎡이다. 위와 같은 조건이 제시된 상황에서 적재율, 실제가동률, 실차율을 각각 구하면?

① 적재율 80%, 실제가동률 85%, 실차율 75%
② 적재율 85%, 실제가동률 65%, 실차율 80%
③ 적재율 80%, 실제가동률 85%, 실차율 65%
④ 적재율 80%, 실제가동률 65%, 실차율 75%
⑤ 적재율 85%, 실제가동률 80%, 실차율 70%

✔ 해설 적재율, 실제가동률, 실차율을 구하면 각각 다음과 같다.

㉠ 적재율이란, 어떤 운송 수단의 짐칸에 실을 수 있는 짐의 분량에 대하여 실제 실은 짐의 비율이다. 따라서 기준용적이 10㎡인 2.5톤 트럭에 대하여 1회 운행당 평균용적이 8㎡이므로 적재율은 $\frac{8}{10} \times 100 = 80\%$이다.

㉡ 실제가동률은 누적실제차량수에 대한 누적실제가동차량수의 비율이다. 따라서 $\frac{340}{400} \times 100 = 85\%$이다.

㉢ 실차율이란, 총 주행거리 중 이용되고 있는 좌석 및 화물 수용 용량 비율이다. 따라서 누적주행거리에서 누적실제주행거리가 차지하는 비율인 $\frac{30,000}{40,000} \times 100 = 75\%$이다.

17 인사팀 신입사원 민기씨는 회사에서 NCS채용 도입을 위한 정보를 얻기 위해 NCS기반 능력중심채용 설명회를 다녀오려고 한다. 민기씨는 오늘 오후 1시까지 김대리님께 보고서를 작성해서 드리고 30분 동안 피드백을 받기로 했다. 오전 중에 정리를 마치려면 시간이 빠듯할 것 같다. 다음에 제시된 설명회 자료와 교통편을 보고 민기씨가 생각한 것으로 틀린 것은?

최근 이슈가 되고 있는 공공기관의 NCS 기반 능력중심 채용에 관한 기업들의 궁금증 해소를 위하여 붙임과 같이 설명회를 개최하오니 많은 관심 부탁드립니다.
감사합니다.

-붙임-

설명회 장소	일시	비고
서울고용노동청(5층) 컨벤션홀	2015. 11. 13(금) PM 15:00~17:00	설명회의 원활한 진행을 위해 설명회 시작 15분 뒤부터는 입장을 제한합니다.

오시는 길
지하철 : 2호선 을지로입구역 4번 출구(도보 10분 거리)
버스 : 149, 152번 ○○센터(도보 5분 거리)

• 회사에서 버스정류장 및 지하철역까지 소요시간

출발지	도착지	소요시간	
회사	×× 정류장	도보	30분
		택시	10분
	지하철역	도보	20분
		택시	5분

• 서울고용노동청 가는 길

교통편	출발지	도착지	소요시간
지하철	잠실역	을지로입구역	1시간(환승포함)
버스	×× 정류장	○○센터 정류장	50분(정체 시 1시간 10분)

① 택시를 타지 않아도 버스를 타고 가면 늦지 않게 설명회에 갈 수 있다.

② 어떤 방법으로 이동하더라도 설명회에 입장은 가능하다.

③ 택시를 타지 않아도 지하철을 타고 가면 늦지 않게 설명회에 갈 수 있다.

④ 정체가 되지 않는다면 버스를 타고 가는 것이 지하철보다 빠르게 갈 수 있다.

⑤ 택시를 이용할 경우 늦지 않게 설명회에 갈 수 있다.

✔ 해설 ① 도보로 버스정류장까지 이동해서 버스를 타고 가게 되면 도보(30분), 버스(50분), 도보(5분)으로 1시간 25분이 걸리지만 버스가 정체될 수 있으므로 1시간 45분으로 계산하는 것이 바람직하다. 민기씨는 1시 30분에 출발할 수 있으므로 3시 15분에 도착하게 되고 입장은 할 수 있으나 늦는다.

※ 소요시간 계산

⊙ 도보-버스 : 도보(30분), 버스(50분), 도보(5분)이므로 총 1시간 25분(정체 시 1시간 45분) 걸린다.

ⓛ 도보-지하철 : 도보(20분), 지하철(1시간), 도보(10분)이므로 총 1시간 30분 걸린다.

ⓒ 택시-버스 : 택시(10분), 버스(50분), 도보(5분)이므로 총 1시간 5분(정체 시 1시간 25분) 걸린다.

ⓔ 택시-지하철 : 택시(5분), 지하철(1시간), 도보(10분)이므로 총 1시간 15분 걸린다.

18 J회사 관리부에서 근무하는 L씨는 소모품 구매를 담당하고 있다. 2015년 5월 중에 다음 조건 하에서 A4용지와 토너를 살 때, 총 비용이 가장 적게 드는 경우는? (단, 2015년 5월 1일에는 A4용지와 토너는 남아 있다고 가정하며, 다 썼다는 말이 없으면 그 소모품들은 남아있다고 가정한다)

- A4용지 100장 한 묶음의 정가는 1만 원, 토너는 2만 원이다. (A4용지는 100장 단위로 구매함)
- J회사와 거래하는 ◇◇오피스는 매달 15일에 전 품목 20% 할인 행사를 한다.
- ◇◇오피스에서는 5월 5일에 A사 카드를 사용하면 정가의 10%를 할인해 준다.
- 총 비용이란 소모품 구매가격과 체감비용(소모품을 다 써서 느끼는 불편)을 합한 것이다.
- 체감비용은 A4용지와 토너 모두 하루에 500원이다.
- 체감비용을 계산할 때, 소모품을 다 쓴 당일은 포함하고 구매한 날은 포함하지 않는다.
- 소모품을 다 쓴 당일에 구매하면 체감비용은 없으며, 소모품이 남은 상태에서 새 제품을 구입할 때도 체감비용은 없다.

① 3일에 A4용지만 다 써서, 5일에 A사 카드로 A4용지와 토너를 살 경우

② 13일에 토너만 다 써서 당일 토너를 사고, 15일에 A4용지를 살 경우

③ 10일에 A4용지와 토너를 다 써서 15일에 A4용지와 토너를 같이 살 경우

④ 3일에 A4용지만 다 써서 당일 A4용지를 사고, 13일에 토너를 다 써서 15일에 토너만 살 경우

⑤ 3일에 토너를 다 써서 5일에 A사 카드로 토너를 사고, 7일에 A4용지를 다 써서 15일에 A4용지를 살 경우

✔해설 ① 1,000원(체감비용)+27,000원=28,000원
② 20,000원(토너)+8,000원(A4용지)=28,000원
③ 5,000원(체감비용)+24,000원=29,000원
④ 10,000원(A4용지)+1,000원(체감비용)+16,000원(토너)=27,000원
⑤ 1,000원(체감비용)+18,000(토너)+4,000원(체감비용)+8,000(A4용지)=31,000원

19 다음은 전력수급 현황을 나타내고 있는 자료이다. 다음 자료에 대한 〈보기〉의 설명 중 올바른 것만을 모두 고른 것은 어느 것인가?

기상특보	지진	태풍	방사선 수치	전력량	관련정보	

전력수급현황 정상

전력예비율 37.7%   예비전력 2,562만kW
공급전력   9,773만 kW   현재부하 6,805만kW

준비 ~500만 미만   **관심** ~400만 미만   **주의** ~300만 미만   **경계** ~200만 미만   **심각** ~100만 미만

TIP · 하절기 절전 : 실내온도는 18℃~20℃로 유지, 오전 10~12시, 오후 5~7시 사용자제
· 동절기 절전 : 실내온도는 26℃ 이상으로 유지, 오전 10~11시, 오후 2~5시 사용자제

───── 보기 ─────

가. 공급능력에 대한 예비전력의 비율이 전력예비율이다.
나. 예비전력이 현재의 10분의 1 수준이라면 주의단계에 해당된다.
다. 오전 10~11시경은 여름과 겨울에 모두 전력소비가 많은 시간대이다.
라. 일정한 공급능력 상황에서 현재부하가 올라가면 전력예비율은 낮아지게 된다.

① 나, 다, 라   ② 가, 다, 라
③ 가, 나, 라   ④ 가, 나, 다
⑤ 가, 나, 다, 라

✔해설 ㉮ 전력예비율은 현재부하에 대한 예비전력의 비율이 된다. (2,562÷6,805×100=약 37.7%)
㉯ 현재의 예비전력이 2,562만kW이므로 10분의 1 수준이면 약 250만kW가 되므로 300만kW미만의 주
   의단계에 해당된다.
㉰ 하절기와 동절기에 모두 사용자제가 요구되는 시간대이므로 전력소비가 많은 때이다.
㉱ 전력예비율은 예비전력÷현재부하에 대한 비율이므로 일정한 공급능력 상황에서 현재부하가 올라가
   면 전력예비율은 낮아지게 된다.

20 S공사에서는 육상운송과의 효율적 자원관리를 하기 위한 일환으로 운송망에서 최단경로(Shortest Path)법에 의해 출발지 O로부터 목적지 D까지 최단운송거리를 계산하고자 한다. 계산과정에서 잘못 설명된 것은?

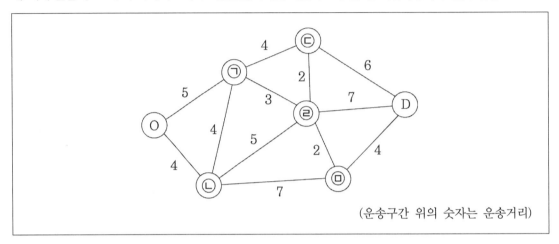

(운송구간 위의 숫자는 운송거리)

① 출발지에서 중간목적지 ⑩까지의 최단거리는 10이다.
② 출발지에서 최종목적지까지의 최단경로는 O→㉠→㉢→D이다.
③ 출발지에서 최종목적지까지의 최단거리의 합은 14이다.
④ 출발지에서 중간목적지 ㉢까지의 최단거리는 9이다.
⑤ 출발지에서 최종목적지까지의 최단경로에 중간목적지 ㉠이 포함된다.

✔해설 출발지 O에서 최종목적지 D까지의 최단경로는 'O→㉠→㉣→⑩→D'이다.

21 (주) Mom에서는 A라는 상품의 재고를 정량발주법으로 관리하고 있다. 이 상품에 대한 연간 수요량이 400개, 구매가격은 단위당 10,000원, 연간 단위당 재고유지비는 구매가격의 10%이고, 1회 주문비용은 8,000원이다. 단 1년은 365일로 한다. 이 경우에 주문주기는?

① 33일   ② 50일
③ 73일   ④ 80일
⑤ 93일

✔해설
㉠ 경제적 발주량 $= \sqrt{\dfrac{2 \times 수요량 \times 회당주문비용}{단위당 재고유지비용}} = \sqrt{\dfrac{2 \times 400 \times 8,000}{1,000}} = 80$개

㉡ 주문주기 $= 365 \times \dfrac{80개}{400개} = 73$일

┃22~23┃ 푸르미펜션을 운영하고 있는 K씨는 P씨에게 예약 문의전화를 받았다. 아래의 예약일정과 정보를 보고 K씨가 P씨에게 안내할 사항으로 옳은 것을 고르시오.

〈푸르미펜션 1월 예약 일정〉

일	월	화	수	목	금	토
					1	2
					• 매 가능 • 난 가능 • 국 완료 • 죽 가능	• 매 가능 • 난 완료 • 국 완료 • 죽 가능
3	4	5	6	7	8	9
• 매 완료 • 난 가능 • 국 완료 • 죽 가능	• 매 가능 • 난 가능 • 국 가능 • 죽 가능	• 매 가능 • 난 가능 • 국 가능 • 죽 가능	• 매 가능 • 난 가능 • 국 가능 • 죽 가능	• 매 가능 • 난 가능 • 국 가능 • 죽 가능	• 매 완료 • 난 가능 • 국 완료 • 죽 완료	• 매 완료 • 난 가능 • 국 완료 • 죽 완료
10	11	12	13	14	15	16
• 매 가능 • 난 완료 • 국 완료 • 죽 가능	• 매 가능 • 난 가능 • 국 가능 • 죽 가능	• 매 가능 • 난 가능 • 국 가능 • 죽 가능	• 매 가능 • 난 가능 • 국 가능 • 죽 가능	• 매 가능 • 난 가능 • 국 가능 • 죽 가능	• 매 가능 • 난 완료 • 국 완료 • 죽 가능	• 매 가능 • 난 완료 • 국 완료 • 죽 가능

※ 완료 : 예약완료, 가능 : 예약가능

〈푸르미펜션 이용요금〉

(단위 : 만 원)

객실명	인원		이용요금			
			비수기		성수기	
	기준	최대	주중	주말	주중	주말
매	12	18	23	28	28	32
난	12	18	25	30	30	35
국	15	20	26	32	32	37
죽	30	35	30	34	34	40

※ 주말 : 금-토, 토-일, 공휴일 전날-당일
　성수기 : 7~8월, 12~1월
※ 기준인원초과 시 1인당 추가 금액 : 10,000원

Answer 20.② 21.③

K씨 : 감사합니다. 푸르미펜션입니다.

P씨 : 안녕하세요. 회사 워크숍 때문에 예약문의를 좀 하려고 하는데요. 1월 8~9일이나 15~16일에 "국"실에 예약이 가능할까요? 웬만하면 8~9일로 예약하고 싶은데….

K씨 : 인원이 몇 명이시죠?

P씨 : 일단 15명 정도이고요 추가적으로 3명 정도 더 올 수도 있습니다.

K씨 : _____ ㉠ _____

P씨 : 기준 인원이 12명으로 되어있던데 너무 좁지는 않겠습니까?

K씨 : 두 방 모두 "국"실보다 방 하나가 적긴 하지만 총 면적은 비슷합니다. 하지만 화장실 등의 이용이 조금 불편하실 수는 있겠군요. 흠…. 8~9일로 예약하시면 비수기 가격으로 해드리겠습니다.

P씨 : 아, 그렇군요. 그럼 8~9일로 예약 하겠습니다. 그럼 가격은 어떻게 됩니까?

K씨 : _____ ㉡ _____ 인원이 더 늘어나게 되시면 1인당 10,000원씩 추가로 결재하시면 됩니다. 일단 10만 원만 홈페이지의 계좌로 입금하셔서 예약 완료하시고 차액은 당일에 오셔서 카드나 현금으로 계산하시면 됩니다.

22 ㉠에 들어갈 K씨의 말로 가장 알맞은 것은?

① 죄송합니다만 1월 8~9일, 15~16일 모두 예약이 모두 차서 이용 가능한 방이 없습니다.

② 1월 8~9일이나 15~16일에는 "국"실 예약이 모두 차서 예약이 어렵습니다. 15명이시면 1월 8~9일에는 "난"실, 15~16일에는 "매"실에 예약이 가능하신데 어떻게 하시겠습니까?

③ 1월 8~9일에는 "국"실 예약 가능하시고 15~16일에는 예약이 완료되었습니다. 15명이시면 15~16일에는 "매"실에 예약이 가능하신데 어떻게 하시겠습니까?

④ 1월 8~9일에는 "국"실 예약이 완료되었고 15~16일에는 예약 가능하십니다. 15명이시면 8~9일에는 "난"실에 예약이 가능하신데 어떻게 하시겠습니까?

⑤ 1월 8~9일이나 15~16일 모두 "국"실 예약이 가능하십니다.

> ✔ 해설 8~9일, 15~16일 모두 "국"실은 모두 예약이 완료되었다. 워크숍 인원이 15~18명이라고 했으므로 "매"실 또는 "난"실을 추천해주는 것이 좋다. 8~9일에는 "난"실, 15~16일에는 "매"실의 예약이 가능하다.

23 ⓛ에 들어갈 K씨의 말로 가장 알맞은 것은?

① 그럼 1월 8~9일로 "난"실 예약 도와드리겠습니다. 15인일 경우 기본 30만 원에 추가 3인 하
   셔서 총 33만 원입니다.
② 그럼 1월 8~9일로 "난"실 예약 도와드리겠습니다. 15인일 경우 기본 35만 원에 추가 3인 하
   셔서 총 38만 원입니다.
③ 그럼 1월 8~9일로 "매"실 예약 도와드리겠습니다. 15인일 경우 기본 28만 원에 추가 3인 하
   셔서 총 31만 원입니다.
④ 그럼 1월 8~9일로 "매"실 예약 도와드리겠습니다. 15인일 경우 기본 32만 원에 추가 3인 하
   셔서 총 35만 원입니다.
⑤ 그럼 1월 8~9일로 "매"실 예약 도와드리겠습니다. 15인일 경우 기본 32만 원에 추가 3인 하
   셔서 총 38만 원입니다.

> ✔해설 8~9일로 예약하겠다고 했으므로 예약 가능한 방은 "난"실이다. 1월은 성수기이지만 비수기 가격으로
> 해주기로 했으므로 비수기 주말 가격인 기본 30만 원에 추가 3만 원으로 안내해야 한다.

| 24~25 | 다음은 A병동 11월 근무 일정표 초안이다. A병동은 1~4조로 구성되어있으며 3교대로 돌아간다. 주어진 정보를 보고 물음에 답하시오.

	일	월	화	수	목	금	토
	1	2	3	4	5	6	7
오전	1조	1조	1조	1조	1조	2조	2조
오후	2조	2조	2조	3조	3조	3조	3조
야간	3조	4조	4조	4조	4조	4조	1조
	8	9	10	11	12	13	14
오전	2조	2조	2조	3조	3조	3조	3조
오후	3조	4조	4조	4조	4조	4조	1조
야간	1조	1조	1조	1조	2조	2조	2조
	15	16	17	18	19	20	21
오전	3조	4조	4조	4조	4조	4조	1조
오후	1조	1조	1조	1조	2조	2조	2조
야간	2조	2조	3조	3조	3조	3조	3조
	22	23	24	25	26	27	28
오전	1조	1조	1조	1조	2조	2조	2조
오후	2조	2조	3조	3조	3조	3조	3조
야간	4조	4조	4조	4조	4조	1조	1조

	29	30	• 1조 : 나경원(조장), 임채민, 조은혜, 이가희, 김가은
오전	2조	2조	• 2조 : 김태희(조장), 이샘물, 이가야, 정민지, 김민경
오후	4조	4조	• 3조 : 우채원(조장), 황보경, 최희경, 김희원, 노혜은
야간	1조	1조	• 4조 : 전혜민(조장), 고명원, 박수진, 김경민, 탁정은

※ 한 조의 일원이 개인 사유로 근무가 어려울 경우 당일 오프인 조의 일원(조장 제외) 중 1인이 대체 근무를 한다.

※ 대체근무의 경우 오전근무 직후 오후근무 또는 오후근무 직후 야간근무는 가능하나 야간근무 직후 오전근무는 불가능하다.

※ 대체근무가 어려운 경우 휴무자가 포함된 조의 조장이 휴무자의 업무를 대행한다.

24 다음은 직원들의 휴무 일정이다. 배정된 대체근무자로 적절하지 못한 사람은?

휴무일자	휴무 예정자	대체 근무 예정자
11월 3일	임채민	① 노혜은
11월 12일	황보경	② 이가희
11월 17일	우채원	③ 이샘물
11월 24일	김가은	④ 이가야
11월 30일	고명원	⑤ 최희경

✔해설 11월 12일 황보경(3조)은 오전근무이다. 1조는 바로 전날 야간근무를 했기 때문에 대체해줄 수 없다. 따라서 이가희가 아닌 우채원(3조 조장)이 황보경의 업무를 대행한다.

25 다음은 직원들의 휴무 일정이다. 배정된 대체근무자로 적절하지 못한 사람은?

휴무일자	휴무 예정자	대체 근무 예정자
11월 7일	노혜은	① 탁정은
11월 10일	이샘물	② 최희경
11월 20일	김희원	③ 임채민
11월 29일	탁정은	④ 김희원
11월 30일	이가희	⑤ 황보경

✔해설 11월 20일 김희원(3조)는 야간근무이다. 1조는 바로 다음 날 오전근무를 해야 하기 때문에 대체해줄 수 없다. 따라서 임채민이 아닌 우채원(3조 조장)이 김희원의 업무를 대행한다.

직무능력평가
(경제학)

⓪ 경제의 기초개념

경제활동

- 생산 : 필요한 재화나 서비스를 만들어 제공하거나 만들어진 재화의 경제적 가치를 높이는 행위
- 소비 : 사람들이 만족을 얻기 위해 생활에 필요한 재화와 서비스를 구매하거나 사용하는 행위
- 분배 : 생산 활동에 참여한 대가를 받는 행위
     (임금 : 노동의 대가, 이자 : 자본의 대가, 지대 : 토지를 제공한 대가)

재화와 서비스

- 재화 : 사람들에게 효용을 주는 유형의 상품
- 서비스 : 재화의 생산, 교환, 분배, 소비와 관련된 사람의 유용한 행위

경제문제의 해결 기준 : 효율성과 형평성

- 효율성 : 기회비용을 고려하여 최소의 비용으로 최대의 효과를 구하는 것(경제원칙)
- 형평성(공평성) : 분배의 사회적 기준으로서 사회정의에 입각한 규범적인 기준

교환, 분업, 특화

- 교환 : 재화와 서비스를 서로 맞바꿈으로써 거래 당사자 모두의 이득을 도모하는 행위
- 분업 : 재화와 서비스의 생산과정을 나누어서 담당하는 것
- 특화(전문화) : 각자가 잘하는 일이나 자원을 가장 효율적으로 사용할 수 있는 일에 전념하는 것

01 경제문제와 선택 : 희소성과 기회비용(암묵적, 명시적 비용)

① 희소성 법칙(law of scarcity) : 인간의 무한한 욕구를 충족시켜 줄 수 있는 자원이나 수단이 부족한 상태로(희소성으로 인해 경제적 선택의 문제가 발생), 시대와 지역에 따라 다르게 나타남.

② 기회비용과 매몰비용

- 기회비용(=명시적 비용+암묵적 비용) : 포기하게 되는 안(案)들 중 가치가 가장 큰 것
- 생산요소를 사용한 대가로 지불하는 비용(회계적 비용 : 임금, 지대, 이자, 이윤)

  암묵적 비용 : 특정 안을 선택함으로써 포기한 다른 기회의 수입(잠재적 비용, 비금전적 비용)
- 매몰비용 : 어떤 선택을 하더라도 이미 지출되어 회수가 불가능한 비용

  매몰비용은 기회비용이 0으로서 회계적 비용임에도 불구하고, 합리적 선택을 위해서는 의사결정 시 고려 대상에서 제외해야 하는 비용

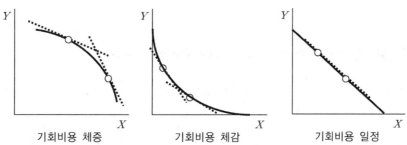

기회비용 체증   기회비용 체감   기회비용 일정

- 합리적 선택 : 기회비용을 최소화하고 편익을 극대화하는 선택(단, 매몰비용 고려하지 않음)

③ 유량변수와 저량변수

- 유량변수 : 일정 기간에 측정되는 지표

  예 소득, 수요량 및 공급량, GDP, 국제수지 등
- 저량변수 : 어떤 특정시점을 기준으로 파악된 경제조직 등에 존재하는 재화 전체의 양

  예 기업의 재고량, 자산, 부채, 외환보유액 등

다음 보기 중 유량변수인 것을 모두 고르면?

㉠ 투자	㉡ 소득
㉢ 국제수지	㉣ GDP
㉤ 통화량	㉥ 소비
㉦ 수입	㉧ 주택가격
㉨ 임대료	㉩ 주택거래량

① 6개　　　　　　　　　　　　② 7개
③ 8개　　　　　　　　　　　　④ 9개
⑤ 10개

일정 시점에서의 상태를 측정한 것은 저량(stock)을 나타내는 지표이고, 일정 기간 동안에 일어날 변화를 측정한 것은 유량(flow)을 나타내는 지표이다.

유량변수 : 저축, 소득, 소비, 투자, 수입, 수출, 임금, 국제수지, GDP, 당기순이익, 주택 생산량, 주택거래량, 수익률, 수요량, 공급량, 강우량, 임대료, 지대, 경제성장률 등

저량변수 : 국부, 국채, 부채, 환율, 물가, 주택보급률, 주택재고량, 주택가격, 노동량, 자본량, 통화량, 인구, 지가, 외환보유액, 종합주가지수 등

답 ③

02　생산가능곡선(PPC : Production Possibilities Curve)

① 주어진 자원과 기술수준하에서 모든 자원을 효율적으로 사용하여 최대한 생산 가능한 두 재화나 서비스의 조합을 나타내는 곡선

② 원점에 대해 오목한 경우에 어느 한 생산물을 차차 더 생산함에 따라 한계기회비용이 체증한다.

③ 생산가능곡선이 우하향하는 형태를 띠는 것은 '자원의 희소성' 때문이다.

- 내부의 점 : 생산가능곡선 내부의 점은 생산이 비효율적으로 이루어지고 있는 것으로, 실업이 존재하거나 일부 공장설비가 유휴상태에 있음을 의미한다.
- 외부의 점 : 생산가능곡선 바깥쪽의 점은 현재의 기술수준으로 도달 불가능한 점을 나타낸다.
- 생산가능곡선의 이동은 기술의 진보, 천연자원의 발견, 교육수준의 향상, 인구 증가 등으로 가능하다.

03 수요과 수요곡선

① **수요** : 재화와 서비스를 구입하고자 하는 욕구로 소득, 기호, 다른 재화의 가격 등에 영향을 받음. 가격 이외 요인(소득, 기호 등)의 변화로 나타나는 수요의 변화는 수요곡선을 이동시킴.

② **수요량** : 주어진 가격 수준에서 소비자가 일정기간 동안 구입할 의사와 능력이 있는 최대수량으로 실제 구매량은 아님.

③ **수요곡선** : 가격과 수요량 사이의 관계를 나타내는 그래프 → 수요법칙이 적용되어 일반적으로 우하향함.

구분	변동 원인	변동
수요량 변동	해당 상품 가격 하락→수요량 증가	수요곡선 상의 점이 왼쪽 위로 이동
	해당 상품 가격 상승→수요량 감소	수요곡선 상의 점이 오른쪽 아래로 이동
수요 변동	소득수준 향상, 대체재 가격 상승, 보완재 가격 하락, 선호도 증가, 소비자 수 증가→수요 증가	수요곡선이 오른쪽으로 이동
	소득수준 하락, 대체재 가격 하락, 보완재 가격 하락, 선호도 감소, 소비자 수 감소→수요 감소	수요곡선이 왼쪽으로 이동

* 시장수요곡선은 개별 수요자의 수요곡선을 수평으로 더하여 구함.

04 공급과 공급곡선

① **공급** : 생산자가 재화와 서비스를 생산하고자 하는 구체적인 생산의사. 제품의 가격 이외 요인(원자재 가격, 임금 등)의 변화로 나타나는 공급의 변화는 공급곡선을 이동시킴.

② **공급량** : 생산자가 주어진 가격에서 일정기간 생산하고자 하는 최대 수량으로 실제 판매된 양이 아니라 그 의도나 욕구를 말함.

③ **공급곡선** : 가격과 공급량 사이의 관계를 나타낸 그래프→공급법칙이 적용되어 일반적으로 우상향함. * 시장공급곡선은 개별공급자의 공급곡선을 수평으로 더하여 구함.

구분	변동 원인	변동
공급량 변동	해당 상품 가격 하락→공급량 감소	공급곡선 상의 점이 왼쪽 아래로 이동
	해당 상품 가격 상승→공급량 증가	수요곡선 상의 점이 오른쪽 위로 이동
공급 변동	생산요소가격 하락, 생산기술 혁신, 정부보조금 지급, 생산자 수 증가→공급 증가	공급곡선이 오른쪽으로 이동
	생산요소가격 상승, 생산조건 악화, 세금 부과, 생산자 수 감소→공급 감소	공급곡선이 왼쪽으로 이동

05 **균형 개념과 균형조정과정**

① 균형가격(수요량 = 공급량)
  • 초과공급(수요량 < 공급량) → 가격하락 → 수요량 증가, 공급량 감소
  • 초과수요(수요량 > 공급량) → 가격상승 → 수요량 감소, 공급량 증가

② 교환의 이득(사회적 잉여 = 소비자 잉여 + 생산자 잉여) : 시장의 균형수준에서 최대
  • 소비자 잉여 = 소비자효용 − 실제 지불한 금액(*시장가격이 낮아질수록 커짐)
  • 생산자 잉여 = 총수입 − 생산비용(*시장가격이 높을수록 커짐)

✔ 거미집이론(cobweb theory)

시차를 도입한 동태적인 이론으로 주로 농산물과 같이 공급량이 시차를 두고 반응하는 경우를 설명하는 데 사용되는 이론. 거미집이론에 따르면 생산기간이 길수록 가격변화에 따라 즉각적인 공급조절이 어렵기 때문에 초과공급 또는 초과수요가 발생하게 되는데 이처럼 농산물은 폭락과 폭등을 반복하면서 수급의 균형을 찾아간다고 설명하고 있다.

✔ 재화의 성질

구분	내용
정상재	우등재 또는 상급재라고도 하며 소득이 증가(감소)하면 수요가 증가(감소)하여 수요곡선 자체가 우상향(좌상향)으로 이동
열등재	소득이 증가(감소)하면 수요가 감소(증가)하며, 수요곡선 자체가 좌하향(우상향)으로 이동
기펜재	열등재의 일종으로, 재화의 가격이 하락하면 오히려 재화의 수요도 감소하는 예외적인 수요법칙을 보이는 재화
중간재	소득이 변화함에도 불구하고 동일한 가격에서 수요량은 전혀 변하지 않는 재화로 소득이 증가(감소)하여도 수요 및 수요곡선 자체는 불변

✔ 관련 재화의 가격 변동

구분	내용	예
대체재	두 재화가 서로 비슷한 용도를 지녀 한 재화 대신 다른 재화를 소비하더라도 만족에 별 차이가 없는 관계. 서로 경쟁적인 성격을 띠고 있어 경쟁재라고도 하며 만족감이 높은 쪽을 상급재, 낮은 쪽을 하급재라 한다. 만약 두 재화 A, B가 대체재라면 A재화의 가격이 상승(하락)하면 A재화의 수요는 감소(증가)하고 B재화의 수요는 증가(감소)한다.	설탕과 꿀, 콜라와 사이다, 연필과 샤프, 버터와 마가린 등
보완재	한 재화씩 따로 소비하는 것보다 두 재화를 함께 소비하는 것이 더 큰 만족을 주는 재화의 관계. 두 재화 A, B가 보완재일 경우, A재화의 가격이 상승(하락)하면 A재화 및 B재화 모두 수요가 감소(증가)한다.	잉크와 프린터, 빵과 잼, 커피와 커피 크리머 등
독립재	한 재화의 가격이 다른 재화의 수요에 아무런 영향을 주지 않는 재화의 관계. 따라서 수요곡선 자체도 불변이다.	쌀과 설탕, 안경과 빵, 카메라와 사과 등

06 소득효과와 대체효과

① 소득효과(Income Effect) : 가격의 하락이 소비자의 실질소득을 증가시켜 그 상품의 구매력이 높아지는 현상. 이것은 마치 소득이 높아져 수요가 증가되는 현상과 비슷하기 때문에 소득효과라 불린다.

② 대체효과(Substitution Effect) : 실질소득에 영향을 미치지 않는 상대가격 변화에 의한 효과. 실질소득의 변화가 아닌 상대가격변화의 변화에 따라 다른 비슷한 용도의 물건으로 수요가 늘어나는 현상을 대체효과라 부른다.

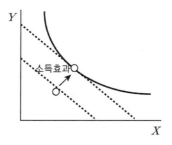
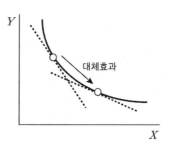

07 탄력성

① **수요의 가격 탄력성** : 상품 가격이 변동할 때 수요량이 변화하는 정도를 나타낸 것

$$E_d = \frac{수요량의\ 변화율(\%)}{가격의\ 변화율(\%)} = \frac{\frac{\triangle Q}{Q}}{\frac{\triangle P}{P}} = |\frac{dQ \times P}{dP \times Q}|$$

② **공급의 가격 탄력성** : 가격이 변화할 경우 공급량이 얼마나 변하는지를 나타내는 지표

$$E_s = \frac{공급량의\ 변화율(\%)}{가격의\ 변화율(\%)} = \frac{dQ}{dP} \times \frac{P}{Q}$$

③ **수요의 교차탄력성** : 어떤 재화의 수요가 관련 재화의 가격 변화에 반응하는 정도를 측정하는 척도

$$\varepsilon_{XY} = \frac{X재의\ 수요량변화율(\%)}{Y재의\ 가격변화율(\%)} = \frac{dQx}{dPy} \times \frac{Py}{Qx}$$

$\varepsilon_{XY} > 0$: 대체재, $\varepsilon_{XY} < 0$: 보완재, $\varepsilon_{XY} = 0$: 독립재

예제 2

수요의 가격탄력성에 대한 설명으로 옳지 않은 것은?

① 수요의 가격탄력성은 어떤 재화의 가격이 변할 때 그 재화의 수요량이 얼마나 변하는지 나타내는 척도이다.
② 수요에 대한 가격탄력성은 대체재가 많을수록 큰 값을 갖는다.
③ 수요곡선이 우하향의 직선인 경우 수요의 가격탄력성은 임의의 모든 점에서 동일하다.
④ 재화에 대한 수요의 가격탄력성이 1일 때, 재화의 가격이 변하더라도 그 재화를 생산하는 기업의 총수입에는 변화가 없다.
⑤ 재화의 수요가 탄력적일 때, 재화의 가격이 하락하면 그 재화를 소비하는 소비자의 총지출은 증가한다.

해 설

수요의 가격탄력성은 우하향하는 수요곡선이 직선인 경우에 수요곡선의 기울기가 동일할지라도, 어디에 위치했는가에 따라서 그 결과가 달라진다. 가격이 상승하고 수량이 작아질수록 수요의 가격탄력성은 커진다. 따라서 수요곡선상에서 탄력성은 다르다.

답 ③

예제 3

수요함수 P=10−Q이고, 가격이 2일 때 수요의 가격탄력성은?

① 0

② 0.25

③ 0.5

④ 1

⑤ 1.5

해 설

수요의 가격탄력성

$$= -\frac{\text{수요량변화율}}{\text{가격변화율}} = -\frac{dQ}{Q} \times \frac{P}{dP}$$

$$= -\frac{dQ}{dP} \times \frac{P}{Q}$$

여기서 $\frac{dQ}{dP}$ 는 수요함수 Q를 가격 P로 미분한다는 의미이므로, 주어진 수요함수를 미분하면 −1이다. $\frac{P}{Q}$ 는 P와 Q는 탄력성을 구하는 지점에서의 가격과 수요량을 각각 의미하므로, P=2를 수요함수에 대입하면 Q=8이 된다. 따라서 $\frac{P}{Q} = \frac{2}{8}$

∴ 수요의 가격탄력성

$$= -(-1) \times \frac{2}{8} = \frac{1}{4} = 0.25$$

답 ②

---

08 조세의 전가와 귀착

① 조세의 종류

• 종량세 : 종량세는 수량단위당 일정 금액을 과세하는 것으로 종량세를 부과하면 공급곡선이 상방으로 평행 이동한다. 수량이 많고 가격이 낮은 상품일수록 종량세의 소비 억제효과가 크다.

종량세 부과 시 생산량은 감소하고 가격은 상승한다. 또한 소비자가격이 상승하였으므로 단위당 조세액의 일부가 소비자에게 전가된다. 그러나 단위당 조세액의 전부가 소비자에게 전가되는 것은 아니다.

• 종가세 : 종가세는 가격당 일정 비율을 과세하는 것으로 종가세를 부과하면 공급곡선이 더욱 가파르게 회전한다. 수량이 적고 가격이 높은 상품일수록 종가세의 소비 억제효과가 크다.

정액세 부과 시 생산량과 가격은 조세부과 이전과 동일하며 재화가격이 불변이므로 소비자에게 전혀 조세전가가 이루어지지 않는다. 다만 조세액만큼 독점기업의 이윤이 감소한다.

② 경제적 귀착의 측면에서 소비자와 생산자 중에서 누구에게 납세의무를 지우는가에 따른 실질적 차이 는 없다. 조세의 초과부담은 세율, 수요의 가격탄력성, 상품 거래액이 커질수록 더욱 커진다.

✔ 조세부담의 전가

조세가 부과되었을 때 각 경제 주체들이 경제활동을 조정하여 조세부담을 다른 경제주체에게 이전시키는 현상

09 최고가격제(가격상한제)

① **최고가격제** : 정부가 최고가격을 설정하고, 설정된 최고가격 이상을 받지 못하도록 하는 제도
   예 이자율 규제, 아파트분양가 규제, 임대료 규제 등

② **최고가격제의 효과**
   • 장점 : 소비자들은 이전보다 낮은 가격으로 재화를 구입 가능
   • 단점 : 초과수요 발생, 암시장의 출현가능성, 사회적인 후생손실 발생, 재화의 품질저하 가능성

③ **최고가격제하에서의 배분방법** : 최고가격제가 실시될 때 재화를 배분하는 방법으로는 선착순, 배급제도, 판매자의 선호에 맡기는 방법 등이 있다.

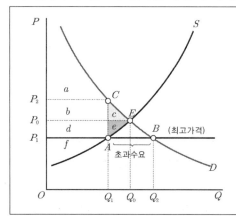

최고가격제의 효과
• 최고가격이 P_1으로 결정되면 $AB(Q_2 - Q_1)$ 만큼의 초과수요 발생
• 공급량이 Q_1으로 감소하여 암시장이 발생
  → 암시장 가격 = P_2
• 소비자잉여 변화 : $a+b+c \rightarrow a+b+d$
  생산자잉여 변화 : $d+e+f \rightarrow f$
  사회적 후생손실 : $c+e$

✔ 1급 가격차별

각 단위 재화에 의해 소비자가 최대로 지급할 의사가 있는 가격(유보가격)으로 설정하는 것을 말한다. 소비자 잉여부분이 생산자 잉여 부분으로 귀속된다. 즉 '소비자잉여=0'이 된다.

✔ 2급 가격차별

소비자의 구매량에 따라 단위당 가격을 서로 다르게 설정하는 것
   예 전기요금, 상하수도 요금, 통신사의 묶음 판매방식 등

✔ 제3급 가격차별

소비자들의 특징에 따라 시장을 몇 개로 분할하여 각 시장에서 서로 다른 가격을 설정하는 것. 이윤극대화를 달성하려면 각 시장에서의 한계수입이 같아지도록 각 시장에서의 판매량을 결정하여야 한다.

✔ 가격차별의 성립조건

㉠ 기업이 독점력을 가지고 있어야 한다.

㉡ 시장의 분리가 가능하여야 한다.

㉢ 각 시장의 수요의 가격탄력성이 서로 달라야 한다.

㉣ 시장 간 재판매가 불가능하여야 한다.

㉤ 시장분리비용이 시장분리에 따른 이윤증가분보다 적어야 한다.

10 한계효용 이론

① 효용(utility) : 상품이나 서비스를 소비함으로써 느끼는 소비자의 만족감

* 영국의 공리주의 철학자 벤담(Bentham)에 의해 처음 제기

• 한계효용(MU : Marginal Utility) : 재화소비량이 1단위 증가할 때 총 효용의 증가분

• 총 효용(TU : Total Utility) : 일정기간 동안에 재화나 서비스를 소비함에 따라 얻게 되는 주관적인 만족도의 총량

✔ 한계효용과 총 효용의 관계

• 한계효용이 (+)이면 소비량이 증가할수록 총 효용이 증가한다.

• 한계효용이 0일 때 총 효용이 극대화된다.

• 한계효용이 (−)이면 소비량이 증가할수록 총 효용이 감소한다.

✔ 한계효용체감의 법칙 : 재화의 소비가 증가할수록 그 재화의 한계효용이 감소하는 것

• 가치의 역설 : 애덤 스미스는 일상생활에 있어서 필수불가결한 물의 가격은 매우 낮은 데 비하여, 전혀 존재하지 않더라도 살아가는 데는 아무런 문제가 없는 다이아몬드의 가격은 매우 높게 형성되는 사실을 지적하였는데 이를 가치의 역설이라고 한다.

• 한계효용학파는 가격은 총 효용이 아닌 한계효용에서 결정되는 것으로, 다이아몬드는 총 효용이 매우 작지만 수량이 작아 높은 한계효용을 가지므로 높은 가격이 형성되고, 물은 총 효용은 크지만 수량이 풍부해 낮은 한계효용을 갖기 때문에 낮은 가격이 형성된다고 말한다.

✔ 한계효용균등의 법칙(law of equimarginal utilities) : $\dfrac{Mx}{Px} = \dfrac{My}{Py}$

소비자나 기업 등의 경제주체가 한정된 자본이나 소득으로 여러 가지 재화를 구입하는 경우, 최대 효용을 얻고자 한다면 그 재화로 얻는 한계효용이 같아야 한다는 법칙

11 무차별곡선(indifference curve)

① 어떤 개인이 동일한 효용을 얻을 수 있는 X재와 Y재의 조합을 연결한 선으로 우하향의 형태로 도출된다. 무차별곡선은 어떤 개인의 선호를 나타내는 곡선으로 개인별로 무차별곡선의 형태는 서로 다를 수 있다.

② 특성

구분	내용
우하향의 기울기를 갖는다.	X재 소비량이 많아지면 동일한 효용수준을 유지하기 위해서는 Y재 소비량이 감소해야 하므로 무차별곡선은 우하향한다.
원점에서 멀어질수록 더 높은 효용수준을 나타낸다.	원점에서 멀어질수록 X재와 Y재의 소비량이 증가하므로 효용수준이 높아진다.
서로 교차할 수 없다.	무차별곡선이 서로 교차하면 모순이 발생하므로 일정 시점에서 한 개인의 무차별곡선은 서로 교차하지 않는다.
원점에 대해 볼록하다.	소비자가 다양성을 추구하기 때문에 한계대체율체감의 법칙을 의미

※ 무차별곡선이론은 서수적 효용, 한계효용이론은 기수적 효용을 전제한다.

12 소득소비곡선(ICC)와 가격소비곡선(PCC)

① 소득소비곡선(ICC : Income Consumption Curve)

주어진 효용함수와 예산제약식 하에서 소득이 변할 때 효용을 극대화시키는 점들을 연결한 선. ICC곡선을 보고 정상재, 열등재 판단→어떤 경우에도 두 재화가 동시에 열등재, 사치재, 기펜재일 수 없다.

② 가격소비곡선(PCC : Price Consumption Curve)

재화의 가격변화에 따른 소비자균형점들의 변화경로를 연결한 선을 말하며, 수요곡선은 가격과 재화수요량의 관계를 나타내는 곡선으로 가격소비곡선에서 도출된다.

③ 수요의 가격탄력성과 가격소비곡선

　　㉠ 수요의 가격탄력성이 1일 때 : PCC는 수평선의 형태

　　㉡ 수요의 가격탄력성이 1보다 크거나 작을 때 : X재 수요의 가격탄력성이 1보다 크면 PCC는 우하향
　　　의 형태이고, 가격탄력성이 1보다 작으면 PCC는 우상향의 형태로 도출

✔ 엥겔곡선 : 소득변동에 따른 한 재화의 효용극대화점을 연결해 만든 그래프

✔ 현시선호이론(theory of revealed preference)

　소비자의 시장행동에서 출발하여 수요함수가 소비자에게 합리적이기 위해서는 재화에 대해 어떤 현시된 선호순서를 가질 것인가를 고찰하는 것.

　소비자의 선호에서 무차별곡선은 원래 소비자의 관념 속에서만 존재하므로 외부로부터 투시할 수없다. 따라서 소비자의 선호는 주어진 가격조건에서 결정되는 수요량으로 현시될 뿐이다.

13　약공리와 강공리

① 약공리(WARP : Weak Axiom of Revealed Preference) 개념 : 주어진 예산집합에서 어느 한 상품조합을 선택하면 다른 상품조합을 선택하지 않는다. 소비자선택이 일관성이 있음을 의미한다.

구분	내용
소득효과분석	소득이 오르면 소득효과가 발생한다(소득효과에 의한 효용변화는 측정 불가능). 소득효과는 소득증가 이전의 예산집합 안에서는 나타나지 않는다.
대체효과분석	가격비율(가격벡터, 상대가격)이 바뀌면 대체효과가 발생한다. 대체효과는 가격비율변화 이전의 예산집합 안에서는 나타나지 않는다.
가격효과분석	가격효과의 방향에 따라 정상재, 열등재, 기펜재를 구분할 수 있다. 가격효과에서 수요곡선이 도출된다.

② 한계대체율체감의 법칙 : 약공리를 이용해서 무차별곡선이 원점에 볼록한 형태가 되는 것을 증명 할 수 있다.

③ 강공리(이행성의 공리) : 가격비율이 바뀌더라도 소비자는 초기의 상품조합을 여전히 현시선호한다. 강공리가 성립하면 약공리는 자동적으로 성립하며 대체효과가 발생하지 않는다.

14 지수(指數)

어떤 시점에서 재화구입량이나 가격이 기준시점에 비하여 평균적으로 얼마나 변화하였는지를 나타내는 지표

① 라스파이레스(Laspeyres) 지수 : 기준연도의 소비묶음을 구입하는 데 드는 비용을 기준연도의 가격과 비교연도의 가격하에서 비교한 것이다.

$$\text{라스파이레스 물가지수(LPI)} = \frac{\sum 비교연도가격 \times 기준연도수량}{\sum 기준연도가격 \times 기준연도수량}$$

② 파셰 지수(Paasche index) : 비교연도의 거래량을 기준연도의 가격에 비해서 비교연도의 가격으로 계산할 때 얼마나 더 또는 덜 비용이 드는가를 보여준다. 즉, 비교연도의 거래량을 가중치로 사용한 것을 의미한다. 그리고 소비자 후생의 개선은 파셰수량지수가 1보다 크거나 같을 때이다.

$$\text{파셰 물가지수(PPI)} = \frac{\sum 비교연도가격 \times 비교연도수량}{\sum 기준연도가격 \times 비교연도수량}$$

✔ 규모의 경제(economy of scale)와 범위의 경제(economies of scope)

　　㉠ 규모의 경제는 산출량이 증가함에 따라 장기 평균총비용이 감소하는 현상. 글로벌화를 통하여 선호가 동질화된 세계 시장의 소비자들을 상대로 규모의 경제를 실현할 수 있다.

　　㉡ 범위의 경제는 많은 기업들이 한 제품보다는 여러 제품을 함께 생산하는 결합생산의 방식을 채택하면 생산비용을 절감할 수 있는 현상

15 등량곡선(isoquant)

동일한 양의 재화를 생산할 수 있는 L(노동)과 K(자본)의 조합을 연결한 곡선.
등량 곡선은 모든 생산요소가 가변요소일 때의 생산함수인 장기생산함수를 그림으로 나타낸 것.

① 등량곡선의 성질
- 등량곡선은 우하향의 기울기를 갖는다.
- 원점에서 멀리 떨어져 있을수록 높은 산출량을 나타낸다.
- 등량곡선은 서로 교차할 수 없다.
- 등량곡선은 원점에 대해 볼록한 형태이다(한계기술체감의 법칙).
  * 두 생산요소가 완전보완재 관계 – L자 형태
  * 두 생산요소가 완전대체재 관계 – 우하향하는 직선 형태

② 무차별곡선과 등량곡선의 차이점 : 무차별곡선은 원점에서 멀어질수록 높은 효용수준을 나타낸다(효용의 크기는 서수적으로 표시). 반면에 등량곡선은 요소투입량과 산출량 간의 기술적인 관계를 나타내는 생산함수에서도 도출된다(산출량의 크기는 기수적으로 표시).

✔ 등비용곡선 : 장기에 있어서 총비용으로 기업이 구입할 수 있는 자본과 노동의 모든 가능한 조합들을 연결한 선. 소비자선택이론에서 예산선에 해당하는 개념이 등비용선

✔ 생산자균형 등량곡선과 등비용선이 접하는 E에서 생산자의 비용극소화가 달성된다.

　　㉠ 등량곡선의 기울기(MRTS$_{LK}$) = 등비용선의 기울기($\frac{w}{r}$)

　　㉡ 생산자 균형조건 : MRTS$_{LK}$ $= \frac{\triangle K}{\triangle L} = \frac{MP_L}{MP_K}$ 이므로 생산자 균형조건은

　　$\frac{MP_L}{w} = \frac{MP_K}{r}$ (한계생산물균등의 법칙)이 된다.

여기서 한계생산물균등의 법칙이란 각 생산요소의 구입에 지출된 1원의 한계생산물이 같도록 생산요소를 투입하여야 비용 극소화가 달성됨을 의미한다.

✔ 한계기술대체율(MRTS: Marginal Rate of Technical Substitution)

　　㉠ 동일한 생산량을 유지하면서 노동을 추가로 1단위 더 고용하기 위하여 감소시켜야 하는 자본의 수량. MRTS는 등량곡선 접선의 기울기로 측정되며 MP$_L$과 MP$_K$의 비율로 나타낼 수 있다.

　　MRTS$_{LK}$ $= \frac{\triangle K}{\triangle L} = \frac{MP_L}{MP_K}$

　　㉡ 한계기술대체율체감의 법칙 : 동일한 생산량을 유지하면서 자본을 노동으로 대체해 감에 따라 한계기술대체율이 점차 감소하는 현상. 등량곡선이 원점에 대하여 볼록하기 때문에 한계기술대체율이 체감한다.

✔ 레온티에프 생산함수(Leontief production function)

L자 모양을 한 등량곡선의 경우에는 한계기술대체율이 아무리 변화해도 생산요소투입비율에는 아무 변화가 없어 대체탄력성이 0임을 알 수 있다. 두 생산요소가 일정한 비율로 결합되어 생산에 투입되어야 하며, 한 생산요소의 투입이 아무리 크게 증가한다 하더라도 다른 생산요소와 그 비율로 결합되지 않는 한 그 요소의 한계생산이 0인 경우이다.

두 생산요소가 완전히 보완적인 관계를 가진다고 할 수 있는데, 이러한 특성의 생산기술을 대표하는 생산함수를 고정비율 생산함수라 한다.

16 **대체탄력성(elasticity of substitution)**

① 요소가격비율의 변화에 따라 요소고용비율은 얼마나 변화하게 될 것인가를 측정하는 척도
   생산자균형에서 요소가격비율은 기술적한계대체율과 같으므로 대체탄력성은 결국 요소고용비율의
   변화율을 등량곡선의 기울기의 변화율로 나눈 것으로 표현된다.

② 대체탄력성과 요소소득의 상대적 분배 관계

대체탄력성	임금($\frac{w}{r}$)이 하락할 경우	노동소득분배율
$\sigma > 1$	임금하락률 < 노동투입증가율	증가
$\sigma = 1$	임금하락률 = 노동투입증가율	불변
$\sigma < 1$	임금하락률 > 노동투입증가율	감소

17 **기술진보와 생산자균형의 이동**

① 기술진보 : 일정한 생산량을 보다 적은 생산요소의 투입으로 생산할 수 있게 하는 기술적 변화를 의
   미한다. 기술진보가 이루어지면 동일한 요소투입량으로 더 많이 생산할 수 있거나, 동일한 양의 재
   화를 보다 적은 요소투입으로 생산할 수 있게 된다. 따라서 기술진보가 이루어지면 생산가능곡선은
   원점에서 점점 멀어지나, 등량곡선은 점점 원점에 가까워진다.

② 노동절약적(자본집약적) 기술진보란 자본의 한계생산물(MP_K)이 노동의 한계생산물(MP_L)보다 더 많
   이 증가하는 기술진보를 말한다. 노동절약적 기술진보 이후에는 기술진보 이전보다 요소집약도
   ($\frac{K}{L}$)가 높아지는데, 이는 기술진보 이후에 상대적으로 노동보다 자본을 더 많이 사용함을 의미한다.

예제 4

기술진보가 발생하는 경우에 나타나는 현상으로 옳은 것은?

① 생산가능곡선과 등량곡선 모두 원점으로부터 멀어진다.
② 생산가능곡선과 등량곡선 모두 원점을 향하여 가까이 이동한다.
③ 자본집약적 기술진보가 일어나면 평균비용곡선이 상방 이동한다.
④ 생산가능곡선은 원점으로부터 멀어지고, 등량곡선은 원점을 향하여 가까이 이동
   한다.
⑤ 생산가능곡선은 원점을 향하여 가까이 이동하고, 등량곡선은 원점으로부터 멀어
   진다.

해 설

기술진보가 이루어지면 동일한 양의 재화를 투입하더라도 더 많은 재화를 생산할 수 있으므로 생산가능곡선이 바깥쪽으로 이동한다. 그리고 기술진보가 이루어지면 더 적은 양의 생산요소를 투입하더라도 동일한 양의 재화를 생산할 수 있으므로 등량곡선이 원점을 향하여 가까이 이동한다.
기술진보가 일어나면 평균비용곡선과 한계비용곡선이 모두 하방으로 이동한다.

답 ④

✔ 콥 · 더글러스(Cobb-Douglas) 생산함수

생산요소의 투입량과 산출량과의 관계를 나타내는 1차동차형 생산함수로, 수식은 $Q=AL^{\alpha}K^{\beta}=AL^{\alpha}K^{1-\alpha}$로 표시된다. C-D생산함수의 특징은 '노동량과 자본량에 대한 지수의 합이 항상 1'이 된다는 점이다.

예제 5

다음은 Cobb-Douglas 생산함수에 대한 설명 중이다. 이 중 가장 옳지 않은 것은?

① 생산요소 간의 대체탄력성은 항상 1이다.
② 규모에 대한 수익은 항상 감소한다.
③ 동차함수(homogeneous function)이다.
④ 확장경로(expansion path)는 항상 직선이다.
⑤ CES(Constant Elasticity of Substitution) 함수의 일종이다.

해 설

Cobb-Douglas 생산함수 $Q=AL^{a}K^{b}$에서 a+b=1일 때 1차 동차함수이고 보수 불변이다. a+b>1이면 규모에 대한 보수 증가, a+b<1이면 규모에 대한 보수 감소이다.
생산함수가 동차함수이면 확장경로는 원점을 통과하는 직선이다.

 답 ②

✔ CES(constant elasticity of substitution)생산함수

요소대체탄력성이 0과 무한대가 아닌 상수 값을 지닌 생산함수, 한계기술대체율이 체감하는 생산함수, 규모보수가 일정한 1차동차생산함수

---

18 평균고정비용과 평균가변비용

① **평균고정비용(AFC : Average Fixed Cost)** : 평균고정비용은 총고정비용을 생산량으로 나눈 값이므로 $AFC=\dfrac{TFC}{Q}$으로 정의된다. TFC가 상수이므로 생산량이 증가하면 AFC는 점점 감소하며 평균고정비용곡선은 직각쌍곡선의 형태이며 총고정 비용곡선에서 원점으로 연결한 직선의 기울기로 측정된다.

② **평균가변비용(AVC : Average Variable Cost)** : 평균가변비용은 총가변비용을 생산량으로 나눈 값이므로 $AVC=\dfrac{TVC}{Q}$과 같이 정의된다. AVC는 TVC곡선에서 원점에 연결한 직선의 기울기로 측정되며 평균가변비용은 처음에는 체감하다가 나중에는 체증하므로 AVC곡선은 U자 형태로 도출된다.

✔ 완전경쟁시장을 위한 조건

    ㉠ **제품의 동질성** : 수요공급분석에서 하나의 시장가격만이 존재한다.

    ㉡ **자유로운 진입과 퇴출** : 신규 기업이 해당산업에 진입하고, 나오는 것에 특별한 비용이 발생하지 않는다.

    ㉢ **가격수용자로서 수요자와 공급자** : 시장가격에 영향을 미칠 수 없는 기업이나 소비자이다.

    ㉣ 자원의 완전한 이동이 가능하고 완벽한 정보를 얻을 수 있다.

19 완전경쟁기업의 단기공급곡선

이윤극대화 생산량은 P(=MR)인 점에서 결정된다.

① **가격=P_0일 때** : P=MC는 A에서 달성 → q_0만큼 생산(A에서는 P > AC이므로 초과이윤 발생)

② **가격=P_1일 때** : P=MC는 B에서 달성 → q_1만큼 생산

    (B에서는 P=AC이므로 정상이윤 발생 : 손익분기점)

③ **가격=P_2일 때** : P=MC는 C에서 달성 → q_2만큼 생산

④ **가격=P_3일 때** : P=MC는 D에서 달성 → 생산 여부 불분명

    (P = AVC이므로 생산할 때와 생산을 하지 않을 때의 손실이 TFC로 동일)

⑤ **가격 < P_3일 때** : 가변비용도 회수할 수 없으므로 생산포기 – 생산중단점

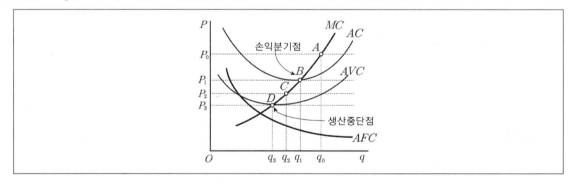

20 독점(獨占)시장

① 독점시장 발생의 원인

- 경제·기술적 요인에 의한 진입장벽 : 생산요소(광산, 토지 등)의 독점적 소유, 규모의 경제로 자연독점 발생(전기, 전화, 철도, 수도사업), 작은 시장규모, 기술혁신
- 제도·행정적 요인에 의한 진입장벽 : 특허권, 정부의 독점권 부여(담배인삼공사), 정부의 인허가
- 독점의 특징 : 시장 지배력을 가진 가격결정자, 우하향의 수요곡선, 경쟁 압력의 부재

② 독점시장의 단기균형

- 독점기업은 한계수입과 한계비용이 만나는 점에서 가격과 수량이 결정된다.
- 단기에 독점기업은 초과이윤, 정상이윤, 손실 중 어느 것도 가능하다.
- 완전경쟁시장에서는 가격(P)=한계비용(MC)이 성립한다. 하지만 독점시장은 P>MC가 성립한다.
- 가격과 한계비용의 불일치로 인해 독점시장에서는 사회적 후생손실이 발생한다.
- 독점시장의 단기공급곡선은 존재하지 않는다.

③ 가격차별(price discrimination) : 독점기업은 가격결정자로서 가격차별화가 가능하며 다음의 가격차별의 조건을 구비해야 한다.

- 소비자를 각각 상이한 그룹으로 구분이 가능해야 한다.
- 구매자 간 상품의 전매가 불가능하여야 한다.
- 판매자가 시장지배력을 행사해야 한다.
- 서로 다른 그룹으로 구분된 시장, 수요자군의 가격탄력성은 모두 달라야 한다.
- 시장을 구분하는 데 소요되는 비용이 가격차별의 이익보다 작아야 한다.

독점기업의 가격차별에 관한 설명으로 옳지 않은 것은?

① 독점기업이 시장에서 한계수입보다 높은 수준으로 가격을 책정하는 것은 가격차별전략이다.
② 1급 가격차별 시 사중손실(deadweight loss)이 0이 된다.
③ 2급 가격차별의 대표적인 예로 영화관 조조할인을 들 수 있다.
④ 3급 가격차별 시 수요의 가격탄력성이 상대적으로 작은 시장에서 더 높은 가격이 설정된다.
⑤ 3급 가격차별 시 이윤극대화를 달성하려면 한 시장에서의 한계수입은 다른 시장에서의 한계수입과 같아야 한다.

해 설

영화관 조조할인은 3급 가격차별의 대표적인 예이다. 2급 가격차별의 대표적인 예로는 전기요금, 수도요금 등을 들 수 있다.

② 1급 가격차별 시 소비자잉여가 0이 되고, 수요곡선이 한계수입(MR)곡선과 일치하므로 생산량은 완전경쟁과 동일하여 사중손실(deadweight loss)이 0이 된다.

③ 3급 가격차별 시 수요가 탄력적인 시장에서는 낮은 가격을, 수요가 비탄력적인 시장에서는 높은 가격을 설정한다.

⑤ 3급 가격차별 시 이윤극대화를 달성하려면 각 시장에서의 한계수입이 같아지도록 각 시장에서의 판매량을 결정하여야 한다.

답 ③

④ **독점적 경쟁시장의 특성**

• 시장 내에 다수의 기업이 존재하므로 개별기업은 다른 기업들의 행동 및 전략을 고려하지 않고 독립적으로 행동하나, 가격 면에서 치열한 가격경쟁을 벌인다.

• 독점적 경쟁기업은 상표, 품질, 포장, 디자인, 기능 등에서 약간씩 차이가 있는 재화를 생산한다 (소비자의 다양한 욕구를 충족시킨다).

• 진입과 탈퇴가 자유롭기 때문에 초과이윤이 발생하면 새로운 기업의 진입이 이루어지고, 손실이 발생하면 일부 기업이 퇴거한다.

21 과점(寡占)시장

① 소수의 기업이 시장수요의 대부분을 공급하는 시장형태. 과점시장에서는 기업 수가 소수이므로 개별기업이 시장에서 차지하는 비중이 상당히 높으며, 한 기업의 생산량 변화는 시장가격과 다른 기업이윤에 큰 영향을 미친다. 공급자가 단 둘뿐인 복점시장(duopoly)도 과점시장에 해당한다.

② **과점시장의 특징** : 기업 간의 상호의존성, 비가격경쟁, 다양한 비경쟁행위 경향, 진입장벽 존재

✔ 베르뜨랑(Bertrand) 모형

㉠ 가정

• 재화생산의 한계비용은 0으로 일정하다. MC＝0으로 둔 것은 분석의 편의를 위한 가정이다.

• 각 기업은 상대방이 현재의 가격을 그대로 유지할 것으로 보고 자신의 가격을 결정한다.

• 두 기업 모두 가격의 추측된 변화(CVP)는 0이라고 가정한다.

㉡ 내용

• 기업 A가 한계비용보다 높은 P_0의 가격을 설정한다면, 기업 B는 P_0보다 약간 낮은 P_1의 가격을 설정하여 모든 소비자를 유인하는 것이 가능하다.

• 그렇게 되면 기업 A는 P_1보다 조금 낮은 P_2의 가격을 설정함으로써 다시 시장수요 전부를 차지하는 것이 가능하다.

• 각 기업이 모두 상대방보다 약간씩 낮은 가격을 설정하려고 하면 결국 가격은 한계비용과 같아지고, 두 기업의 이윤은 모두 0이 된다.

㉢ 평가 : 두 기업이 생산하는 재화가 완전히 동질적이고, 기업의 비용조건이 동일하다는 비현실적인 가정에 입각하고 있어 현실의 설명력이 낮다.

✔ 쿠르노(Cournot) 모형

㉠ 경제학자 쿠르노가 주창한 과점 모형으로 시장에 두 개의 기업이 있는 경우를 분석하는 모형. 두 기업 모두 생산량의 추측된 변화(CVQ)는 0이라고 가정한다.

㉡ 쿠르노 모형의 특징은 상대 기업이 현재의 산출량을 그대로 유지할 거라는 가정하에 자신의 행동을 선택한다는 것. 따라서 두 기업 모두 추종자(follower)로서 행동한다.

㉢ 쿠르노 모형에서 두 기업 전체의 생산량은 완전경쟁시장 수준의 2/3 정도만 생산

✔ 슈타켈버그(Stackelberg) 모형

쿠르노 모형과 다르게 두 기업 중 선도자가 있는 경우를 가정한다.

㉠ 두 기업 모두 선도자로 행동하는 경우 : 전쟁 상태로 균형이 결정되지 않음 → 불균형 상태

㉡ 추종자의 생산량 변화에 선도자가 영향받지 않으므로 추종자의 생산량 추측변이는 0이라고 가정

㉢ A가 선도자이고, B는 추종자일 경우 : 선도자 생산량은 완전경쟁의 1/2, 추종자 생산량은 완전경쟁의 1/4, 즉 전체 생산량은 완전경쟁의 3/4 정도만 생산

※ 완전경쟁시장일 때의 생산량을 Q라고 가정하면

• 독점은 Q×(1/2) 생산

• 쿠르노 과점은 Q×(2/3) (두 기업이 각각 1/3씩 생산)

• 슈타켈버그 과점은 Q×(3/4) (선도기업이 1/2, 추종기업이 1/4 생산)

• 베르뜨랑 과점은 Q만큼 생산

✔ 굴절수요곡선 모형 추측변이(CV)

가격 인상 시 다른 기업은 가격을 따라 올리지 않지만(CVP=0), 가격 인하 시 다른 기업도 따라서 가격을 내리므로 가격 인하 시의 추측된 변화는 0보다 크다(CVP>0).

✔ 카르텔(cartel)

과점기업 간 협약관계에 의한 기업연합을 의미하며 각각의 기업은 법률 및 경제적 독립성을 유지하며 협약에 의한 결합을 유지한다. 카르텔을 통해 과점기업들은 더 많은 이윤을 확보하고 새로운 경쟁자의 진입을 저지할 수 있다.

- 카르텔의 붕괴유인 : 카르텔의 협정을 위반하면 더 많은 초과이윤이 보장되는 경우, 담합이 복잡하거나 담합위반의 보복정도가 낮을 경우.
- 카르텔 사례 : 정유분야, 자동차분야, 라면분야 등

✔ X-비효율성(X-Inefficiency)

경쟁이 제약됨으로써 독점기업은 생산비용을 낮추려는 노력을 상대적으로 게을리하게 된다. 즉, 평균비용보다 높은 비용으로 생산하는 경우가 일반적인데, 이때 평균비용보다 높은 비용으로 생산함으로써 비효율성이 발생한다.

✔ 후방굴절 노동공급곡선은 임금이 상승할 때 노동공급이 감소하는 경우를 나타낸 것

임금이 상승하면 노동이 감소하는 구간 즉, 노동공급곡선이 후방으로 굴절하는 구간은 바로 소득효과가 대체효과보다 큰 경우이다.

✔ 임금상승에 따른 소득효과와 대체효과

- 대체효과 : 임금상승 → 여가의 상대가격 상승 → 여가소비 감소 → 노동공급 증가
- 소득효과 : 임금상승 → 실질소득의 증가 → 여가소비 증가 → 노동공급 감소

* 여가가 열등재가 되면 실질소득이 증가할 때 여가소비가 감소하므로 소득효과도 노동공급을 증가시키게 된다. 따라서 여가가 열등재인 경우에는 소득효과와 대체효과 모두 노동공급을 증가시키므로 노동공급곡선이 후방굴절형이 되기 위해서는 여가가 정상재이어야만 한다.

22 **우월전략과 내쉬균형**

① **우월전략균형** : 상대방의 전략과는 관계없이 자신의 이윤을 크게 만드는 전략. 하나의 균형만이 존재

② **내쉬균형(Nash equilibrium)** : 각각의 경기자가 상대방의 전략을 주어진 것으로 보고 최적인 전략을 선택할 때 나타나는 균형을 말하는 것으로 균형이 하나 이상도 존재한다. 내쉬균형 상태에서는 상대방의 효용의 손실 없이는 자신의 효용을 증가시킬 수 없기 때문에 파레토 최적을 이룬다.

③ **게임 이론** : 의사결정 시 상대방의 반응, 전략적 상황까지 고려하여 도달 가능한 균형을 분석하기 위한 이론으로, 내쉬균형은 게임 이론에서 가장 일반적으로 사용하는 균형 개념이다.

> 우월전략균형은 모두 내쉬균형에 포함된다. 그러나 우월전략균형이 없어도 내쉬균형은 존재할 수 있다. 내쉬균형은 여러 개가 존재할 수도 있기 때문에 우월전략균형이 아닌 내쉬균형도 있을 수 있다. 또한 죄수의 딜레마는 우월전략균형이자 내쉬균형이다. 모든 내쉬균형이 항상 파레토최적은 아니며, 죄수의 딜레마는 파레토 비효율적인 내쉬균형이자 우월전략균형인 것이다.

* 파레토최적(Pareto's law) : 다른 사람의 효용 손실 없이는 자신의 효용을 증가시킬 수 없는 상태

✔ **경제적 지대(economic rent)와 준지대(quasi-rent)**

　㉠ **경제적 지대** : 공급이 제한되어 있는 또는 공급탄력성이 극히 낮은 생산요소(토지·노동·자본)에 발생하는 추가적 소득. 즉 자원이 대체적인 다른 어떤 사용처로부터 얻을 수 있는 수익을 초과한 몫

　㉡ **준지대** : 총수입에서 가변요소비용을 뺀 값을 말한다. 장기에는 고정생산요소가 존재하지 않기 때문에 준지대는 단기적인 개념이며, 고정비용과 이윤의 합으로 구성된다.

　∴ 준지대＝총수입－총가변비용＝총고정비용+초과이윤

23 **소득재분배**

① 10분위 분배율＝$\dfrac{\text{하위 40\% 인구의 소득누적비율}}{\text{상위 20\% 인구의 소득누적비율}}$

십분위 분배율은 0과 2사이의 값을 가지며 값이 작을수록 소득분배가 불균등하다.

② **로렌츠곡선(Lorenz curve)** : 계층별 소득분포자료에서 인구의 누적점유율과 소득의 누적점유율 사이의 대응관계를 나타낸 것.

• 소득분배가 균등할수록 로렌츠곡선은 직선에 가까워진다.

• 소득분배가 불균등할수록 로렌츠곡선은 직각굴절선에 가까워진다.

③ 지니계수는 0에서 1사이의 비율을 가지며, 1에 가까울수록 불평등도가 높은 상태를 나타낸다.

지니계수는 값이 클수록 불균등한 상태를 나타낸다. 지니 계수는 0.40 미만이면 고른 균등 분배, 0.40에서 0.50 사이이면 보통의 분배를 나타내며, 0.5 이상이면 저균등 분배를 의미한다.

④ 엥겔의 법칙(Engel's law)은 저소득가정일수록 전체의 생계비에 대한 식료품비가 차지하는 비중이 높아지는 현상을 말한다. 그러므로 소득이 증가함에 따라 전체의 생계비 중에서 음식비가 차지하는 비중이 감소하는 현상으로 소득분배와는 무관하다.

예제 7

소득 불평등 지표에 대한 설명으로 옳지 않은 것은?
① 십분위분배율의 값이 커질수록 더 평등한 분배 상태를 나타낸다.
② 로렌츠 곡선이 대각선에 가까워질수록 소득분배는 평등하다.
③ 앳킨슨지수는 값이 클수록 소득분배가 평등하다.
④ 로렌츠곡선이 대각선과 일치할 경우 지니계수는 0이다.
⑤ 지니계수의 값이 클수록 소득분배는 불평등하다는 것을 나타낸다.

해 설
앳킨슨지수는 그 사회의 소득분배가 얼마나 공평한가는 그 사회 구성원들이 분배상태에 대해 얼마나 만족하고 있는가에 의해 결정되는 주관적인 개념이라고 보고 이를 측정하는 지수이다.
앳킨슨지수(A)
$=1-(\dfrac{균등분배대등소득}{실제평균소득})$로 0과 1사이의 값을 가지며, 값이 클수록 소득분배가 불평등하다.

답 ③

---

24 파레토 효율성(Pareto efficiency)과 차선이론

① 하나의 자원배분상태에서 다른 어떤 사람에게 손해가 가도록 하지 않고서는 어떤 한 사람에게 이득이 되는 변화를 만들어내는 것이 불가능할 때 이 배분상태를 파레토 효율적이라고 한다.

② 차선 이론(theory of second best) : 자원배분의 파레토효율성을 달성하기 위한 모든 조건이 동시에 충족되지 않는 상황에서는, 그 중에서 더 많은 효율성조건을 충족시킨다고 해서 사회적으로 더 바람직한 상태가 되는 것은 아님을 보여주는 이론

✔ 왈라스 법칙(Walars' law)
화폐를 교환의 매개수단으로 하는 시장에 있어서는 재화를 사는 일은 화폐를 공급하는 것이며, 재화를 파는 일은 화폐를 수요하는 것이다. 따라서 화폐 이외의 재화의 총수요가 총공급을 초과하면 이는 화폐의 총공급이 총수요를 초과함을 의미한다.

✔ 후생경제학 제1정리와 제2정리

    ㉠ 후생경제학 제1정리 : 모든 소비자의 선호체계가 강단조성을 지니고, 외부성 및 공공재 등의시장 실패 요인이 존재하지 않는다면 일반경쟁균형(왈라스균형)의 자원배분은 파레토 효율적이다.

    ㉡ 후생경제학 제2정리 : 초기부존자원이 적절히 분배된 상태하에서 모든 소비자의 선호체계가 볼록성을 가지면 파레토효율적인 배분은 일반경쟁균형이 된다.

✔ 에지워스 박스(Edgeworth box)

두 종류의 재화를 소비하는 두 소비자를 고려할 때, 각 사람에게 돌아갈 수 있는 모든 가능 배분을 나타내는 사각형 모양의 도형 또는 두 생산방식에 투입되는 두 생산요소의 모든 가능 배분을 나타내는 도형. 영국의 경제학자 에지워스(Edgeworth, F. Y.)의 이름을 따서 붙인 용어이다.

25   애로우(Arrow)의 불가능성 정리(impossibility theorem)

개개인의 선호순서(효용함수)에 대해 모두 알고 있는 상태에서조차 완비성과 이행성, 비제한성, 파레토원리, (무관한 선택대안으로부터의) 독립성, 비독재성의 조건을 언제나 완벽하게 만족시키는 사회후생함수를 만들어내는 것은 불가능하다는 것

✔ 코즈의 정리(Coase theorem)

    ㉠ 외부효과의 경우 개인 간 협상비용이 무시할 수 있을 정도로 작고 협상으로 인한 소득 재분배가 외부효과에 관한 각 개인의 한계효용에 영향을 미치지 않는다면 소유권이 누구에게 귀속되는가에 관계없이 당사자 간의 자발적 협상에 의하여 외부성문제가 해결될 수 있다는 것.

    ㉡ 정부의 역할은 외부성문제에 직접적 개입보다 당사자 간의 협상이 원활하게 진행될 수 있도록 제도적 · 행정적 뒷받침을 해주는 것으로 한정되어야 한다고 본다. 그러나 현실적으로는 협상비용의 과다, 외부성의 측정문제, 거래당사자의 모호성, 정보의 비대칭성, 협상능력의 차이 등으로 인해 문제해결이 어렵다.

✔ 쿠츠네츠(Kuznets)의 U자 가설 : 경제발전단계와 소득분배균등도 사이의 관계를 나타내는 가설

    ㉠ U자의 의미 : 세로축에 소득분배균등도, 가로축에는 경제발전단계를 표시하면 소득분배상태의 변화가 U자 모양이 되므로 'U자 가설'이라고 한다.

    ㉡ 세로축을 소득분배불균등도로 바꾸면 U자를 엎어놓은 모양이 되므로 '역 U자 가설'이라고도 한다.

26 **정부실패와 시장실패**

① **정부실패**(government failure) : 시장실패를 교정하기 위한 정부의 시장개입이 오히려 바람직스럽지 못한 결과를 초래하는 것. 정부개입으로 인해 자원배분이 그 이전보다 더 비효율적이 되거나 소득분배불공평이 심화되는 현상을 의미한다.

　• 정부실패의 원인 : 정보 부족, 관료제도의 문제, 정치과정의 문제, 민간부문 반응의 변화 등

② **시장실패** : 가격기구의 조절작용으로 자원의 효율적 배분이 이루어질 수 없는 상태로 자원의 효율적 배분이 이루어지더라도 소득분배가 불공평한 상태

　• 시장실패의 원인 : 시장의 불완전성, 자연독점, 공공재 존재, 외부성, 비대칭정보 등

　　＊ 시장이 완전하더라도 소득분배가 불공평할 수 있다.

27 **정보의 비대칭성**

경제주체들이 보유하고 있는 재화의 특성 등에 관한 정보수준이 서로 다른 경우

① **감추어진 특성**(hidden characteristics, hidden type)의 형태 : 거래 당사자 사이에 한쪽이 상대방의 특성이나 거래하는 재화 품질에 대하여 잘 모르고 있는 상황 → '역선택' 문제 발생

　예 중고차 시장 : 상태가 나쁜 자동차 거래
　　보험시장 : 사고 가능성이 높은 사람들만 보험 가입
　　금융시장 : 위험사업에 투자하려는 투자자만 대출하는 것 등
　　→ 대책 : 선별, 신호발송, 신용할당 등

② **감추어진 행동**(hidden action)의 형태 : 거래 이후에 거래 당사자 중 어느 한쪽의 행동을 상대방이 관찰할 수 없거나 통제가 불가능한 상황 → '도덕적 해이(주인-대리인 문제)' 문제 발생

　예 노동시장에서 취업하고 근무를 게을리 하는 경우, 보험가입 후 사고예방을 게을리 하는 경우 등 → 대책 : 유인설계, 공동보험, 기초공제, 담보, 효율성 임금 지급 등

✔ **도덕적 해이**

　대리인이 주인의 의지와는 반대로 자신의 이익을 높이기 위해서 이윤을 높이기보다는 매출액을 높이는 등 안전 위주의 전략을 취한다든가, 근무태만 등의 허술한 행동을 보이는 것

✔ **주인-대리인 문제**(principal-agent problem)

　감추어진 행동이 문제가 되는 상황에서 주인의 입장에서 볼 때 대리인이 바람직스럽지 못한 행동을 하는 현상

　㉠ 발생원인 : 대리인이 주인의 목적을 달성하기 위하여 노력할 유인(incentive)이 없기 때문이다.

ⓒ 해결방안 : 대리인이 주인의 이익을 극대화하도록 행동하는 것이 대리인 자신에게 유리하도록 보수체계를 설계하는 것을 유인설계(incentive design)라고 한다.

✔ 역선택(adverse selection)

ⓐ 비대칭적 정보의 상황하에서 정보를 적게 가진 측의 입장에서 상대적으로 손해 볼 가능성이 높아지는 현상

> **예** 중고차 시장에서, 판매자가 구매자보다 중고차의 상태를 더 잘 알고 있어 역선택을 초래할 수 있다.

ⓐ 역선택의 해결방안

• 신호발송(signaling) : 정보를 많이 가지고 있는 자가 정보를 덜 가진 상대방의 역선택을 줄이기 위해서 신호를 발송하는 것. **예** 중고차시장: 중고차 무상수리, 취업시장: 자격증 획득 등

• 선별(screening) : 정보를 적게 가진 자가 주어진 자료를 바탕으로 상대방의 감추어진 특성을 파악하려는 행동. **예** 보험회사에서 건강진단서를 요구하는 행동

✔ 르 샤틀리에의 법칙(Le Chatelier's principle)

화학 평형계의 평형을 정하는 변수(온도와 압력 등)의 하나에 변화가 가해졌을 때 계가 어떻게 반응하는가를 설명한 것. 즉 화학 평형에 있는 계는 평형을 정하는 인자의 하나가 변동하면 변화를 받게 되는데, 그 변화는 생각하고 있는 인자를 역방향으로 변동시킨다는 법칙

예제 7

정보의 비대칭성의 원인, 문제, 사례 및 해결책이 바르게 연결된 것은?

	원인	문제	사례	해결책
①	숨겨진 특징	역선택	신규차 시장	성과급
②	숨겨진 특징	도덕적 해이	중고차 시장	강제보험
③	숨겨진 특징	도덕적 해이	통신시장	선택요금
④	숨겨진 행위	역선택	노동시장	최저임금
⑤	숨겨진 행위	도덕적 해이	주인과 대리인	유인설계

해 설

비대칭적 정보 하에서 감추어진 사전적 특성은 역선택을, 감추어진 사후적 행동은 도덕적 해이를 유발한다. 주인-대리인 문제는 대표적인 도덕적 해이의 문제이다. 이를 해결하는 방법으로 유인설계, 성과급제도, 감시강화 등을 들 수 있다.

답 ⑤

01 국민소득과 GDP

국민소득이란 한 나라의 생산물의 흐름의 가치를 어느 일정기간을 두고 집계한 것들을 의미한다.

① **국내총생산**(GDP : Gross Domestic Product) : '가계, 기업, 정부'라는 경제주체가 한 나라에서 생산해 낸 것을 돈으로 계산해서 합한 것

② **국민총소득**(GNI : Gross National Income) : 1년 동안에 한 나라 국민이 벌어들인 소득을 합한 것

✔ 국내총생산(GDP)은 일정 기간 동안이므로 유량 개념이 포함되며 영토를 기점으로 한 속지주의 개념이 포함된다. 따라서 국경 내에서의 생산이라면 생산의 주체가 자국인인지 외국인인지는 고려하지 않는다.

- GDP는 최종생산물에 대한 가치이므로 중간생산물은 GDP집계에 포함되지 않는다.
- 주부의 가사업무는 GDP에서 제외되나 가사도우미의 가사업무는 GDP에 포함된다.
- 주택을 새로 건설한 것은 GDP에 포함되나 기존의 주택을 제3자에게 판매한 것은 GDP에 포함되지 않는다.

예제 1

다음 중 GDP 개념과 관련하여 옳은 설명을 모두 고르면?

> ㉠ 일정기간 동안 국내에서 새로이 생산된 최종생산물의 시장가치를 모두 더한 것이다.
> ㉡ GDP는 일정기간 동안 측정되므로 유량변수이다.
> ㉢ 국내의 외국인 기업의 생산도 GDP에 산정된다.
> ㉣ 가계의 새로 건축된 주택의 구입은 가계소비에 해당한다.
> ㉤ 자가주택으로부터의 주거서비스는 GDP에 산정되지 않는다.
> ㉥ 가사서비스 생산은 시장에서 생산된 것이 아니므로 GDP에 산정되지 않는다.
> ㉦ 빈곤층을 위한 정부 보조금 지출은 GDP 산정에 포함되지 않는다.
> ㉧ 연말까지 팔리지 않은 중간재 생산량은 GDP 산정에 포함되지 않는다.

① 3개
② 4개
③ 5개
④ 6개
⑤ 7개

해 설

가계가 새로 신축된 주택을 구입에 지출한 금액은 소비지출이 아니라 국내 총투자로 집계된다. 자가주택에서 얻는 서비스의 가치인 귀속임대료는 시장에서 거래되지 않지만 GDP에 집계된다. 원칙적으로 중간생산물은 GDP에 집계되지 않지만 예외적으로 연말까지 팔리지 않은 중간생산물은 일단 최종생산물로 간주되어 GDP에 집계된다.

답 ③

✔ GDP갭 = 잠재GDP − 실제GDP

• 실제GDP : 한 나라 국경 안에서 실제로 생산된 모든 최종생산물의 시장가치

• 잠재GDP : 한 나라에 존재하는 노동과 자본 등의 모든 생산요소를 정상적으로 고용할 경우 달성할 수 있는 최대의 GDP

✔ GDP디플레이터 $=\dfrac{\text{비교연도의 } GDP}{\text{기준연도의 } GDP}\times100$

✔ 디플레이션 갭(deflation gap)

완전고용국민소득보다 낮은 균형소득 아래서 완전고용국민소득의 달성에 필요한 총수요(유효수요)의 부족분. 디플레이션 갭만큼 총수요를 증가시키면 완전고용이 달성된다.

✔ 고전학파의 화폐수량설

• 교환방정식 : 일정 기간 동안의 총 거래액(PT)과 일정 기간 동안의 총 지출액(MV)은 항상 일치한다. 따라서 교환방정식은 항등식이다. MV=PT

• 일반적인 교환방정식 : 거래량(T)은 국민소득(Y)에 비례하므로 원래의 교환방정식의 T를 Y로 대체하면 다음과 같이 나타낼 수 있다. MV=PY

• 물가이론 : 교환방정식에서 Y와 V가 일정하므로 M이 증가하면 P가 정비례하여 상승한다.

✔ 케인즈 단순모형 가정

㉠ 경제에 잉여생산능력이 존재한다.

㉡ 충분한 잉여생산능력을 보유하고 있으므로 수요가 증가하더라도 물가는 고정되어 있다고 가정한다.

㉢ 소비는 소득의 함수이며, 한계소비성향은 0과 1 사이이다.

㉣ 기업의 투자지출, 정부지출, 순수출이 모두 외생적으로 주어진다.

✔ 절약의 역설(paradox of thrift)

케인즈는 사람들이 저축을 더 많이 하면 할수록 국가 전체로서는 반드시 저축이 증가하지는 않는다고 지적하였다. 즉, 가계가 미래소득을 증가시키는 방법은 장래소비를 더욱 증대시키기 위하여 현재소비의 일부를 저축하는 것이다. 가계가 저축하는 가장 근본적인 동기는 생산자원을 더 많이 축적시켜 미래소득을 증대시키려는 것이다.

✔ 공급중시 경제학

스태그플레이션 상황 하에서 확대정책을 실시했을 때 물가만 오르고 소득은 오르지 않아 총수요확대정책이 실효를 거두지 못했다. 이에 공급중시 경제학파는 공급을 늘림으로써 물가를 안정시키고 생산과 고용을 확대시킬 것을 주장하였다.

• 정책수단

−세율을 낮춰서 비용부담을 줄이면 생산과 공급이 증가한다.

−소득재분배 제도를 축소, 철폐함으로써 비용부담을 줄이고 노동의욕을 높인다.

✔ 오스트리아 학파

국가가 경제에 개입하면 합리적인 가격결정을 하지 못하게 되어, 전체주의가 되고 노예(예종)의 길로 들어서게 된다고 하여 정부 개입을 극단적으로 배격한다. 화폐와 신용 부분의 불균형과 비생산적인 부분으로 자금이 이동하여 경기변동을 촉발한다고 주장한다.

02 케인즈의 절대소득가설

① 가정
  • 소비의 독립성 : 특정 개인의 소비는 자신의 소득에 의해서만 결정되며, 타인의 소비행위와는 독립적이다.
  • 소비의 가역성 : 소비지출이 소득수준에 따라 자유롭게 변화한다.

② 내용
  • 소비함수 : $C = C_0 + CY$
  • 한계소비성향은 0과 1 사이 : 소득이 증가하면 소비도 증가하나 증가된 소득의 일부만 소비된다.
  • 소비함수가 소비축을 통과하므로 소득이 증가할수록 소비함수에서 원점으로 연결한 직선의 기울기로 측정되는 평균 소비성향이 감소한다(APC〉MPC).

✔ 쿠츠네츠(Kuznets)의 실증분석
  • 횡단면분석 : 소득수준이 높을수록 APC가 감소한다.
  • 단기시계열분석 : 호황기에는 APC가 낮고, 불황기에는 APC가 높다.
  • 장기시계열분석 : 장기에는 APC가 일정하다.
  • 의미
  −단기에 있어서 APC>MPC라는 것은 단기소비함수가 소비축을 통과하는 직선의 형태임을 의미한다.

−장기에는 APC=MPC이므로 장기소비함수는 원점을 통과하는 직선의 형태이다.

−소득이 증가함에 따라 단기소비함수가 상방으로 이동한다.

03 절대소득가설에 의한 소비함수의 특징

• 소득이 증가하면 소비지출도 증가하지만 소비의 증가는 소득의 증가보다 작다. 0<MPC<1이다.
즉, 소득이 증가하면 소비와 함께 저축도 증가한다는 것이다. 소득증가분의 일부는 소비의 증가로, 그리고 나머지는 저축의 증가로 처분된다.

• 소득이 증가하면 소득 중에서 소비가 차지하는 비율, 즉 APC가 감소한다.

> (사례) 상금 50만 원을 받았다고 가정하면 절대소득가설 하에서 상금 50만 원으로 인한 소득증가는 소비를 증가시킨다. 그러나 한계소비성향이 1보다 작으므로 50만 원보다는 적게 증가한다.
> 항상소득가설에서 50만 원의 상금은 임시소득의 증가이므로 소비는 이에 거의 영향을 받지 않는다.

• 소득이 증가하면서 한계소비성향은 감소한다. 즉, 소비함수가 원점에 대하여 오목한 형태로 나타난다.

04 프리드만(Friedman)의 항상소득가설

① 항상소득과 임시소득

• 항상소득(Yp) : 정상적인 소득흐름으로 볼 때 확실하게 기대할 수 있는 장기적인 기대소득으로 어떤 개인이 자신의 인적 자산과 금융자산에서 매기마다 발생하리라고 예상하는 평균수입을 의미한다. 일반적으로 현재 및 과거의 소득을 가중평균하여 구한다(적응적 기대).

• 임시소득(Yt) : 비정상적인 소득으로 예측 불가능한 일시적인 소득이다. 단기적으로는 (+) 혹은 (−)이나 장기적으로는 평균이 0이다.

② 소비의 결정요인

실제소비는 주로 항상소득(Yp)에 의하여 결정되며, 임시소득(Yt)은 소비에 별로 영향을 미치지 않는다. 그러므로 임시소득의 변화는 저축에 큰 영향을 미친다.

05 **안도–모딜리아니의 생애주기가설**

소비자는 일생동안 일정한 소비를 유지하기 위해 소비에 비해 소득이 적은 유년기와 노년기에 (−)저축을 하고, 소비에 비해 소득이 많은 중년기에는 (+)저축을 한다는 것이다.

06 **듀젠베리의 상대소득가설**

• 소비의 상호의존성 : 다른 사람의 소비형태와 자신의 과거 소비습관에 의해서 영향을 받음

• 단기 소비함수는 APC>MPC, 장기소비함수는 APC=MPC

• 소비함수의 비대칭성 : 다른 사람의 소비에 영향을 받기 때문에(전시효과), 소득이 감소해도 소비는 감소하지 않는 형태(톱니효과)를 보인다.

예제 2

소비이론에 관한 설명으로 옳지 않은 것은?

① 항상소득가설에 따르면 항상소득의 한계소비성향이 임시소득의 한계소비성향보다 크다.
② 상대소득가설은 소비의 가역성과 소비의 상호의존성을 가정한다.
③ 케인즈의 소비함수에 따르면 평균소비성향은 한계소비성향보다 크다.
④ 생애주기가설에 따르면, 소비는 일생동안의 소득의 흐름에 의해서 결정된다.
⑤ 쿠즈네츠(Kuznets)의 실증분석에 따르면, 장기에는 평균소비성향이 한계소비성향과 동일하다.

해 설

상대소득가설은 사람들의 소비가 자신의 절대적인 소득수준보다는 다른 사람들의 소득수준이나 자신의 서로 다른 시점 간 소득을 비교한 상대소득에 의해 결정된다는 가설이다. 자신의 소득만이 아니라 다른 사람의 소득과 비교하여 소비를 결정하는 것을 전시효과(소비의 상호의존성)라고 하며, 소비 수준이 일단 올라가면 다시 쉽게 내려가지 않아(소비의 비가역성) 과거의 최고 소득수준에 영향을 받는 것을 톱니효과라고 한다.

답 ②

✔ 임의보행가설(취중보행가설, random walk)

주가와 같은 예측 불가능한 자산가격의 변화는 과거의 변화나 어떤 패턴에 제약을 받지 않고 독립적으로 움직인다는 가설

07 피셔의 가설(Fisher hypothesis)

피셔 가설에 따르면 '명목이자율 = 실질이자율 + 예상인플레이션'으로 나타낼 수 있으므로 인플레이션율이 상승하면 실질이자율이 아니라 명목이자율이 상승한다. 실질변수가 통화량과 무관하게 결정되는 것을 화폐의 중립성(neutrality of money)이라고 한다.

① **순현재가치법**(NPV : Net Present Value)

투자로 인해 발생하는 현금흐름의 유입액을 현재가치로 할인하여 모두 더한 값에서 투자금을 차감한 것을 순현재가치라고 부르며, 이러한 순현재가치를 이용하여 투자안을 평가하는 것이 순현재가치법이다.

② **내부수익률**(IRR: Internal Rate of Return) : 투자의 순현재가치가 0이 되게 하는 할인율

즉, 투자비용과 투자로부터 얻는 수입의 현재가치가 같아지도록 만드는 할인율을 의미한다. 내부수익률은 일종의 투자의 순수익률에 해당한다. 내부수익률을 계산한 후 기준이 되는 이자율과 이를 비교해서 투자의 내부수익률이 기준이자율보다 높으면 투자를 행하도록 결정하는 것이 내부수익률법이다. 여기서 기준이자율은 어느 투자이건 적어도 그 이상의 수익률은 보장해야 한다는 일종의 최저수익률이다.

예제 3

피셔효과(Fisher effect)에 대한 설명으로 옳지 않은 것은?

① 실질이자율이 변화하지 않을 때 성립한다.
② 인플레이션율이 변화하면 명목이자율도 같은 폭으로 변하는 현상을 의미한다.
③ 통화당국은 피셔효과에 근거하여 실질이자율을 결정함으로써 통화정책을 수행한다.
④ 상대적으로 단기보다는, 예상 인플레이션율이 실제 인플레이션과 같이 움직이는 장기에 성립한다고 볼 수 있다.

해 설

통화정책은 1차적으로 명목이자율을 결정하는 것이기 때문에 통화당국은 실질이자율을 직접적으로 결정할 수는 없다. 피셔효과는 실질이자율이 일정한 것을 전제로 하기 때문에 피셔효과에 근거하여 실질이자율을 결정한다는 것도 올바르지 못한 내용이다.

답 ③

08 ｜ 토빈의 q(Tobin's q) 이론

주식시장에서 평가된 기업의 시장가치를 기업 실물자본의 대체비용(순자산가치)으로 나눈 것을 의미하며, 설비투자의 동향을 설명하거나 기업의 가치평가에 이용된다.

$$q \text{ 값의 정의} = \frac{\text{주식시장에서 평가된 기업의 시장가치}}{\text{기업의 실물자본대체비용}}$$

✔ **투자결정**

구분	내용
q > 1	(주식시장에서 평가된 기업의 시장가치)>(기업의 실물자본의 대체비용) → 투자증가
q = 1	(주식시장에서 평가된 기업의 시장가치)=(기업의 실물자본의 대체비용) → 투자불변
q < 1	(주식시장에서 평가된 기업의 시장가치)<(기업의 실물자본의 대체비용) → 투자감소

예제 4

토빈의 q(Tobin's q)에 대한 설명으로 옳지 않은 것은?

① 토빈 q의 값은 기업의 실물자본의 대체비용(replacement cost)을 주식시장에서 평가된 기업의 시장가치로 나누어서 계산한다.
② 기업의 수익성, 경제정책 등 미래에 대한 기대가 투자에 큰 영향을 미친다는 것을 강조한다.
③ 주가변화와 투자변화 간에는 밀접한 관계가 있음을 강조한다.
④ 토빈은 q가 1보다 크면 기업이 투자를 확대한다고 주장한다.
⑤ 자본조정비용을 고려할 경우 감가상각률이 증가하면 투자는 감소한다

해 설

토빈의 q이론에서는 신고전학파의 투자이론에서 언급한 자본의 사용자비용을 원용하여, '토빈 q비율=기업의 시장가치(시가총액)/기업 실물자본의 대체비용(순자산가치)'으로 정의하여 이 값이 1보다 크면 투자를 늘린다고 하였다.

답 ①

---

09 ｜ 투자의 한계효율(MEI)곡선

① **MEI곡선의 도출** : 다수의 투자안이 존재하면 각 투자안에 대하여 투자의 한계효율계산이 가능하다. 투자의 한계효율이 가장 큰 투자안부터 나열하면 우하향의 MEI곡선이 도출된다.

② **투자의 결정** : m > r이면 투자 결정. 투자는 이자율의 감소함수이다.

③ **MEI곡선의 이동** : 기업가의 경기전망기대가 낙관적, 투자 비용감소, 기술진보 → MEI상승 → MEI곡선 상방 이동

✔ 케인즈의 내부수익률법

  ㉠ 개념 : 내부수익률(투자의 한계효율)과 이자율을 비교하여 투자를 결정한다는 케인즈의 투자결정 이론

  ㉡ 투자의 한계효율

    • 투자비용과 투자로부터 얻게 되는 수입의 현재가치가 같아지는 할인율로 다음의 식을 만족하는 m값을 의미한다.

$$C = PV = \frac{R_1}{(1+m)} + \frac{R_2}{(1+m)^2} + \cdots\cdots + \frac{R_n}{(1+m)^n}$$

    • 투자비용 C는 객관적으로 주어진 값이므로 투자의 한계효율(m)의 크기는 예상수입(R_1, R_2, …, R_n)에 의존한다.

    • 예상수입의 크기는 기업가의 장래에 대한 기대에 의존하므로 m값은 기업가의 예상에 의하여 결정

    • 투자결정의 원리

    m > r이면(NPV > 0) 투자 증가, m < r 이면(NPV < 0) 투자 감소, m=r이면 투자 중단

✔ 가속도의 원리(acceleration principle)

  유발투자를 가정하여 소득 혹은 소비변화가 발생할 때 투자가 훨씬 더 급속히 변화하는 경우를 설명하는 이론. 유휴시설이 존재하면 소득이 증가할 경우 기존의 유휴설비를 사용하게 되므로 유발투자가 일어나지 않는다.

10 통화지표

① M1(협의의 통화) : 가장 일반적인 지불수단인 민간보유 현금과 은행의 요구불예금(예금주의 요구가 있을 때 언제든지 지급할 수 있는 예금)의 합계를 가리킨다. 즉, M1은 현재 가지고 있는 현금처럼 지급을 요구하면 바로 빼 쓸 수 있는 요구불예금, 수시 입출식 저축성예금 등의 양을 의미하는 것이다.

② M2(총통화) : M1에 저축성예금과 거주자외화예금을 합계한 것을 말한다. 여기서 저축성예금이란 이자율은 높으나 약정기간이 경과해야 현금 인출이 가능한 예금을 말하며, 거주자외화예금은 우리나라 사람이 가진 외화를 예금한 것을 의미한다. M2는 시중 유동성을 가장 잘 파악할 수 있는 지표로 활용된다.

③ Lf(금융기관유동성) : 과거 M3라고 불렸던 것으로 M2에 만기 2년 이상 장기 금융상품과 생명보험 계약준비금, 증권금융 예수금을 더했다. M2에 비해 만기가 길어 저축의 성격도 강하지만 필요하면 쉽게 현금화할 수 있다는 공통점이 있다.

④ L(광의유동성) : 가장 넓은 의미의 지표로 정부와 기업이 발행한 각종 채권과 어음 등이 총망라된다. 금융 기관이 공급하는 유동성만을 포괄하고 있는 Lf를 포함한 한 나라 경제가 보유하고 있는 전체 유동성의 크기를 재는 지표다.

✔ 본원통화(High-Powered Money, Money Base)
- 중앙은행인 한국은행이 지폐와 동전 등 화폐발행의 독점적 권한을 통해 공급한 통화
- 본원통화를 조절하면 시중통화량이 조절되기 때문에 통화관리수단으로 이용
  - 본원통화 구성 : 현금통화 + 지급준비금 = 현금통화 + (시재금 + 지준예치금)
  $$= (현금통화 + 시재금) + 지준예치금$$
  $$= 화폐발행액 + 지준예치금$$
  - 예금은행 조직으로 흘러 들어간 본원통화는 신용창조과정을 통하여 그 몇 배에 해당하는 예금통화를 창조한다. 이러한 뜻에서 본원통화를 고성능화폐라고 한다.

✔ 리디노미네이션(Redenomination)
리디노미네이션은 화폐단위를 변경하는 것으로, 통용되는 모든 지폐와 동전의 액면을 1,000 대 1 또는 100 대 1 등과 같이 동일한 비율의 낮은 숫자로 변경하는 것을 뜻한다. 리디노미네이션을 단행할 경우 실질적인 의미에서 가치가 변동하거나 자산 규모가 줄어드는 것은 아니므로 리디노미네이션은 돈의 여러 가지 기능 중에서 가치척도 기능인 표시 단위를 변경하는 정책이라고 할 수 있다.

✔ 통화승수
본원통화 1단위가 이의 몇 배에 달하는 통화를 창출하였는가를 나타내는 지표로 통화량을 본원통화로 나누어 산출한다.

통화승수 $m = \dfrac{1}{c + z(1-c)}$ 로 나타낼 수 있는데, 지급준비율이 100%라면 현금통화비율(c)은 0이고, z = 1이므로 통화승수는 m=1이 된다. 보통의 경우에는 통화승수가 1보다 큰데, 그 이유는 은행의 신용창조가 이루어지기 때문이다. 본원통화는 통화승수에는 영향을 미치지 않는다. 현금통화비율(c)이 높아지거나 지급준비율(z)이 높아지면 통화승수는 작아진다.

11 통화정책 수단

구분	내용
공개시장조작	한국은행은 공개시장조작을 통해 금융기관 간 일시적인 자금 과부족을 조정하는 콜시장의 초단기금리(콜금리)가 '한국은행 기준금리' 수준에서 크게 벗어나지 않도록 유도하고 있다. 이와 함께 한국은행은 금융 불안 시 공개시장조작을 활용하여 시중에 유동성을 확대 공급하는 등 금융시장 안정을 도모하는 기능도 수행한다. 한국은행의 공개시장조작은 증권매매, 통화안정증권 발행·환매, 통화안정계정 예수 등 세 가지 대표적인 형태로 이루어진다.
지급준비제도	일반 은행은 예금자의 인출 요구에 언제나 응할 수 있도록 예금의 일정 비율을 지급 준비금으로 한국은행에 예치하여 보유하도록 되어 있다. 지급준비율정책은 지급 준비금의 비율을 인상 또는 인하하여 통화량을 조절하는 정책이다. 시중에 돈의 양이 많을 때에는 지급 준비율을 인상시켜 은행의 대출 여유자금을 감소시키고, 적을 때에는 지급준비율을 인하함으로써 은행의 대출 여유자금을 증가시켜 통화량을 증가시킨다.
여·수신정책	한국은행이 금융 기관을 대상으로 예금 수신 및 대출을 통해 자금의 수급을 조절하는 정책을 말한다. 통화 정책의 운용 목표로 단기 시장 금리를 채택하면서 안정적인 목표 관리를 위해 여유 자금을 흡수하기 위한 수단으로 예금 제도를 운영하고 있다는 점에서 대출 정책보다는 여·수신 정책으로 사용되고 있다. 즉, 금융 기관으로부터 예금을 받거나 금융 기관에 대출을 해 줌으로써 여유 자금을 조절하는 것이다.

예제 5

공개시장조작을 통한 중앙은행의 국채매입이 본원통화와 통화량에 미치는 영향에 대한 설명으로 옳은 것은?

① 본원통화는 감소하고 통화량은 증가한다.
② 본원통화는 증가하고 통화량은 감소한다.
③ 본원통화는 감소하고 통화량은 불변이다.
④ 본원통화와 통화량 모두 감소한다.
⑤ 본원통화와 통화량 모두 증가한다.

해 설

공개시장조작이란 중앙은행이 공개시장에 참여해 국공채나 통화안정증권 등의 매매를 통해 시중의 통화량이나 금리 수준에 영향을 미치는 통화정책 수단을 말한다. 중앙은행이 국채를 매입하면 본원통화가 증가하고 신용창조 과정을 통해 통화량이 증가하게 된다.

답 ⑤

✔ **깁슨의 역설(Gibson's paradox)**

Gibson이 실증분석을 통하여 발견한 현상으로 '통화량이 증가하면 물가가 상승하고, 물가가 상승하면 이자율이 상승하는 현상'을 말한다.

✔ 채권가격

이자율과 채권가격은 역의 관계이다. 즉, 채권가격이 높다면 채권수익률은 낮을 수밖에 없다.

채권수익률은 채권투자에서 만기까지 얻게 되는 현금흐름의 현재가치와 채권의 시장가격을 일치시켜주는 할인율이다. 여기에서 투자자가 얻는 현금흐름이란 만기까지의 일정 기간마다 받는 이자수입과 만기 시점에 받는 원금을 의미하며, 현재가치라 함은 투자에서 발생하는 미래의 소득을 적정한 할인율로 할인하여 현재시점의 가치로 환산한 것을 말한다.

12 IS곡선

생산물시장의 균형(총수요=총공급, 주입=누출)을 나타내는 이자율과 국민소득의 조합

① IS곡선의 기울기
- 투자의 이자율탄력성이 클수록 IS곡선이 완만하다.
- 경기가 침체하면 IS곡선이 가파르고, 경기가 상승하면 IS곡선이 완만하다.
- 한계소비성향, 유발투자계수가 크고 비례세율, 한계수입성향이 작을수록 완만하다.

② 생산물시장의 균형과 불균형 : IS곡선상의 점들은 모두 생산물시장의 균형이 이루어지는 점들이고, IS곡선보다 상방에서는 생산물시장 공급초과, 밑에서는 수요초과가 발생한다.

③ IS곡선의 이동
- 좌측 이동 : 저축, 조세, 수입의 증가
- 우측 이동 : 소비, 투자, 정부지출, 순수출의 증가

13 LM곡선

화폐(금융)시장의 균형(화폐수요와 화폐공급이 일치)을 나타내는 이자율과 국민소득의 조합

① LM곡선의 기울기(대개 우상향)
- 화폐수요의 이자율탄력도가 클수록 LM곡선이 완만하다.
- 경기가 침체하면 LM곡선이 완만하고 경기가 상승하면 LM곡선이 가파르다.
- 유동성함정에서는 LM곡선이 수평이다.

② **화폐(금융)시장의 균형과 불균형** : LM곡선상의 점들은 모두 화폐(금융)시장의 균형이 이루어지는 점들이고, LM곡선 상방에서는 공급초과, 하방에서는 수요초과가 발생한다.

③ **LM곡선의 이동** : 통화량이 증가하면 LM곡선은 우측으로, 화폐수요가 증가하거나 물가상승으로 인한 실질통화량이 감소하면 좌측으로 이동한다.

✔ **확대적인 재정정책**

㉠ 확대재정정책 실시 → 정부지출 증가 → IS곡선 우측 이동 → 균형국민소득 증가 → 이자율 상승

㉡ 재정정책 경우에는 이자율이 상승함에 따라 민간투자가 감소하는 구축효과가 발생한다.

  • IS곡선이 수직에 가까울수록(투자의 이자율탄력성이 작을수록) 재정정책의 효과는 커진다.
  • LM곡선이 수평에 가까울수록(화폐수요의 이자율탄력성이 클수록) 재정정책의 효과는 커진다.

✔ **확대적인 금융정책**

㉠ 확대금융정책 실시 → 통화량 증가 → LM곡선 하방(우측)이동 → 이자율이 하락

㉡ 이자율이 하락하면 민간투자증가로 유효수요가 증가하므로 국민소득이 증가한다.

㉢ 금융정책의 경우는 이자율이 하락하므로 구축효과가 발생하지 않는다.

✔ **구축효과**(crowding-out effect)

정부의 재정지출 증대가 생산의 증대를 가져오지 않고, 민간부문의 지출을 감소시키기 때문에 GNP의 수준에는 영향을 미치지 못한다는 것이다.

㉠ **완전 구축효과** : 고전학파 모형에서 정부 지출의 증가가 이자율 상승을 초래하고, 이자율 상승에 따라 민간 부문의 소비나 투자가 위축되어 정부 지출의 증가를 완전히 상쇄시키는 현상. 고전학파 모형에서는 확대재정정책은 국민소득에 아무런 영향도 미치지 못한다는 것으로 총수요관리정책은 효과가 없다고 주장한다.

㉡ **불완전한 구축효과** : 케인즈 학파 모형에서는 정부지출의 증가가 이자율 상승과 투자를 감소시키기는 하지만, 민간투자의 감소효과가 정부지출의 증가를 완전히 상쇄시키지는 못하는 현상. 부분 구축효과라고도 한다. 케인즈 학파 모형에서는 확대재정정책은 국민소득을 증가시킨다는 의미에서 총수요관리정책은 효과가 있다고 본다.

14 **재정정책과 금융정책의 시차**

① 정책당국이 문제의 심각성을 인식한 후 확대재정정책을 실시하려면 관료조직의 승인절차를 거쳐야 하므로 실행시차가 비교적 길다. 반면에 확대금융정책은 공개시장조작이 매우 신속하게 수행되므로 비교적 짧다.

② 확대재정정책을 실시하면 즉각적으로 생산과 고용증대효과가 발생하므로 외부시차가 비교적 짧다.
반면에 확대금융정책을 실시하면 이자율은 즉각적으로 하락하지만 투자가 증가하기까지 비교적 오랜 시간이 소요되므로 외부시차가 비교적 길다.

✔ 총수요관리정책

　ⓐ 고전학파 확대시행정책

　　• 확대재정정책을 실시하면 구축효과가 승수효과를 완전 상쇄한다.

　　• 확대금융정책을 실시하면 물가상승으로 인하여 확대효과가 완전 상쇄된다.

　ⓑ 케인즈 확대재정정책(승수효과가 발생)

　　• 구축효과가 작으므로 확대효과가 크다.

　　• 극단적인 경우(IS가 수직, 또는 LM이 수평)에는 구축효과가 전혀 발생하지 않는다.

✔ 리카르도 등가(대등)정리(＝공채 중립성 정리)

한 나라의 경제주체들이 모두 합리적이기에, 재원조달의 방식(조세 감면, 공채 발행 등) 변경에 대해서 모두를 현재 혹은 미래의 조세부담으로 인식한다는 것이다. 그래서 소비나 이자율이나 국민소득과 같은 실질변수가 변화하지 않는다는 것이다.

예제 6

리카도의 대등정리(Ricardian equivalence theorem)에 대한 설명으로 가장 옳지 않은 것은?

① 정부지출의 규모가 동일하게 유지되면서 조세감면이 이루어지면 합리적 경제주체들은 가처분소득의 증가분을 모두 저축하여 미래에 납부할 조세의 증가를 대비한다는 이론이다.
② 리카도 대등정리가 성립하기 위해서는 저축과 차입이 자유롭고 저축이자율과 차입이자율이 동일하다는 가정이 충족되어야 한다.
③ 정부지출의 재원조달 방식이 조세든 국채든 상관없이 경제에 미치는 영향에 아무런 차이가 없다는 이론이다.
④ 리카도의 대등정리에 따르면 재정적자는 장기뿐만 아니라 단기에서조차 아무런 경기팽창 효과를 내지 못한다.
⑤ 현실적으로 대부분의 소비자들이 유동성제약(liquidity constraint)에 직면하기 때문에 리카도의 대등정리는 현실 설명력이 매우 큰 이론으로 평가된다.

해　설

리카도대등정리는 합리적 기대를 기반으로 차입과 저축이 자유로운 완전한 자본시장을 기반으로 한다. 따라서 유동성 제약에 직면한 경우에는 리카도대등정리는 설득력이 약해진다.

답 ⑤

✔ **피구효과(Pigou effect)**

물가하락으로 인해 자산의 실질가치가 증가한 것으로 느껴서 소비를 늘리는 현상

㉠ 피구효과 발생과정 : 경기침체 → 물가하락 → 실질소득증가 → 소비증가 → 경기회복 → 실업구제

㉡ 비판

- 경기가 하락하더라도 물가는 하방경직적이므로 실질소득이 증가하지 않는다.
- 물가가 하락하면 당분간 소비를 보류하고 물가가 더욱 하락하기를 기다린다.
- 물가가 하락하면 소득의 실질가치뿐만 아니라 부채의 실질가치도 늘어나므로 채무자는 소비를 줄인다. 그 결과 사회 전체적으로 소비가 반드시 늘어난다는 보장이 없다.

15 국민경제의 균형

① **국민경제의 균형** : 총수요＝총공급

- 균형 물가수준 : 총수요와 총공급이 일치할 때의 물가수준
- 균형 국내총생산 : 총수요와 총공급이 일치할 때의 국내총생산

  총수요 ＝ 소비 + 투자 + 정부지출 + 순수출(수출 - 수입)

- 한 나라의 경제주체들이 일정기간 동안 소비와 투자 목적으로 구입하고자 하는 재화와 서비스의 총합

② **총수요(AD)곡선** : 다른 조건이 일정할 때 각각의 물가수준에서 국내 총생산물에 더해 가계, 기업, 정부, 해외부문 등 모든 경제주체들의 수요량을 나타내는 곡선

- AD곡선의 형태는 IS곡선과 유사하고, LM곡선과는 반대

③ **총공급(AS)곡선** : 각각의 물가수준에서 기업 전체가 생산하는 재화의 공급량을 나타내는 곡선

- 형태 : 물가가 상승할 때 고용량이 증가하므로 총공급곡선은 우상향의 형태로 도출
- 이동 : 생산요소부존량의 변화, 기술수준변화, 인구증가, 자본축적 등이 이루어지면 우측으로 이동

예제 7

총공급(AS)곡선이 단기에 우상향하는 이유가 아닌 것은?

① 물가의 경직성   ② 임금의 경직성

③ 합리적 기대   ④ 노동공급자의 화폐환상

해 설

단기 총공급곡선이 우상향하는 이유를 설명하는 3가지 이론

㉠ 임금경직성 이론 : 명목임금의 하방 경직성이 존재한다. 단기적으로 임금하락을 용인하지 않고, 임금계약은 일정 기간을 주기로 책정하기 때문이다. 따라서 물가하락으로 실질임금은 오히려 상승하였더라도, 명목임금이 하락하지 못하여 노동의 초과공급(실업)이 발생할 수 있다.

㉡ 가격경직성 이론 : 가격 조정에 따른 비용(메뉴비용)이 존재한다.

㉢ 착각이론(노동자 오인 모형) : 노동자들이 화폐환상을 가지고 있다. 노동자들은 물가에 대한 정보를 수집하기 어려워 실제물가가 변해도 명목임금의 변화를 실질임금의 변화로 착각하는 경향이 있다는 것이다.

 ③

---

16 경기 변동

① 경기 : 국민경제의 총체적인 활동 수준

② 경기 변동 : 장기 추세를 중심으로 경기가 확장과 수축을 거듭하여 변화하는 현상으로 불규칙적으로 나타남

경기변동의 파급 경로 : 생산 → 고용 → 소득 → 소비

✔ **균형경기변동이론**

새고전학파는 외부충격에 대한 경제주체들의 최적화행동의 결과로 인식

- 화폐적 균형경기변동이론(MBC)의 경기변동 원인 : 예상치 못한 통화량 변화(화폐적 충격) → 물가인식 오류

- 실물적 균형경기변동이론(RBC)의 경기변동 원인 : 생산성 충격, 노동시장 규모 변화, 민간소비(저축) 변화, 신경영기법 등

실물적 경기변동(RBC)이론의 내용으로 옳지 않은 것은?

① 경기변동은 주로 생산함수에 주어지는 충격에 기인한다.
② 실물적 경기변동이론에 따르면 경기후퇴는 기술의 퇴보에 의해 설명할 수 있다.
③ 예상된 화폐공급량 변화는 상대가격의 변화를 유발하지 못하므로 실물경제에 영향을 미치지 않는다.
④ 기술진보와 같은 실물적 충격에 의해 야기된 실업과 같은 불균형상태가 균형상태로 수렴하는 과정에서 경기변동이 발생하게 된다.
⑤ 노동의 기간 간 대체란 노동자들이 상대적으로 실질임금이 높은 기간에는 노동공급을 증가시키고, 실질임금이 낮은 기간에는 노동공급을 줄이는 것을 말한다.

실물적 경기변동이론에서는 경기 변동을 실물적 충격이 발생하는 경우 외부충격에 대한 경제주체들의 최적화행위의 결과로 인해 균형자체가 변하는 현상이라고 본다.

답 ④

✔ **불균형 경기변동이론**

새케인즈학파는 경기변동은 자연산출량 수준으로부터 이탈한 불균형상태라고 보고, 외부충격 시 가격변수의 비신축성으로 경기변동이 발생한다고 인식(가격의 경직성 ⇒ 경기변동의 지속성)

17 물가상승에 대한 기대가설

① 적응적 기대가설
  • 통화론자 : 확대정책은 단기효과를 얻지만 장기효과는 사라지고 물가상승만 부추긴다.
  • 케인즈학파 : 단기적 확대효과를 얻기 위해서 확대정책을 실시해야 한다.

② 합리적 기대가설과 정책무력성의 명제
  • 물가상승에 대하여 합리적 기대가 형성되면 단기적 확대효과도 발생하지 않는다.
    새고전학파는 이를 정책무력성의 명제로 주장했다.
  • 새케인즈학파는 합리적 기대가설은 수용하지만 정책무력성 명제는 수용하지 않는다.
    왜냐하면 정보가 완전하지 않고, 가격이 경직적이기 때문이다.
  • 새케인즈학파는 총수요관리정책을 실시해서 생산과 고용을 올릴 것을 주장했다.

18 재정정책에 관한 학파별 효과

	고전학파	통화주의학파	케인즈학파	단순 케인즈모형 (유동성 함정)
투자의 이자율 탄력성	매우 크다	크다(탄력적)	작다(비탄력적)	0
IS곡선 기울기 (형태)	매우 작다 (매우 완만)	작다(완만)	크다(급경사)	∞(수직선)
화폐수요의 이자율 탄력성	0	작다(비탄력적)	크다(탄력적)	(유동성 함정) ∞
LM곡선 기울기 (형태)	∞(수직선)	크다(급경사)	작다(완만)	0(수평선)
IS-LM 균형 (재정정책)				
재정정책	효과 없음 (100% 구축효과)	효과 미약	효과적	매우 효과적 (구축효과 0)
금융정책	효과 없음	효과적	효과 미약	효과 없음

✔ 재정의 자동안정화장치(built-in stabilizer)

경기가 호황이 되면 자동적으로 정부수입이 증가하여 지나치게 경기가 과열되는 것을 방지하고, 경기가 불황이 되면 자동적으로 정부수입이 감소하여 경제가 지나치게 불황에 빠지는 것을 방지하는 장치

예 사회보장제도, 누진세제도, 실업보험 등

모두 총수요조절장치일 뿐 총공급 측면은 전혀 고려하지 않고 있다.

✔ 래퍼곡선(Laffer curve)

래퍼(A. Laffer)에 의하면 조세수입이 극대화되는 t_0보다 세율이 높으면(저축과 투자 및 근로의욕이 낮아져서) 조세수입이 감소한다. 세율이 t_0 이상인 영역은 금지영역(prohibited zone)이며 이 상황에서는 세율을 낮출수록 생산과 조세수입이 오른다. 이를 선으로 나타낸 것을 래퍼곡선이라 한다.

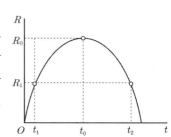

19　인플레이션 : 일반 물가수준이 상승하는 현상

㉠ 수요견인 인플레이션과 비용인상 인플레이션

• 수요견인 인플레이션 : 총수요가 초과하여 발생하는 인플레이션

구분	내용
고전학파와 통화주의학파의 견해	• 원인 : 통화량증가 → 물가상승 • 대책 : 통화량안정 → 물가안정
케인즈학파의 견해	• 원인 : 총수요증가 → 물가상승 • 대책 : 긴축정책 → 총수요감소 → 물가안정

• 비용인상 인플레이션 : 생산비용이 증가하여 발생하는 인플레이션

구분	내용
케인즈학파의 견해	• 원인 : 요소가격 상승 → 물가상승 • 대책 : 요소가격 안정(소득정책) → 물가안정
통화주의학파의 견해	통화량 증가 없는 인플레이션은 불가능
공급중시경제학	세율인상 → 생산비용증가 → 물가상승

• 스태그플레이션은 물가는 가파르게 상승하는 반면 경기는 둔화되는 현상을 말하며, 인플레이션은 물가는 빠르게 오르면서 상대적으로 화폐가치가 하락하는 현상
• 에그플레이션(agflation)은 농업(agriculture)과 인플레이션(inflation)의 합성어로, 농산물 가격 급등으로 그와 연관된 상품의 가격이 상승하는 현상

20　실업(Unemployment)

노동할 의욕과 능력을 가진 자가 자기의 능력에 상응한 노동의 기회를 얻지 못하고 있는 상태

한 나라의 인구에서 일할 능력과 의사를 가진 대중을 '경제활동인구(Economically Active Population)'이라 하며, 우리나라는 15세에서 64세 인구 중에서 일할 의지 없는 주부, 학생, 군인, 환자 등을 제외한 민간인을 경제활동인구로 파악한다.

• 경제활동 참가율 = (경제활동인구/생산가능연령인구)×100
• 실업률 = (실업자/경제활동인구)×100

S대학 경제학부에서 2018년도 졸업생 100명을 대상으로 2019년 3월 현재 취업 현황을 조사했다. 조사 결과, 40명은 취업했으며 20명은 대학원에 등록하여 재학 중이었다. 다른 일은 하지 않고 취업준비와 진학준비를 하고 있는 졸업생은 각각 20명과 10명이었다. 나머지 10명은 실업자로 분류되었다. S대학 경제학부 2018년도 졸업생 100명이 모두 생산가능인구에 포함될 때, 이들의 실업률, 고용률, 경제활동참가율은?

	실업률	고용률	경제활동참가율
①	20%	30%	40%
②	20%	30%	50%
③	20%	40%	40%
④	20%	40%	50%

1) 2018년도 졸업생 100명이 모두 생산가능인구에 포함된다고 했으므로 생산가능인구는 100명이다.
2) 취업자 수는 40명이고, 실업자 수는 10명(실업자로 분류한 10명)이다.
3) 경제활동인구는 취업자 수와 실업자 수의 합이므로 50명이다.
4) 대학원에 등록하여 재학 중인 20명은 비경제 활동에 포함되고, 다른 일을 하지 않고 취업 준비와 진학준비를 하고 있는 20명과 10명은 비경제활동인구에 포함되므로, 비경제활동인구의 총합은 50명이다.
5) 실업률＝실업자 수/경제활동인구×100 ＝10/50×100＝20%
   고용률＝취업자 수/생산가능인구×100 ＝40/100×100＝40%
   경제활동참가율＝경제활동인구/생산가능인구×100＝50/100×100＝50%

답 ④

✔ 실업의 종류

실업은 취업할 능력은 있지만 임금과 근로 조건이 맞지 않기 때문에 취업할 의사가 없는 자발적 실업(Voluntary Unemployment)과 취업할 의사와 의지는 있지만 취업을 하지 못한 비자발적 실업(Unvoluntary Unemployment) 두 가지로 구분

㉠ **자발적 실업** : 일할 능력은 있지만 임금 및 근로 조건이 자신의 욕구와 맞지 않아 일할 의사가 없는 상태
  • **탐색적 실업** : 현재도 일을 할 수 있는 일자리가 있기는 하나 보다 나은 일자리를 위해 당분간 자발적 실업상태에 있는 것
  • **마찰적 실업** : 새로운 일자리를 탐색하거나 이직을 하는 과정에서 일시적으로 발생하는 실업을 의미

㉡ **비자발적 실업** : 일할 능력과 의사가 있지만 어떠한 환경적인 조건에 의해 일자리를 얻지 못한 상태
  • **경기적 실업** : 경기가 하강하면서 발생하는 실업으로 1930년대 세계 대공황이나 1997년 우리나라 외환위기 당시의 명예 퇴직자들과 같이 주로 경제가 침체기에 접어들면서 발생
  • **계절적 실업** : 재화의 생산이나 수요가 계절에 따라 변화를 가져올 때 발생하는 실업으로 농촌이나 어촌 등에서 농한기에 일시적으로 실업자가 되는 현상

- 기술적 실업 : 기술의 진보에 따라 산업 구조가 변화하면서 발생하는 실업을 말한다. 보통 노동이 점차 기계로 대체되면서 기계가 노동을 대체하면서 나타난다.
- 구조적 실업 : 산업구조의 변화와 함께 나타나는 실업으로 노동수요의 구조가 바뀜으로써 나타나는 실업
  > **예** 급속한 스마트폰 보급으로 유선전화기와 같은 제품의 수요가 감소하여 유선전화기 제조가 사양화에 접어들면 그와 관련한 노동자들의 일자리가 사라지게 되는 것

21 실업이론

① 고전학파
- 명목임금이 완전 신축적 → 노동의 수요와 공급이 모두 실질임금의 함수
- 비자발적 실업은 제도적인 요인(**예** 노동조합, 최저임금제, 실업수당)

② 새케인즈학파 : 임금경직성을 미시경제적 기초에 입각해 설명
- 유효수요 감소(경기침체) → 물가 하락 → 노동수요 감소(좌측 이동)
- 유효수요 증대인 확대재정정책 실시가 중요

③ 통화주의와 새고전학파
- 실업은 직업탐색 과정에서 발생하는 자발적 실업이 대부분
- 실업을 줄이기 위한 확대재정정책에 부정적 → 일시적 효과만 있고, 장기에는 인플레이션만 상승

④ 필립스 곡선
영국의 경제학자 필립스가 명목임금상승률과 실업률 사이의 관계를 실제 자료에서 발견하며 등장한 것으로 전통적인 인플레이션은 물가상승과 실업의 감소를 초래하는데 필립스곡선은 바로 이러한 '물가상승률과 실업률 사이의 음(−)의 상관관계'를 나타낸다. 필립스곡선은 우하향하므로 실업률을 낮추면 인플레이션율이 상승하고 인플레이션을 낮추기 위해서는 실업률의 증가를 감수해야 한다. 이것은 완전고용과 물가안정을 동시에 달성할 수 없음을 나타내며 필립스곡선은 이러한 모순을 밝힘으로써 정책분석에 크게 기여하였다.
- 필립스곡선이 수직으로 나타나는 경우
- 자연실업률가설에 의하면 장기필립스곡선은 자연실업률 수준에서 수직이다.
- 비용인상 인플레이션이 발생하면 생산은 정체하고 물가가 오르는 스태그플레이션이 발생하므로 필립스곡선이 수직이다.

⑤ **오쿤의 법칙**(Okun's Law)

실업률과 잠재적 GNP에 대한 현실의 GNP비율 사이에 존재하는 관계이다. 오쿤은 실업률이 약 1% 늘어나면 미국에서는 산출량이 약 2.5% 감소한다는 사실을 밝혀냈다. 즉, 오쿤의 법칙이란 GDP갭과 실업률과의 경험적인 법칙으로 다음과 같이 표현된다.

$$GDP\ gap = \alpha(U - U_N)$$

오쿤이 실제로 측정한 바에 의하면 미국에서 $U_N = 4\%$, $\alpha = 2.5$로 측정되었다.

✔ 경기종합지수 구성지표

경기변동의 국면·전환점과 속도·진폭을 측정할 수 있도록 고안된 경기지표의 일종으로, 국민경제의 각 부문을 대표하고 경기 대응성이 양호한 경제지표들을 선정한 후 이를 가공·종합하여 작성한다.

㉠ **Q선행종합지수** : 투자관련 건설수주지표나 재고순환, 금융 등의 지표처럼 실제 경기순환에 앞서 변동하는 개별지표를 가공·종합하여 만든 지수로 향후 경기변동의 단기 예측에 이용된다.

㉡ **동행종합지수** : 공급측면의 광공업생산지수, 취업자수 등과 수요측면의 소매판매액지수 등과 같이 실제 경기순환과 함께 변동하는 개별지표를 가공·종합하여 만든 지수로 현재 경기상황의 판단에 이용된다.

㉢ **후행종합지수** : 재고, 소비지출 등 실제 경기순환에 후행하여 변동하는 개별지표를 가공·종합하여 만든 지표로 현재 경기의 사후 확인에 이용된다.

✔ 경기변동주기

구분	주기	발생원인	비고
키친 파동	5년	재고투자	소순환, 단기 파동
쥬글라 파동	9~10년	설비투자	중기 파동
쿠즈네츠 파동	20~25년	경제성장률 변화	건축투자
콘트라티에프 파동	40~60년	기술혁신, 전쟁	장기파동

① 해로드-도마(H-D)모형

기본 방정식은 $\frac{s}{v}=n$(s : 저축률, v : 자본계수, n : 인구증가율),

기술진보가 있을 때의 기본 방정식은 $\frac{s}{v}=n+g$[g : 기술진보율(노동생산성증가율)],

노동의 완전고용조건인 자연성장률(G_n)의 기본 방정식은 '경제성장률=인구증가율=n'이므로 $G_n=n$,

자본의 완전고용조건인 적정성장률(G_w)의 기본 방정식은 '경제성장률=자본증가율=$\frac{s}{v}$'이므로 $G_w=\frac{s}{v}$

② 솔로우 모형(외생적 성장이론)

생산되는 요소대체가 가능한 1차동차 생산함수를 가정하고 있으며, 생산되는 재화의 종류는 1가지만 있다고 가정한다. 기본방정식은 $dk=s \cdot f(k)-nk$이다.

$Y=AK(K, L) \rightarrow \frac{Y}{L}=f(\frac{K}{L}, 1) \rightarrow y=f(k)$

• 균제상태(steady state)

−1인당 자본량이 더 이상 변하지 않는 상태(=정상상태)

−자본의 실제 투자액 = 필요 투자액 일치

−1인당 자본량과 1인당 생산량의 일정 유지

−인구는 매년 n의 비율로 증가→경제 전체의 총생산량은 n의 비율로 증가

　→ 경제성장률 = 인구증가율 = 자본증가율

−황금률 의미 : 1인당 소비의 크기가 노동소득과 일치한다. 따라서 자본소득은 모두 투자(저축)된다.

−경제성장의 요인을 기술진보로 설명하나 기술진보 요인을 모형 내에 반영을 못하고 있다.

예제 9

솔로우의 경제성장모형에 대한 설명으로 가장 옳지 않은 것은?

① 균제상태에서 자본량과 국민소득은 같은 속도로 증가한다.
② 한계생산이 체감하는 생산함수와 외생적인 기술진보를 가정한다.
③ 인구증가율이 낮아지면 균제상태에서 일인당 국민소득은 높아진다.
④ 기술수준이 높을수록 균제상태에서 일인당 국민소득의 증가율이 높다.
⑤ 균제상태(steady state)에서 인구증가율의 변화는 1인당 경제성장률에 영향을 미치지 않는다.

해 설

균제상태(steady state)란 동태적 균형 상태를 말하는 것으로 경제성장 과정에서 자본과 노동이 완전고용 되면서 성장하는 경로를 말한다. 기술수준이 높을수록, 즉 기술진보가 발생하면 1인당 국민소득의 수준은 이전에 비해 높아지나 증가율이 반드시 높은 것은 아니다. 미국과 같은 선진국은 기술수준이 중국과 같은 개발도상국보다 높다. 1인당 국민소득수준은 미국이 중국보다 높으나 그 증가율은 개발도상국인 중국이 미국에 비해 높다.

답 ④

③ 내생적 성장이론(신고전학파)

내생적 성장이론에서는 다양한 요인을 도입하여 규모에 대한 수익체증과 그에 따른 지속적인 성장 요인을 규명한다. 내생적 성장이론에서는 실물자본 이외에 인적자본(human capital), 지식자본(knowledge capital)을 포함시켜 분석하기도 하고, 축적된 실물자본의 외부성(externality)을 갖는 것으로 가정하기도 한다.

✔ 스왑(Swap) : 서로 다른 통화 또는 채권 및 채무를 교환하는 거래

  ㉠ 금리·통화 스왑 : 1년 이상 장기외환시장에서 동일한 통화에 대해 원금교환 없이 서로 금리가 다른 이자채권에 대해 상호 교환하는 금리 스왑, 금리는 같지만 결제통화가 다른 당사자 간의 교환거래가 이뤄지는 통화 스왑으로 분류된다.

  ㉡ 외환 스왑 : 1년 이하 단기외환시장에서 외국통화의 현물과 동일한 가격의 선물을 교환 약정하는 거래로, 이러한 형태의 스왑 거래는 수출입 기업이 외국환결제은행과 예약한 외환에 대한 결제 기간을 연장할 경우에 주로 이용된다. (예) A가 B에 대하여 10만 달러의 현물환을 매도함과 동시에 B로부터 같은 금액의 선물환을 매수하는 것과 같은 경우

✔ 옵션 (option)

옵션거래는 주식, 채권, 주가지수 등 특정 자산을 장래의 일정 시점에 미리 정한 가격으로 살 수 있는 권리와 팔 수 있는 권리를 매매하는 거래

시장에서 당일 형성된 가격으로 물건을 사고파는 현물거래나 미래의 가격을 매매하는 선물거래와는 달리 사고팔 수 있는 권리를 거래하는 것이 옵션거래의 특징이다.

  ㉠ 콜옵션(call option)

  • 옵션거래에서 특정한 기초자산을 만기일이나 만기일 이전에 미리 정한 행사가격으로 살 수 있는 권리

  • 콜옵션을 매입한 사람은 옵션의 만기 내에 약정한 가격(행사가격)으로 해당 기초자산을 구매할 수 있는 권리를 갖게 되고, 콜옵션을 매도한 사람은 매입자에게 기초자산을 인도해야 할 의무를 갖는다.

  ㉡ 풋옵션(put option)

  • 옵션거래에서 특정한 기초자산을 장래의 특정 시기에 미리 정한 가격으로 팔 수 있는 권리를 매매하는 계약

  • 매수인의 입장에서 풋옵션은 주식 가격이 하락하면 무한정의 이익을 얻을 수 있고, 주식 가격이 상승하더라도 프리미엄만 포기하면 되므로 손해는 한정된다. 반대로 풋옵션 매도인의 입장에서는 주식 가격이 상승하면 이익을 얻되 매수인이 포기하는 프리미엄의 금액으로 그 이익이 한정되지만, 주식 가격이 하락하면 무한정의 손해를 본다.

ⓒ 기초자산가격과 권리행사가격의 관계에 따라 ITM옵션, ATM옵션, OTM옵션으로 분류
- ITM(내가격)옵션 : 권리행사를 하면 매수자에게 이익이 발생하는 종목. 따라서 콜옵션의 경우에는 '기초자산가격 > 권리행사가격', 풋옵션의 경우에는 '권리행사가격 > 기초자산가격'인 종목이다.
- ATM(등가격)옵션 : 권리행사가격과 기초자산가격이 같은 종목
- OTM(외가격)옵션 : 권리행사를 하면 매수자에게 손실이 발생하는 종목. 따라서 콜옵션의 경우에는 '기초자산가격 < 권리행사가격', 풋옵션의 경우에는 '권리행사가격 < 기초자산가격'인 종목이다.

---

③ 국제경제

01 절대우위론과 비교우위론

① 애덤 스미스(Smith, A.)의 절대우위론 : 각국이 절대적으로 생산비가 적게 드는 재화의 생산에 주력하고, 이를 자유롭게 교환하는 것이 당사국의 이익을 극대화할 수 있다는 절대 생산비설을 주장

② 리카르도(David Ricardo)의 비교우위론 : 비교우위란 다른 생산자에 비해 같은 상품을 더 적은 기회비용으로 생산할 수 있는 능력을 말한다. 한 재화의 기회비용은 다른 재화 기회비용의 역수이다. 즉, 어떤 재화에서 기회비용이 높다면 다른 재화에서는 낮은 기회비용을 갖는다. 즉 비교우위는 곧 기회비용의 상대적 크기를 나타낸다.

ⓐ 가정
- 노동만이 유일한 생산요소이고 노동은 균질적이다.
- 생산함수는 규모의 불변함수이고 1차 동차함수이다.
- 국제 간 생산요소의 이동이 없다.

ⓑ 결론
- 무역은 비교생산비의 차이에서 발생한다.
- 각국은 비교생산비가 저렴한 비교우위가 있는 상품을 수출하고 비교열위에 있는 상품을 수입한다.
- 생산특화에 의한 소비가능영역 확대를 통해 각 교역국의 사회후생을 증가시킨다.

02 **국제무역론 주요 정리**

① **헥셔-올린 정리** : 헥셔와 올린은 각국의 생산기술(생산함수)이 동일하더라도 국가 간 요소부존의 차이가 발생하면 재화의 상대 가격차이가 발생하고, 각국은 상대가격이 낮은 재화에 비교우위를 갖게 됨을 설명한다. H-O정리는 비교우위의 발생원인을 요소부존의 차이로 설명한다.

　㉠ 가정
- 2국−2재화−2요소가 존재한다($2 \times 2 \times 2$모형).
- 두 나라의 생산함수가 동일하다.
- 생산함수는 규모에 대한 수익불변이고, 수확체감의 법칙이 작용한다.
- 두 나라의 부존자원비율이 상이하다.
- 국가 간 생산요소이동은 불가능하다.
- 두 재화의 요소집약도가 상이하다.
- 생산물시장과 생산요소시장은 모두 완전경쟁시장이다.
- 두 나라의 수요상태가 동일하다.
- 수송비와 무역장벽이 존재하지 않는다.

　㉡ 핵심내용
- 제1정리 − 상대적으로 풍부한 요소를 많이 투입하는 상품에 비교우위가 있다.
- 제2정리 − 자유무역이 이루어지면 비록 생산요소가 직접 이동하지 않더라도 국가 간에 생산요소의 가격이 균등화된다.

② **요소가격균등화정리** : 사무엘슨(Samuelson, P.A.)은 헥셔-올린 정리에 대한 실증적 검토 결과, 무역이 자유롭게 이루어진다면 노동과 자본 등의 생산요소가격이 국제적으로 균등화되는 경향이 있다고 하였다.

③ **레온티에프 역설**(Leontief paradox) : 헥셔-올린 정리에 따르면 각국은 상대적으로 풍부한 요소를 집약적으로 사용하여 생산하는 재화를 수출하게 된다. 그러나 레온티에프가 미국의 수출입관련 자료를 이용하여 실증분석해본 결과 자본풍부국으로 여겨지는 미국이 오히려 자본집약재를 수입하고 노동집약재를 수출하는 현상을 발견하였는데, 이를 레온티에프 역설이라고 한다.

④ **스톨퍼-사무엘슨의 정리**(Stolper-Samuelson theorem) : 2상품 2요소로 이루어진 완전경쟁 시장에서 국내의 각 생산요소가 한 쪽 상품의 가격이 상승하면 그 상품의 생산을 위해 집약적으로 이용된 생산요소의 가격이 상승하는 한편, 다른 요소 가격이 하락한다는 것이다.

⑤ **립진스키 정리**(Rybczynski's theorem) : 1차동차의 생산함수, 2개의 재화 및 2개의 생산요소를 가정할 때, 단일생산요소의 공급이 증대된다면 증대된 생산요소를 집약적으로 필요로 하는 산업의 생산은 절대적으로 증대되는 반면, 증대된 생산요소를 상대적으로 적게 사용하는 산업의 생산은 절대적으로 감소된다는 이론이다.

✔ 산업 간 무역 vs 산업 내 무역

산업 간 무역은 생산요소(노동 · 자본 등)의 비율의 차이로 비교우위가 생겨 국가 간 발생하는 무역이며, 산업 내 무역은 비교우위와는 관계없이 일국에 규모의 경제가 발생하여 각 상품의 차별화가 가능하여 동일 산업 내에서 무역이 발생하는 것을 말한다. 특히 산업 내 무역은 규모의 경제가 크게 작용하여 제품차별화가 심한 제조업 분야에서 발생되는데, 이는 생산규모를 늘리고 생산성이 증가하여 제품가격이 낮아져 동일한 산업 내의 시장 확대를 가져오게 된다.

예제 1

다양한 무역이론이 주장하는 소득재배분 효과에 관한 설명들 중 가장 틀린 설명은?

① 리카르도의 비교우위론은 생산요소가 하나만 존재하기 때문에 소득재배분 효과를 잘 설명하지 못한다.
② 스톨퍼-사무엘슨 정리에서 생산물가격 변동이 소득배분의 변화를 발생시킨다고 주장한다.
③ 특정 요소모형에서 수출재화의 생산요소를 가진 사람들과 노동자의 소득은 증가한다.
④ 헥셔-올린 모형은 무역을 통해 상대적으로 풍부한 생산요소를 가진 사람들의 소득이 증가할 것이라고 주장한다.
⑤ 산업 내 무역이론에서 소득재배분 효과는 크지 않고 가격하락으로 인한 소비자 후생증대 효과가 나타난다.

해 설

특정요소모형(specific-factors model)이란 산업 간 이동이 가능한 생산요소(노동)와 이동이 불가능한 생산요소를 모두 포함하고 있는 모형이다. 특정요소모형에 의하면 자유무역이 이루어질 경우 수출산업에 특정된 생산요소를 가진 사람들은 무조건 이득을 보고 수입산업에 특정된 생산요소를 가진 사람들은 무조건 손해를 본다. 하지만 두 산업에 유동적으로 쓰일 수 있는 생산요소(노동)의 이득은 확실하지 않다. 노동자의 실질임금이 오를 수도 있고 떨어질 수도 있기 때문이다.

답 ③

---

03 오퍼곡선(상호수요곡선)

여러 가지 국제가격수준에서 그 국가가 수출하고자 하는 상품량과 수입하고자 하는 상품량의 조합을 나타내는 곡선이다. 양국의 오퍼곡선이 교차하는 점에서 교역조건과 교역량이 결정된다.

교역조건의 변화로 오퍼곡선의 이동요인

• 수입재를 더 선호하게 된 경우 : 오퍼곡선 오른쪽으로 이동
• 국민소득의 증가 : 오퍼곡선 오른쪽으로 이동
• 수입관세의 부과 : 오퍼곡선 왼쪽으로 이동

✔ 교역조건(terms of trade)

수출품 가격을 수입품 가격으로 나눈 것으로, 수출상품 1단위와 교환되는 수입상품의 양

$$교역조건 = \frac{수출품\ 가격}{수입품\ 가격} \times 100$$

04 관세와 비관세

① 관세(tariff) : 관세선을 통과하는 상품에 대하여 부과하는 조세를 의미한다.

　㉠ 목적
　　• 관세는 자국의 산업을 보호 육성하는 데 가장 큰 목적이 있다.
　　• 관세는 특정 상품의 수입이 지나치게 증가하는 것을 방지하려는 목적이 있다.

　㉡ 관세의 경제적 효과
　　• 관세는 소비감소, 자국생산증가, 재정수입증가, 국제수지개선 등의 효과가 있다.
　　• 관세는 사회적 잉여가치를 감소시키는 효과도 있고, 개선시키는 효과도 있다.

　㉢ 관세의 종류 : 반덤핑관세, 상계관세, 보복관세, 긴급관세 등

　　• 최적관세율 $= \dfrac{1}{(외국의\ 수입수요의\ 가격탄력도 - 1)}$

② 비관세장벽(non-tariff barrier)

한 국가의 정부가 국내 생산품과 국외 생산품을 차별하여 수입을 억제하기 위해 관세를 부과하는 방법을 제외한 정책. 쿼터(수량 할당), 수입 허가절차, 수출 보조금, 정부조달 등이 이에 속한다.

✔ 국제경제통합의 유형 : 자유무역 → 관세동맹 → 공동시장 → 경제동맹 → 완전경제통합

05 GATT와 WTO 비교

구분	GATT	WTO
성격	국제 협정의 성격	법인격을 갖는 국제기구
분쟁해결 기구	분야별로 산재	분쟁 해결을 전담할 분쟁해결기구(DSB) 설치
관세 및 비관세장벽의 완화	• 주로 관세 인하에 주력 • 비관세장벽은 선언적 규범정립수준	• 관세 인하는 물론 특정 분야에 대한 일률적인 관세 철폐 및 하향평준화 달성 • 비관세장벽 철폐 강화
국제무역 규율범위	• 주로 공산품이 대상 • 서비스, 지적재산권, 투자조치에 대한 규범이 없음	• 공산품의 농산물에 대한 규율 강화 • 서비스, 지적재산권, 투자 조치도 규율대상에 포함
무역규범의 강화	보조금협정, 반덤핑협정 등이 있으나 보조금 정의 등이 불명확하고 반덤핑조치의 남용 및 자의적 운용 가능	• 보조금의 정의 설정 및 규율 강화 • 반덤핑조치 발동기준 및 부과절차 명료화

✔ 궁핍화성장(immiserizing growth) : 경제성장 이후에 오히려 후생수준이 감소하는 경우를 말한다.

저개발국에서 수요가 비탄력적인 상품의 생산량을 증가시켜 수출을 증대시킬 때 교역조건이 악화되는 경우가 생긴다. 이 때 교역조건의 악화 정도가 상당히 크다면, 국민후생수준을 감소시키고 마는 결과를 초래할 수도 있다는 것으로, 바그와티(Bhagwati, J.)에 의해 주장되었다.

✔ 유치산업보호론

국가 간 동일한 조건이 아니라는 점에서 자유무역주의에는 한계가 있으며, 이를 인정하고 공업화가 뒤떨어진 국가는 먼저 유치산업(幼稚産業)을 전개하도록 배려하여 어느 정도의 발전을 이룬 후 자유무역으로 전환하는 것이 바람직하다는 이론이다. 대표적인 학자로는 독일의 F. 리스트가 있다.

✔ 긴급수입제한조치(Safe Guards) : 특정상품의 급격한 수입 증가로부터 국내 산업을 보호하기 위해서 수입을 제한하는 조치

06 환율 : 양국통화 간의 교환비율

① 외환의 수요와 공급

  ⊙ **외환의 수요곡선** : 환율이 상승하면 즉 1달러에 1,000원 하던 환율이 1달러에 1,200원이 되면 원화로 표시한 외국산 제품의 가격상승으로 수입량이 감소하고 외환수요량도 감소한다. 환율이 상승하면 외환의 수요량이 감소하므로 외환수요곡선은 우하향의 형태로 도출된다.

  ⓛ **외환의 공급곡선** : 환율이 상승하면 즉 1달러에 1,000원 하던 환율이 1달러에 1,200원이 되면 달러로 표시한 수출품의 가격하락으로 수출량이 증가하므로 외환공급량이 증가한다. 환율이 상승하면 외환의 공급량이 증가하므로 외환의 공급곡선은 우상향의 형태로 도출된다.

  ⓒ **균형 환율의 결정** : 외환의 수요곡선과 공급곡선이 교차하는 점에서 균형 환율 및 외환수급량이 결정된다.

예제 2

자유변동환율제도하에서는 환율은 통화의 상대가치에 영향을 미치는 다양한 요인에 의해서도 변동한다. 다음 중 환율 변동의 근거로 바르게 연결된 것은?

① 원화 가치 하락 : 외화차입금 만기 도래분의 증가
② 원화 가치 하락 : 해외플랜트사업 수주로 인한 달러 유입
③ 원화 가치 상승 : 해외 투자자에 대한 현금배당의 증가
④ 원화 가치 상승 : 해외 전환사채 만기분 주식 전환의 증가

해 설

외화차입금 만기 도래분이 증가하게 되면 빚을 갚기 위해 외환이 필요해진다. 외환의 수요가 공급보다 늘어나게 되는 경우로 원화 가치는 하락한다.
② 해외플랜트사업 수주로 인해 달러가 유입되면 달러의 수요보다 공급이 더 커지므로 원화 가치가 상승한다.
③ 해외 투자자에 대한 현금배당이 증가할 경우 달러가 필요하게 되어 원화 가치는 하락한다.
④ 해외 전환사채가 주식으로 전환되는 경우에는 달러 수급에 영향을 미치지 않는다.

답 ①

07 국제수지의 종류

구분		내용
경상수지	상품수지	상품의 수출과 수입의 차이
	서비스수지	운수, 여행, 통신, 보험, 특허권 사용료 등과 같이 서비스수지는 외국과 서비스를 거래해서 벌어들인 돈과 지급한 돈의 차이
	본원소득수지	외국과 자본, 노동 등 생산요소를 거래해서 벌어들인 돈과 지급한 돈을 기록하는 것으로 배당, 이자, 급료 및 임금이 해당
	이전소득수지	거주자와 비거주자 사이에 아무런 대가 없이 주고받은 거래의 수지 차이. 즉, 국외송금, 자선단체의 기부금과 구호물자, 정부 간의 무상 원조 등의 수입과 지급의 차이
자본수지		자산 소유권의 무상이전, 채권자에 의한 채무면제 등을 기록하는 자본이전과 브랜드네임, 상표 등 마케팅자산과 기타 양도 가능한 무형자산의 취득과 처분을 기록하는 비생산·비금융자산으로 구분
금융계정		거주자가 외국기업에 대해 혹은 비거주자가 국내기업에 대해 경영참여 등을 목적으로 하는 직접투자, 주식과 채권 거래를 나타내는 증권투자, 파생 금융상품 거래를 계상하는 파생금융상품, 기타투자 및 준비자산으로 구분
오차와 누락		

고정환율제도와 변동환율제도

구분	고정환율제도	변동환율제도
국제수지 불균형	국제수지 불균형이 조정되지 않음	환율변동을 통하여 자동적으로 조정
환위험	작다	크다(환투기 발생 가능)
해외교란요인 여부	해외교란요인이 국내로 쉽게 전파	해외교란요인이 발생하더라도 국내경제는 별 영향을 받지 않음
금융정책 자율성 여부	금융정책 자율성 상실	금융정책 자율성 유지
국제무역과 투자	환율이 안정적이므로 국제무역과 투자가 활발히 일어남	환위험이 크기 때문에 국제무역과 투자 저해

08 **구매력평가설과 이자율평가설**

① **구매력평가설**(PPP : Purchasing Power Parity theory)

구매력평가설은 환율이 양국 통화의 구매력에 의하여 결정된다는 이론으로 스웨덴의 경제학자인 카셀(G. Casel)에 의하여 제시되었다. 구매력평가설은 국내물가와 해외물가의 변동이 균형 환율에 어떻게 반영되는지를 설명하는 이론이다. 화폐의 구매력은 물가와 반비례하므로 양국에서 물가상승률의 차이가 발생하면 양국통화의 구매력차이가 발생한다. 따라서 환율변화율은 양국의 인플레이션율의 차이와 동일하다. 구매력평가설은 일물일가의 법칙을 국제시장에 적용한 이론으로 단기적인 환율의 움직임은 잘 나타내지 못하고 있으나 장기적인 환율의 변화추세는 잘 반영하는 것으로 평가된다.

② **이자율평가설**(IRP : Interest Rate Parity)

국가 간 자본이동에 제한이 없고 거래비용이 존재하지 않을 경우 위험이 동일한 국내 금융자산과 해외 금융자산의 투자수익률은 동일해야 하며, 국내 금융자산과 해외 금융자산의 투자수익률이 동일해지는 과정에 의해 환율이 결정된다고 보는 이론이다. 양국 사이의 명목이자율의 차이와 환율기대변동률의 관계를 설명하는 이론으로 자본수지의 관점에서 환율을 바라보고 있다.

예제 2

환율결정 이론에 대한 다음 설명 중 옳지 않은 것은?

① 절대구매력평가설이 성립한다면 실질환율은 1이다.
② 무역장벽이 높을수록 구매력평가설의 설명력은 감소한다.
③ 랜덤워크가설에 따르면 t기 환율의 최선의 예측치는 (t-1)기의 환율뿐이며, 환율의 정확한 예측은 불가능하다.
④ 구매력평가설은 자본수지에 초점을 맞추는 반면, 이자율평가설은 경상수지에 초점을 맞추어 균형환율을 설명한다.

해 설

구매력평가설은 경상수지에 초점을 맞추는 반면, 이자율평가설은 자본수지에 초점을 맞추어 균형환율을 설명한다.

답 ④

---

③ **불태화정책**(sterilization policy) : 정부의 외환시장개입을 통해 초래되는 통화량의 변동을 공개시장조작 등을 통하여 상쇄하는 것. 반면에 중앙은행이 자국 통화량의 증가를 내버려 두는 경우를 태화개입(unsterilized intervention)이라고 한다.

영구적불태화개입 : 과도하게 유입되는 외국자본에 상응하는 국부펀드 등을 통하여 해외자산을 사들여 통화 가치의 균형을 맞추는 것으로 중국이 취하고 있는 외환정책

④ **마샬-러너의 조건**(Marshall-Lerner condition) : 환율이 상승할 때(환율 평가절하 시) 경상수지가 개선되기 위해서는 양국의 수입수요의 가격탄력성의 합이 1보다 커야 한다는 것이다. 만약 양국의 수입수요 탄력성의 합이 1보다 작을 때는 평가절하하더라도 수지는 약화되며, 반면에 이러한 수입수요탄력성의 합이 1보다 클 때의 평가절상은 수지를 악화시킨다.

⑤ J-Curve효과 : 환율 평가절하를 실시하면 일시적으로는 경상수지가 악화되었다가 시간이 지남에 따라 개선되는 효과

   ㉠ 발생원인 : 환율 평가절하가 이루어지면 수출가격이 하락하나 단기적으로는 수출물량이 별로 증가하지 않으므로 수출액이 감소(경상수지가 악화)한다.

   ㉡ 양상 : 시간이 지남에 따라 수출물량이 점차 증가하므로 장기에는 경상수지가 개선된다.

- 단기 : 평가절하 → 수출가격 하락, 수출물량 불변 → 국제수지 악화
- 장기 : 평가절하 → 수출가격 하락, 수출물량 증가 → 국제수지 개선

⑥ BP(Balance of Payments) 곡선

   ㉠ BP곡선이란 국제수지 균형을 나타내는 이자율과 국민소득의 조합으로, 일반적으로 우상향의 형태를 띤다.

$$bP = X(e) - M(y,e) + CA(r) = 0$$
$$(X : 수출, \ M : 수입, \ CA : 자본수주, \ e : 환율, \ Y : 국민소득, \ r : 이자율)$$

   ㉡ BP곡선의 기울기

- 외환의 국제적 이동이 가능하면 우상향한다.
- 외환의 국제적 이동이 완전탄력적이면 수평선이다.
- 외환의 국제적 이동이 완전비탄력적이면 수직선이다.
- 환율이 인상되어 수출이 증가하면 BP곡선은 우측으로 이동한다.

09 IS-LM-BP(먼델-플레밍) 모형

생산물시장, 화폐시장, 외환시장의 동시분석 모형이다. 먼델-플레밍 모형에 따르면 환율을 안정시키기 위해서는 고정환율제도를 선택해야 하지만 그 대신 통화정책의 독립성은 포기해야 한다. 고정환율제도를 선택하게 되면 중앙은행이 시행하는 통화정책이 효과가 없기 때문이다. 반면 변동환율제도를 선택하게 되면 환율의 안정을 포기하는 대신 중앙은행이 시행하는 통화정책이 효과를 가지게 된다.

먼델-플레밍 모델(Mundell-Fleming Model) : 자본이동이 완전한 경우
- 고정환율제도에서 재정정책은 효과 있고, 금융정책은 효과가 없다.
- 변동환율제도에서 재정정책은 효과 없고, 금융정책은 효과가 있다.
→ 고정환율제도하에서는 재정정책이 효과적, 변동환율제도하에서는 금융정책이 효과적이다.

CHAPTER 02

출제예상문제

① 미시경제

1 다음과 같은 경제현상을 설명하는 데 가장 유용한 경제개념은?

> • 수학 과목 점수를 올리려면 다른 과목에 대한 시간 할당을 줄여야 한다.
> • 정부가 경제개발을 위한 지출을 늘리면 국민의 복지혜택은 상대적으로 줄어든다.
> • 새 운동화를 사기 위해서는 간식비를 줄일 수밖에 없다.

① 저축 ② 기회비용
③ 형평성 ④ 합리적 소비
⑤ 평균고정비용

✔ **해설** ② 자원의 희소성으로 인하여 다수의 재화나 용역에서 가장 합리적인 선택을 하고자 어느 하나를 선택했을 때 그 선택을 위해 포기한 선택을 '기회비용'이라고 한다.

2 다음 중 희소성의 법칙이란 무엇인가?

① 모든 재화의 수량이 어떤 절대적 기준에 미달한다는 원칙이다.
② 몇몇 중요한 재화의 수량이 어떤 절대적 기준에 미달한다는 법칙이다.
③ 인간의 생존에 필요한 재화가 부족하다는 법칙이다.
④ 인간의 욕망에 비해 재화의 수량이 부족하다는 법칙이다.
⑤ 풍부한 재화에 비해 인간의 욕망이 부족하다는 법칙이다.

✔ **해설** 희소성의 법칙은 무한한 인간욕망에 대하여 재화와 용역이 희소하기 때문에 경제문제가 발생한다는 법칙을 의미한다.
※ 희소성의 법칙(law of scarcity)
인간의 소비욕구는 무한한 반면, 이를 충족시키는 데 필요한 경제적 자원은 제한되어 있음을 희소성의 법칙이라고 한다(G. Cassel). 노동, 자본, 토지 등과 같이 생산과정에 투입되어 재화나 서비스로 변환될 수 있는 경제적 자원이 희소하기 때문에 제한된 자원을 어떻게 사용하는 것이 합리적인지에 관련된 선택의 문제에 직면하게 된다.

3 콜라와 피자는 보완재이다. 피자의 가격이 상승할 때 콜라에 대한 수요와 가격의 변화로 옳은 것은?

① 수요감소, 가격상승   ② 수요감소, 가격하락

③ 수요증가, 가격상승   ④ 수요증가, 가격하락

⑤ 수요불변, 가격불변

> ✔️ 해설 ② 재화는 피자를 먹을 때 같이 먹는 콜라처럼 서로 보완해주는 관계가 있으며, 반대로 영화와 DVD처럼 서로 대체가 가능한 관계의 관련 재화가 있다. 서로 보완해주는 관계의 피자와 콜라에서 피자의 가격이 상승하게 되면, 자연스럽게 콜라에 대한 수요도 감소하게 되는데 이처럼 서로 보완할 수 있는 관계의 재화를 보완재라 부른다. 이와 반대로 영화 감상 요금이 올라가면 영화관을 대체할 수 있는 DVD 수요가 늘어나는 현상이 나타나기도 하는데, 이처럼 서로 대체해서 사용할 수 있는 재화를 대체재라 부른다.
>
> 콜라와 피자는 보완재의 관계로, 피자의 가격이 상승하면 피자 수요는 감소할 것이며, 피자의 수요가 감소함에 따라 콜라의 수요도 감소하게 된다. 또한 콜라 수요의 감소로 가격 역시 하락을 하게 된다.
>
> | 수요변화 요인 | | 수요변화 | 수요곡선 이동 |
> |---|---|---|---|
> | 소비자 소득수준 향상 | 정상재 | 수요증가 | 우측이동 |
> | | 열등재 | 수요감소 | 좌측이동 |
> | | 중립재 | 수요불변 | 불변 |
> | 다른 상품의 가격 상승 | 대체재 | 수요증가 | 우측이동 |
> | | 보완재 | 수요감소 | 좌측이동 |
> | | 독립재 | 수요불변 | 불변 |

4 장기적인 경제 침체를 말하는 용어로, 실질 경제성장률이 0이거나 낮은 성장을 하는 기간을 말하는 것은?

① 스태그데이션(stagdation)

② 슬럼프플레이션(slumpflation)

③ 스태그네이션(stagnation)

④ 스태그플레이션(stagflation)

⑤ 스태그디플레이션(stagdeflation)

> ✔️ 해설 스태그네이션(Stagnation)는 장기 경제 침체, 보통 1년간 경제성장률이 2~3% 이하로 떨어졌을 때를 말한다.
>
> 스태그데이션은 경기가 침체되는 것은 스태그플레이션과 같으나 물가가 오히려 급락한다는 점에서 차이가 있다. 슬럼프레이션은 슬럼프(불황)와 인플레이션의 합성어로, 불황 속 인플레이션이라는 뜻이다.

Answer   1.②   2.④   3.②   4.③

5 다음과 같은 경제현상을 설명하는 데 가장 적합한 경제 개념은?

> 수도권의 주택 사정은 여전히 어렵다. 올해도 어김없이 수도권 아파트들의 전세가 및 매매가가 상당한 비율로 올라가고 있다. 상계동이나 목동과 같은 신시가지를 개발하고, 분당, 평촌, 일산 등 신도시 개발을 통해 꽤 많은 주택이 공급되었음에도 불구하고 여전히 자기 집을 갖지 못한 가구가 많아 이사철만 되면 어려움을 겪고 있다.

① 매점매석
② 기회비용
③ 균형가격
④ 한계효용
⑤ 초과수요

✔해설 ⑤ 균형상태에서 가격이 상승하면 수요가 감소하고 공급이 증가하므로 공급이 더 많아지는 초과공급이 발생하며, 반대로 가격이 하락하면 수요가 증가하고 공급이 감소하므로 수요가 더 많아지는 초과수요가 발생한다. 보기는 부동산의 공급보다 수요가 많은 초과수요에 대한 내용이다.
초과공급은 곧 과잉공급을 의미하므로 이는 다시 가격을 하락시키는 요인이 되며, 반대로 초과수요는 곧 과잉수요를 의미하므로 이는 다시 가격을 상승시키는 요인이 된다.
※ 초과공급과 초과수요

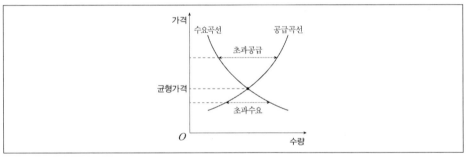

6 ㉠과 ㉡에 들어갈 말로 알맞은 것은?

- 가격의 하락이 소비자의 실질소득을 증가시켜 그 상품의 구매력이 높아지는 현상으로 이것은 마치 소득이 높아져 수요가 증가되는 현상과 비슷하기 때문에 ____㉠____ 이라 불린다.
- 실질소득에 영향을 미치지 않는 상대가격 변화에 의한 효과를 말한다. 연필과 샤프 두 가지 상품 중에서 샤프의 값이 내려가면 그 동안 연필을 이용하던 사람은 샤프를 사게 된다. 이처럼 실질소득의 변화가 아닌 상대가격의 변화에 따라 다른 비슷한 용도의 물건으로 수요가 늘어나는 현상을 ____㉡____ 이라 한다.

	㉠	㉡
①	소득효과	대체효과
②	베블런효과	대체효과
③	대체효과	소득효과
④	탄력성효과	대체효과
⑤	대체효과	탄력성효과

✔ **해설** ① ㉠은 소득효과, ㉡은 대체효과이다.
소득효과(Income Effect)는 가격의 하락이 소비자의 실질소득을 증가시켜 그 상품의 구매력이 높아지는 현상을 말한다. 이것은 마치 소득이 높아져 수요가 증가되는 현상과 비슷하기 때문에 소득효과라 불린다. 대체효과(Substitution Effect)란 실질소득에 영향을 미치지 않는 상대가격 변화에 의한 효과를 말한다. 연필과 샤프 두 가지 상품 중에서 샤프의 값이 내려가면 그 동안 연필을 이용하던 사람은 샤프를 사게 된다. 이처럼 실질소득의 변화가 아닌 상대가격의 변화에 따라 다른 비슷한 용도의 물건으로 수요가 늘어나는 현상을 대체 효과라 부른다.

7 다음 (가), (나)에 나타난 수요의 가격 탄력성을 바르게 짝지은 것은?

ㄱ 빵집에서 빵 값을 20% 인하하였다. 그 결과 매출은 30% 정도 늘어났다.

ㄴ 치킨가게는 여름 휴가철을 맞아 가격을 종전에 비하여 15% 인하하였지만 오히려 수입이 15% 정도 감소하였다.

	ㄱ	ㄴ
①	탄력적	완전 비탄력적
②	탄력적	단위 탄력적
③	비탄력적	완전 비탄력적
④	비탄력적	단위 탄력적
⑤	비탄력적	비탄력적

✔**해설** ① 수요의 가격 탄력성이란 상품 가격이 변동할 때 수요량이 변화하는 정도를 나타낸 것으로 ㄱ의 경우 값을 인하하자 매출이 상승하였으므로 수요의 가격 탄력성은 탄력적임을 알 수 있다. ㄴ에서 가격 하락률(15%)과 수입의 하락률(15%)이 같다는 것은 수요량의 변화가 없다는 것이므로 수요의 가격 탄력성은 완전 비탄력적이라 할 수 있다.

※ 수요의 가격 탄력성

ㄱ 개념 : 상품 가격이 변화할 때 수요량이 얼마나 변화하는지를 나타낸 지표이다.

ㄴ 수요의 가격탄력성 결정요인
- 소비자의 총지출에서 차지하는 비중이 커질수록 탄력성은 커진다.
- 대체재의 수가 많을수록 그 재화는 일반적으로 탄력적이다.
- 재화의 분류범위가 좁을수록 탄력적이다.
- 생활필수품은 비탄력적이고, 사치품은 탄력적인 것이 일반적이다.
- 재화의 용도가 다양할수록 탄력적이다.
- 수요의 탄력성을 측정하는 기간이 길수록 탄력적이다.

ㄷ 수요의 탄력성 계산

$$Ed = \frac{\text{수요량의 변화율}(\%)}{\text{가격의 변화율}(\%)} = \frac{\frac{\triangle Q}{Q}}{\frac{\triangle P}{P}} = \left| \frac{dQ \cdot P}{dP \cdot Q} \right|$$

ㄹ 용어 해설

가격탄력성 크기	용어	예
$\varepsilon = 0$	완전비탄력적	수용곡선이 수직선
$0 < \varepsilon < 1$	비탄력적	대부분 필수재
$\varepsilon = 1$	단위탄력적	수요곡선이 직각쌍곡선
$1 < \varepsilon < \infty$	탄력적	대부분 사치재
$\varepsilon = \infty$	완전탄력적	수요곡선이 수평선

8 공급함수가 P=2Q+20이고 가격이 60일 때 공급의 가격탄력성은?

① 0

② 1

③ 1.5

④ 2.5

⑤ 3.5

> ✔ 해설 ③ 공급의 가격탄력성은 $\varepsilon_s = \dfrac{dQ}{dP} \cdot \dfrac{P}{Q}$ 이다.
>
> 공급함수 P=2Q+20을 변형하면 Q=0.5P−10이므로 $\dfrac{dQ}{dP}$=0.5가 된다.
>
> P=60을 공급함수에 대입하면 Q=20이 도출된다.
>
> 이들을 ε_s 에 모두 대입하면 $\varepsilon_s = \dfrac{dQ}{dP} \cdot \dfrac{P}{Q} = \dfrac{1}{2} \times \dfrac{60}{20}$=1.5가 된다.
>
> ※ 공급의 탄력성
> - ㉠ 개념: 공급의 가격탄력성이란 가격이 변화할 때 공급량이 변화하는 정도를 나타내는 지표이다. 공급의 가격탄력성도 가격과 공급량의 변화율을 사용하므로 측정단위의 영향을 받지 않으며 공급의 가격탄력성을 보면 가격변화시 공급량이 어느 정도 민감하게 반응하는지를 알 수 있다.
> - ㉡ 공급곡선 형태와 공급의 가격탄력성: 공급곡선이 수직선이면 공급곡선상의 모든 점에서 공급의 가격탄력성은 0이고, 공급곡선이 수평선이면 ∞이다. 공급곡선이 원점을 통과하는 직선이면 공급곡선 기울기에 관계없이 공급의 가격탄력성은 항상 1이다.

9 수요곡선이 $P = 110 - 2Q_D$, 공급곡선이 $P = 10 + 3Q_S$일 때 균형점에서 수요와 공급의 탄력성은?

① $\dfrac{1}{4}, \dfrac{1}{4}$

② $\dfrac{1}{4}, \dfrac{1}{6}$

③ $\dfrac{7}{6}, \dfrac{5}{6}$

④ $\dfrac{1}{6}, \dfrac{1}{4}$

⑤ $\dfrac{7}{4}, \dfrac{7}{6}$

> ✔ 해설 ⑤ 수요곡선과 공급곡선의 균형점을 찾으면 균형가격과 균형공급량을 구할 수 있다.
>
> $110 - 2Q = 10 + 3Q$
>
> $5Q = 100$
>
> $Q^* = 20,\ P^* = 70$
>
> 수요와 공급의 가격탄력성을 각각 구해보면 다음과 같다.
>
> ㉠ 수요의 가격탄력성 $\varepsilon_x = \dfrac{Q_x \text{의 변화율}}{P_x \text{의 변화율}} = \dfrac{\Delta Q_x / Q_x}{\Delta P_x / P_x} = \dfrac{\Delta Q_x}{\Delta P_x} \times \dfrac{P_x}{Q_x} = \dfrac{1}{2} \times \dfrac{70}{20} = \dfrac{7}{4}$
>
> ㉡ 공급의 가격탄력성 $\eta_x = \dfrac{Q_x \text{의 변화율}}{P_x \text{의 변화율}} = \dfrac{\Delta Q_x / Q_x}{\Delta P_x / P_x} = \dfrac{\Delta Q_x}{\Delta P_x} \times \dfrac{P_x}{Q_x} = \dfrac{1}{3} \times \dfrac{70}{20} = \dfrac{7}{6}$

10 두 재화 X, Y만이 존재할 때 소비자의 선택문제를 고려하자. 두 재화의 시장가격은 $P_X = 6$, $P_Y = 3$이고, 소비자가 효용을 극대화하고 있는 상태에서 Y재의 한계효용이 4라면 X재의 한계효용은?(단, 무차별곡선은 원점에 대하여 볼록하다)

① 2   ② 4
③ 6   ④ 8
⑤ 10

 ④ 소비자균형조건($\dfrac{M_X}{P_X} = \dfrac{M_Y}{P_Y}$)에 주어진 자료를 대입해 보면 $\dfrac{M_X}{6} = \dfrac{4}{3}$으로 X재의 한계효용은 8임을 알 수 있다.

11 원각이의 효용함수가 U=min[3X, 4Y]로 주어져 있다. X재의 가격은 50원, Y재의 가격은 100원, 그리고 원각이의 소득이 5,000원이라면 원각이는 몇 단위의 Y재를 구입할까?

① 10단위   ② 20단위
③ 30단위   ④ 40단위
⑤ 50단위

 ③ 예산선을 정리하면
$50X + 100Y = 5,000$ ─ ①
$Y = 50 - \dfrac{1}{2}X$ ─ ②
$3X = 4Y$ ─ ③
②와 ③을 연립하면 Y재는 30단위이다.

12 정상재인 X재의 가격소비곡선이 우하향하는 경우, X재의 가격이 상승하면 소비자의 X재에 대한 지출액은?

① 감소한다.   ② 증가한다.
③ 감소하다가 증가한다.   ④ 증가하다가 감소한다.
⑤ 변동없다.

① 가격소비곡선이 우하향하는 것은 수요의 가격탄력성이 1보다 클 때이다. 수요의 가격탄력성이 1보다 크면 가격이 상승할 때 이 재화에 대한 소비자의 지출액은 감소한다.

※ 가격소비곡선(PCC)
  ㉠ 개념 : 가격소비곡선(PCC : Price Consumption Curve)은 재화가격변화에 따른 소비자균형점들의 변화경로를 연결한 선을 말하며 수요곡선은 가격과 재화수요량의 관계를 나타내는 곡선으로 가격소비곡선에서 도출된다.
  ㉡ 수요의 가격탄력성과 가격소비곡선

구분	내용
수요의 가격탄력성이 1일 때	PCC는 수평선의 형태
수요의 가격탄력성이 1보다 크거나 작을 때	X재 수요의 가격탄력성이 1보다 크면 PCC는 우하향의 형태이고, 가격탄력성이 1보다 작으면 PCC는 우상향의 형태로 도출

13 수량지수를 계산해 본 결과 라스파이레스 수량지수는 1보다 크고, 파셰수량지수는 1이었다. 다음 설명 중 옳은 것은?

① 선호의 일관성이 없다.
② 기준연도와 후생수준이 동일하다.
③ 기준연도보다 후생수준이 감소하였다.
④ 기준연도와 후생수준이 감소한다.
⑤ 기준연도보다 후생수준이 증가하였다.

⑤ 지수란 어떤 시점에서 재화구입량이나 가격이 기준시점에 비하여 평균적으로 얼마나 변화하였는지를 나타내는 지표이다. 지수를 이용하면 소비자의 생활수준이 기준시점에 비해 개선 또는 악화 여부를 평가하는 것이 가능하다.
라스파이레스 수량지수가 ≤1이면 현재의 생활수준이 과거보다 악화되었다고 판단하고, 파셰수량지수가 ≥1이면 현재의 생활수준이 과거보다 개선되었다고 판단한다.
따라서 라스파이레스 수량지수가 1보다 큰 것은 후생수준이 개선되었는지 판단하기 어려우나, 파셰 수량지수가 1인 경우 기준연도보다 후생수준이 개선되었음을 알 수 있다.

※ 수량지수 … 평균적인 재화구입량의 변화를 나타내는 지표로 계산방식에 따라 라스파이레스 수량지수와 파셰 수량 지수로 구분된다.

구분	내용
라스파이레스 수량지수	가격이 불변함을 가정하므로 기준연도가격을 가중치로 사용한다.
파셰 수량지수	가격변화를 가정하므로 비교연도가격을 가중치로 사용한다.

14 다음이 가리키는 것은?

> 이것은 일정한 농지에서 작업하는 노동자 수가 증가할수록 1인당 수확량은 점차 적어진다는 경제법칙을 말한다. 즉 생산요소가 한 단위 증가할 때 어느 수준까지는 생산물이 증가하지만 그 지점을 넘게 되면 생산물이 체감하는 현상으로 농업이나 전통 제조업에서 이 현상이 주로 나타난다.
> 농사를 짓는데 비료를 주게 되면 배추의 수확량이 처음에는 늘어나지만 포화상태에 다다르면 그 때부터는 수확량이 감소하게 되는 것이 바로 이 법칙의 전형적인 예라 할 수 있다.

① 대규모생산의 법칙
② 거래비용의 법칙
③ 코즈의 정리
④ 약탈 가격 법칙
⑤ 수확체감의 법칙

> ✔해설 ⑤ 수확체감의 법칙에 대한 내용이다. 수확체감의 법칙(한계생산물체감의 법칙)이란 고정요소가 존재하는 단기에 가변요소 투입량을 증가시키면 어떤 단계를 지나고부터는 그 가변 요소의 한계생산물이 지속적으로 감소하는 현상을 말한다. 수확체감의 법칙은 정도의 차이는 있으나 단기에 거의 모든 산업부문에서 나타나는 일반적인 현상이다.

15 생산요소의 가격비가 한계기술대체율(MRTS)보다 크다면 생산자는 어떻게 행동하는 것이 바람직한가?

① 자본의 투입을 증가시켜야 한다.
② 노동과 자본의 투입을 증가시켜야 한다.
③ 노동의 투입을 증가시켜야 한다.
④ 노동과 자본의 투입을 감소시켜야 한다.
⑤ 노동과 자본의 투입을 유지시켜야 한다.

> ✔해설 ① 제시된 상황은 $MRTS_{LK} = \dfrac{MP_L}{MP_K} < \dfrac{w}{r}$ 인 경우이다. 이 식을 다시 정리하면 $\dfrac{MP_L}{w} < \dfrac{MP_K}{r}$ 이므로 자본 투입량을 증가시키고 노동투입량을 감소시켜야 한다.

16 A 기업이 자본을 150단위 줄이고 노동을 50단위로 늘렸을 때 생산량은 불변하다고 하자. 노동의 한계생산물이 15이면 자본의 한계생산물은?

① -5

② 2

③ 5

④ 10

⑤ 15

> ✔ **해설** ③ $MRTS_{LK} = -\dfrac{\Delta K}{\Delta L} = -\dfrac{-150}{50} = -\dfrac{MP_L}{MP_K}$ 이다. MP_L이 15이므로 자본의 한계생산물은 5이다.

17 어떤 기업의 총비용이 TC=50,000+10Q 라고 하자. 만약 이 기업이 100단위의 재화를 생산하고 있다면 평균고정비용과 평균가변비용은?

① 490과 10

② 500과 10

③ 500과 20

④ 510과 10

⑤ 520과 20

> ✔ **해설** ② TC = 50,000+10Q이므로 TFC = 50,000, TVC = 10Q임을 알 수 있다. 따라서 평균고정비용과 평균가변비용은 각각 다음과 같이 계산된다.
>
> ㉠ 평균고정비용$(AFC) = \dfrac{TFC}{Q} = \dfrac{50,000}{Q} = \dfrac{50,000}{100} = 500$
>
> ㉡ 평균가변비용$(AVC) = \dfrac{TVC}{Q} = \dfrac{10 \times Q}{Q} = 10$
>
> ※ 단기평균비용
>   ㉠ 평균고정비용(AFC ; Average Fixed Cost) : 평균고정비용은 총고정비용을 생산량으로 나눈 값이므로 $AFC = \dfrac{TFC}{Q}$ 으로 정의된다.
>
>   TFC가 상수이므로 생산량이 증가하면 AFC는 점점 감소하며 평균고정비용곡선은 직각쌍곡선의 형태이며 총고정비용곡선에서 원점으로 연결한 직선의 기울기로 측정된다.
>
>   ㉡ 평균가변비용(AVC : Average Variable Cost) : 평균가변비용은 총가변비용을 생산량으로 나눈 값이므로 $AVC = \dfrac{TVC}{Q}$과 같이 정의된다. AVC는 TVC곡선에서 원점에 연결한 직선의 기울기로 측정되며 평균가변비용은 처음에는 체감하다가 나중에는 체증하므로 AVC곡선은 U자 형태로 도출된다.

18 다음 중 독점시장에 대한 진입장벽이라고 볼 수 없는 것은?

① 규모의 경제

② 정부의 규제

③ 특허제도

④ 수출보조금제도

⑤ 기술혁신

✔해설 ④ 특정 산업에 대하여 수출보조금을 지급하게 되면 수익성이 높아지므로 그 산업으로의 진입이 촉진될 것이다.

①②③⑤ 독점시장에 대한 진입장벽에 해당된다.

※ 독점발생의 원인

구분	내용
경제 · 기술적 요인에 의한 진입장벽	• 생산요소의 독점적 소유(광산 · 토지의 독점소유) • 규모의 경제로 자연독점 발생(전기, 전화, 철도, 수도사업) • 작은 시장규모 • 기술혁신
제도 · 행정적 요인에 의한 진입장벽	• 특허권 • 정부의 독점권 부여(담배인삼공사) • 정부의 인 · 허가

19 독점시장의 균형상태를 표시한 것으로 옳은 것은?

① $MR = MC > P$

② $P > MR = MC$

③ $MR > MC > P$

④ $P > MR > MC$

⑤ $MR = MC = P$

✔해설 ② 독점시장의 균형점에서는 $P > MR$과 $MR = MC$가 성립하므로 $P > MR = MC$가 성립한다.

20 다이어트 식품을 독점공급하고 있는 어느 기업이 당면한 수요함수는 Q=100−P이고 비용함수는 C=94+4Q+Q^{2}이다. 다음 중 독점이윤을 극대화 할 수 있는 가격은?

① 50

② 52

③ 68

④ 70

⑤ 76

> **해설** ⑤ 수요함수를 P=100−Q로 바꾸면 한계수입 MR= 100−2Q이다. 총비용함수를 미분하면 한계비용 MC=4+2Q로 구해진다. 이제 MR=MC로 두면 100−2Q=4+2Q, 4Q=96, Q=24로 계산된다. 이윤극대화 생산량 Q=24를 수요함수에 대입하면 P=76이다.

21 차별적 재화를 생산함으로써 시장규모의 확대를 통해 규모의 경제를 누리게 되는 현상을 설명하는 무역 이론은?

① 스톨퍼 사무엘슨 정리

② 리카르도 비교우위론

③ 헥셔−올린 모형

④ 산업 내 무역이론

⑤ 애로우의 불가능성 정리

> **해설** ④ 산업 내 무역이론은 독점적 경쟁시장에서 자유무역이 이루어질 경우 규모의 경제로 인해 시장 가격이 낮아진다는 것을 설명한 이론이다.

22 독점적 경쟁기업에서 초과생산능력의 정도는 다음 중 어느 것과 역으로 관련되는가?

① 경제적 이윤   ② 임금 상승

③ 판매비용   ④ 생산요소의 가격

⑤ 수요의 가격탄력성

> **✔해설** ⑤ 수요곡선이 D_1으로 주어지면 과잉설비는 Q_1Q_0로 측정되고 수요곡선이 보다 탄력적인 D_2로 주어지면 초과설비규모는 Q_2Q_0로 되어 수요곡선이 탄력적일수록 초과설비규모가 감소함으로 알 수 있다. 그러므로 독점적 경쟁에서 과잉설비는 장기균형 상태에서 볼 때 이윤극대화 생산량과 평균비용 최저점에서의 생산량의 차이로 측정된다.

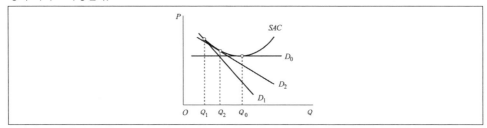

> ※ 독점적 경쟁시장의 특성
> ㉠ 시장 내에 다수의 기업이 존재하므로 개별기업은 다른 기업들의 행동 및 전략을 고려하지 않고 독립적으로 행동하나, 가격 면에서 치열한 가격경쟁을 벌인다.
> ㉡ 독점적 경쟁기업은 상표, 품질, 포장, 디자인, 기능 등에서 약간씩 차이가 있는 재화를 생산한다 (소비자의 다양한 욕구를 충족시킨다).
> ㉢ 진입과 탈퇴가 자유롭기 때문에 초과이윤이 발생하면 새로운 기업의 진입이 이루어지고, 손실이 발생하면 일부 기업이 퇴거한다.
> ㉣ 독점적 경쟁기업들은 대체성이 매우 높은 재화를 생산하므로 판매량 증대를 위해 품질개선, 광고 등 다양한 비가격경쟁(non-price competition)을 벌인다. 비가격경쟁은 독점적 경쟁보다 과점의 경우가 훨씬 치열하다.
> ㉤ 시장 내에 다수의 기업이 존재하므로 개별기업은 다른 기업들의 행동 및 전략을 고려하지 않고 독립적으로 행동한다.

23 일반적으로 호황 끝에는 소비재가격이 등귀하게 되어 실질임금이 저하되기 때문에 기업은 상대적으로 싼 노동력을 더 수요하고 기계나 시설과 같은 자본재의 이용도를 줄이게 되는데, 이것은 다음 중 어느 것과 관계가 깊은가?

① 필립스곡선   ② 리카르도효과

③ 오쿤의 법칙   ④ 피구효과

⑤ 왈라스 법칙

✅ **해설** ② 실질임금이 하락하면 자본재를 노동력으로 대체하고 실질임금이 상승하면 노동력을 자본재로 대체하는 것을 리카르도효과라 한다.
① 필립스곡선은 물가와 실업의 관계를 나타내는 곡선이다.
③ 오쿤의 법칙은 경제성장률과 실업의 관계를 나타낸다.
⑤ 왈라스 법칙은 화폐 이외의 재화의 총수요가 총공급을 초과하면 화폐의 총공급이 총수요를 초과함을 의미한다.

24 노동시장이 완전경쟁시장으로부터 수요독점화 될 경우에 노동시장에 나타날 변화를 설명한 것 중 옳은 것은?

① 고용량은 감소하고 임금은 상승한다.

② 고용량은 감소하고 임금은 하락한다.

③ 고용량은 증가하고 임금은 상승한다.

④ 고용량은 증가하고 임금은 하락한다.

⑤ 변동은 없다.

✅ **해설** ② 노동시장이 수요독점화 되면 수요독점기업이 상대하는 노동공급곡선은 노동시장 전체의 노동공급곡선(L^s)과 같으므로 우상향한다. 이때 한계요소비용곡선(MFC)은 노동공급곡선보다 위에 놓인다. 주어진 문제에서 생산물시장형태에 대한 언급이 없으므로 일단 생산물시장을 완전경쟁시장으로 가정하면, 노동수요곡선은 VMP(한계생산물가치)로 나타나며 이는 MRP(한계수입생산물)곡선과 일치한다. 기업이 이윤극대화를 목표로 하면 이윤극대화고용량은 $MRP=MFC$가 성립하는 A를 기준으로 정해진다($L_{독점}$). 이때 임금은 노동공급곡선상의 B를 기준으로 정해진다($W_{수요독점}$). 노동시장이 완전경쟁 상태에 있다고 가정하면 임금과 고용량은 노동수요곡선과 노동공급곡선의 교차점(E)에서 결정될 것이다. 따라서 노동시장이 수요독점화 되면 고용량은 감소하고 임금은 하락한다.

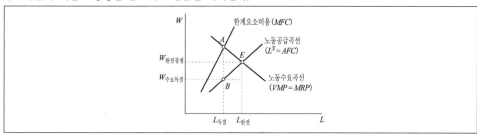

25 다음은 한 요소시장에 1명의 구매자와 1명의 판매자가 존재하는 쌍방독점의 경우를 나타내고 있다. 이 때 이 요소의 가격은 어디에서 결정되겠는가?

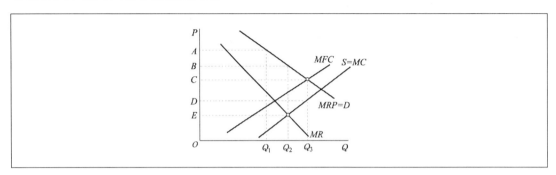

① A와 C 사이   ② A와 E 사이

③ B와 D 사이   ④ B와 E 사이

⑤ D와 E 사이

✔해설 ③ 문제에 접근하기 위해서는 공급독점자와 수요독점자의 입장을 각각 살펴보아야 한다. 우선 공급독점자의 입장에서는 해당 요소에 대한 수요곡선(D)로부터 도출한 MR=MC가 성립하는 Q_2점에서 공급량을 결정하고 그 때의 가격은 B가격을 받기를 원할 것이다. 반면에 수요독점자의 입장에서는 공급곡선(S)으로부터 한계요소비용(MFC)를 구하고 MFC=MRP인 Q_2점에서 수요량을 결정하고 D의 가격을 지불하고 싶을 것이다. 이때 공급독점자의 힘이 클수록 요소가격은 B점에 가까워지고, 수요독점자의 힘이 클수록 요소가격은 D점에 가까워짐을 알 수 있다. 이와 같이 수요자와 공급자가 각각 1명씩만 존재하는 쌍방독점의 경우 요소가격과 고용량은 유일하게 결정되지 않고 'B와 D 사이'에서 서로의 협상에 의하여 결정된다.

26 어떤 경제 활동과 관련하여 다른 사람에게 의도하지 않은 혜택이나 손해를 가져다주면서도 이에 대한 대가를 받지도 않고 비용을 지불하지도 않는 상태를 의미하는 것은?

① 독점   ② 담합

③ 외부효과   ④ 공유자원

⑤ 무임승차

✔해설 ③ 어떤 경제 활동과 관련하여 다른 사람에게 의도하지 않은 혜택이나 손해를 가져다주면서도 이에 대한 대가를 받지도 않고 비용을 지불하지도 않는 상태를 외부효과라 한다. 외부 효과는 외부 경제와 외부 불경제로 구분된다. 경제활동 과정에서 발생하는 외부효과(External Effects)는 시장실패 원인이 된다. 어떤 경제주체의 행위가 본인 의도와 관계없이 다른 경제주체에게 영향을 미치지만 이에 대해 어떠한 대가를 요구하거나 비용을 지불하지 않는 경우 외부효과가 발생하며, 외부효과에는 해로운 것과 이로운 것이 있다. 해로운 외부효과를 외부불경제라 부르며, 자동차의 배기가스나 소음, 공장의 매연이나 폐수 등이 여기에 해당한다. 반대로 이로운 외부효과를 외부경제라 한다.

27 한 나라 국민의 50%에 해당하는 사람들은 개인소득이 전혀 없고 나머지 50%에 해당하는 사람들에게는 모두 100만 원의 개인소득이 있다고 할 때 지니계수의 값은?

① 0

② $\dfrac{1}{5}$

③ $\dfrac{1}{3}$

④ $\dfrac{1}{2}$

⑤ 1

✔해설 ④ 문제에서 50%에 해당하는 사람들은 전혀 소득이 없고 나머지 50%에 해당하는 사람들의 소득은 완전히 균등하게 100만 원씩이므로 로렌츠곡선(ORO')은 다음과 같다.

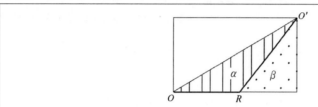

지니계수(G)는 $G = \dfrac{\alpha}{\alpha + \beta} = \dfrac{1}{2}$이다.

28 정부가 외부불경제(external diseconomies)가 있는 재화의 생산에 개입하지 않는다면 이 재화는?

① 적게 생산될 것이며, 가격은 낮게 책정될 것이다.

② 과도하게 생산될 것이며, 가격은 높게 책정될 것이다.

③ 너무 적게 생산되며, 가격은 적정수준보다 높게 책정된다.

④ 과도하게 생산되며, 가격은 과도하게 낮게 책정될 것이다.

⑤ 매우 적게 생산될 것이며, 가격은 변동없이 책정될 것이다.

✔해설 ④ 외부불경제가 존재하면 사회적 한계비용(SMC)이 사적 한계비용(PMC)보다 높다. 따라서 사회적으로 바람직한 상태보다 가격은 낮고 산출량은 많다.

29 다음 중 완전경쟁시장에서 반드시 이루어진다는 보장이 없는 것은? (단, 외부효과는 없다고 가정하자)

> ㉠ 생산의 효율성 ㉡ 분배의 공평성
>
> ㉢ 소비의 효율성 ㉣ 사회의 후생 극대화

① ㉠, ㉢ ② ㉠, ㉣

③ ㉡, ㉢ ④ ㉠, ㉡

⑤ ㉡, ㉣

✔ 해설 ⑤ 시장가격기구는 자원배분의 효율성을 이루지만 소득분배의 공평성을 이룰 수 없다. 따라서 가격기구 외에 사회후생함수가 주어져야만 분배의 공평성과 사회후생극대화 문제를 해결할 수 있다.

※ 시장실패

㉠ 개념 : 가격기구의 조절작용으로 자원의 효율적 배분이 이루어질 수 없는 상태로 자원의 효율적 배분이 이루어지더라도 소득분배가 불공평한 상태이다.

㉡ 시장실패의 발생원인(미시적 시장실패)
- 시장의 불완전성으로 가격기구가 제기능을 발휘하지 못한다.
- 자연독점 등 시장의 경제력 집중현상이 발생한다.
- 공공재가 존재한다.
- 외부성(외부효과)이 발생한다.
- 비대칭정보가 제공된다.
- 시장이 완전하더라도 소득분배가 불공평할 수 있다.

30 경제 내에 두 사람과 두 재화(공공재와 민간재)가 있다. 첫 번째 사람의 민간재와 공공재 사이의 한계대체율은 1/4이고 두 번째 사람의 민간재와 공공재 사이의 한계대체율은 1/2이며, 공공재의 한계비용이 1이라 할 때 파레토효율을 달성하기 위한 방법은? (단, 무임승차 문제는 없는 것으로 간주한다)

① 공공재의 공급을 변화시키지 않는다.

② 공공재에 대한 첫 번째 사람의 부담을 늘리고 두 번째 사람의 부담을 줄인다.

③ 공공재에 대한 첫 번째 사람의 부담을 줄이고 두 번째 사람의 부담을 늘린다.

④ 공공재의 공급을 줄인다.

⑤ 공공재의 공급을 늘린다.

> **✔해설** ④ 공공재 생산에 따른 사회적인 후생증가분보다 공공재의 생산비용이 더 크므로 공공재 생산량을 감소시키는 것이 바람직하다.
>
> ※ 파레토 효율성과 자원배분
>
> ㉠ 기본개념
>
> | 구분 | 내용 |
> |---|---|
> | 파레토 개선
(pareto improvement) | 구성원 누구의 후생도 감소하지 않으면서 최소한 한 사람의 후생이 증가하는 것을 말한다. |
> | 파레토 우위
(pareto superior) | 배분상태 A에서 파레토 개선이 이루어져서 배분상태 B로 변하는 경우 B의 상태를 말한다. |
> | 파레토 효율성
(pareto efficiency) | 더 이상 파레토 개선이 불가능한 배분상태, 즉 자원배분이 가장 효율적으로 이루어지고 있는 상태이다. |
>
> ㉡ 파레토 개선
>
>

1 한국에 투자하는 미국의 기업이 철수하면서 미국인과 한국인 노동자를 동시에 해고했을 경우 미국과 한국의 국민소득에 생길 변화에 대한 설명으로 옳은 것은?

① 양국의 GDP가 동시에 감소한다.

② 양국의 GNP가 동시에 감소한다.

③ 한국의 GNP만 감소한다.

④ 미국의 GDP만 감소한다.

⑤ 한국의 GDP만 증가한다.

> **✔ 해설** ① 미국의 GDP에는 변화가 없다.
> ③ 양국의 GNP가 모두 감소한다.
> ④⑤ 한국의 GDP는 감소하나 미국의 GDP는 변화하지 않는다.
> ※ GNP와 GDP
>
> | 구분 | 내용 |
> |---|---|
> | GNP(Gross National Product) | 한 국가의 국민들이 일정기간 동안 생산한 재화와 용역의 시장 가치 |
> | GDP(Gross Domestic Product) | 한 국가의 영토 내에서 일정기간 동안 생산된 재화와 용역의 시장 가치 |

2 다음 중 GDP에 포함되지 않는 것은?

① 건설업체 직원이 부업으로 건설하여 자가소비한 가옥

② 건설업체 직원이 경작하여 자가소비한 농산물

③ 농가에서 생산하여 자가소비한 농산물

④ 농가에서 생산하여 판매한 농산물

⑤ 가사도우미의 가사업무

> **✔ 해설** ② 건설업체 직원이 비직업적으로 농산물을 생산하여 자가소비하면 이는 GDP에 가산하지 않는다.
> ※ 국내총생산(GDP ; Gross Domestic Product)
> GDP는 일정기간 동안 한 나라 국경 내에서 생산된 최종생산물의 가치로 정의된다. GDP는 일정기간 동안이므로 유량개념이 포함되며 영토를 기점으로 한 속지주의 개념이 포함된다. 따라서 국경 내에서의 생산이라면 생산의 주체가 자국인인지 외국인인지는 고려하지 않는다.
> ㉠ GDP는 최종생산물에 대한 가치이므로 중간생산물은 GDP집계에 포함되지 않는다.
> ㉡ 주부의 가사업무는 GDP에서 제외되나 가사도우미의 가사업무는 GDP에 포함된다.
> ㉢ 주택을 새로 건설한 것은 GDP에 포함되나 기존의 주택을 제3자에게 판매한 것은 GDP에 포함하지 않는다.

3 다음의 경제활동 중 특정 연도의 *GDP*계산에 포함되는 것은?

ⓐ 어떤 회사원의 주택복권당첨
ⓑ 국내 자동차회사의 공장신설
ⓒ 학생의 교과서구입
ⓓ 증권투자자의 특정회사 주식매입
ⓔ 국내진출 외국기업의 제품생산
ⓕ 외국진출 국내기업의 주택건설
ⓖ 상인들의 밀수품거래
ⓗ 그 해 생산되었으나, 판매되지 않은 컴퓨터 가치

---

① ㉠, ㉡, ㉤, ㉧
② ㉡, ㉢, ㉣, ㉤
③ ㉡, ㉢, ㉤, ㉧
④ ㉡, ㉢, ㉥, ㉦
⑤ ㉢, ㉣, ㉦, ㉧

✔ **해설** 국내총생산(GDP)

일정 기간 동안에 국내에서 생산된 최종생산물의 시장가치를 의미한다. 경제활동 중 특정 연도의 GDP 계산에 포함되는 것은 투자, 생산, 소비 등이 있다.

구분	항목
GDP 포함	• 국방, 치안, 도로, 하천, 댐과 같은 정부의 생산 • 자가소비농산물 • 가정부의 가사노동 • 귀속임대료 • 금융기관의 서비스
GDP 불포함	• 국 · 공채이자 • 가정주부의 가사노동 • 여가의 가치 • 상속 · 증여 · 기부(이전성 거래) • 밀수 · 도박(지하경제활동) • 주식 및 부동산가격변동에 따른 자본이득 • 정부의 이전지출 • 금융자산소득

Answer 1.② 2.② 3.③

4 C=400+0.8YD, YD=Y-T, I=100, G=200, T=200일 때 균형국민소득은? (단, C : 소비, T : 조세, I : 투자, G : 정부지출)

① 2,000

② 2,200

③ 2,700

④ 3,000

⑤ 3,200

> ✔해설 ③ 정부를 포함한 3부문경제에서 균형국민소득은 Y=C+I+G에서 성립한다.
> Y=400+0.8(Y-200)+100+200=540+0.8Y
> 0.2Y=540
> Y=2,700

5 폐쇄경제하에서 정부부문은 존재하지 않으며, 소비함수가 $C=100+0.75Y$이고 독립투자가 100이라고 하자. 완전고용수준의 국민소득이 900이라면 디플레이션 갭은?

① 25

② 50

③ 100

④ 125

⑤ 150

> ✔해설 ① 우선 균형국민소득을 구해보면 다음과 같다.
> $Y=C+I=100+0.75Y+100 \rightarrow 0.25Y=200$
> $\therefore Y=800$
> 따라서 완전고용국민소득이 900이므로 갭은 100이 된다. 그리고 투자승수는 다음과 같다.
> $(c=MPC=0.75)$
> 투자승수 $=\dfrac{dY}{dI}=\dfrac{1}{1-c}=\dfrac{1}{0.25}=4$
> 그러므로 25만큼의 독립지출이 증가하면 국민소득이 100만큼 증가하여 GNP 갭이 해소될 것이다.

6 가계와 기업만이 존재하는 단순모형에서 소득(Y), 소비(C) 그리고 투자(I) 등은 다음과 같은 관계에 있다고 하자. 이때 투자승수의 크기는?

$$C = 10 + 0.8\,Y, \quad I = 20$$

① 1.2   ② 2.5

③ 5   ④ 10

⑤ 12

✔해설 ③ 소비함수 $C = 10 + 0.8\,Y$에서 $MPC = 0.8$이다. 따라서 투자승수 $= \dfrac{1}{1 - MPC}$이므로 투자승수는 5이다.

7 프리드만의 항상소득가설에 대한 설명으로 옳지 않은 것은?

① 실제소비는 항상소득에 의하여 결정된다.

② 항상소비와 항상소득 사이에는 일정한 상관관계가 있다.

③ 항상소비와 임시소비 사이에는 아무런 상관관계가 없다.

④ 항상소득과 임시소득 사이에는 아무런 상관관계가 없다.

⑤ 임시소비와 임시소득 사이에는 일정한 상관관계가 있다.

✔해설 ⑤ 임시소비와 임시소득 간의 상호독립성을 가정하고 있다.

※ 프리드만(Friedman)의 항상소득가설

㉠ 항상소득과 임시소득

구분	내용
항상소득(Yp)	정상적인 소득흐름으로 볼 때 확실하게 기대할 수 있는 장기적인 기대소득으로 어떤 개인이 자신의 인적 자산과 금융자산에서 매기마다 발생하리라고 예상하는 평균수입을 의미한다. 일반적으로 현재 및 과거의 소득을 가중평균하여 구한다(적응적 기대).
임시소득(Yt)	비정상적인 소득으로 예측 불가능한 일시적인 소득이다. 단기적으로는 (+) 혹은 (−)이나 장기적으로는 평균이 0이다.

㉡ 소비의 결정요인 : 실제소비는 주로 항상소득(Yp)에 의하여 결정되며, 임시소득(Yt)은 소비에 별로 영향을 미치지 않는다. 그러므로 임시소득의 변화는 저축에 큰 영향을 미친다.

Answer   4.③   5.①   6.③   7.⑤

8 다음은 항상소득이론(permanent income theory)과 관련된 설명이다. 옳은 것을 모두 모아 놓은 것은?

> ㉠ 임시소득과 임시소비와는 관계가 없다.
> ㉡ 단기에서 MPC(한계소비성향)가 APC보다 크다.
> ㉢ 장기적으로 APC(평균소비성향)는 일정하다.
> ㉣ 항상소득이론은 사람들은 소비를 일정하게 유지하고 싶어 한다는 것을 전제로 한다.

① ㉠, ㉡, ㉢

② ㉠, ㉡, ㉣

③ ㉠, ㉢, ㉣

④ ㉡, ㉢, ㉣

⑤ ㉠, ㉡, ㉢, ㉣

> ✔해설 ㉡ 항상소득이론에 의하면 단기소비함수는 소비축을 통과하고, 장기소비함수는 원점을 통과하는 직선이다. 그러므로 단기에는 APC>MPC이고, 장기에는 APC=MPC가 성립한다.

9 절대소득가설, 라이프사이클가설, 항상소득가설, 상대소득가설 중 이론의 전제나 문제의식 그리고 결론의 측면에서 볼 때 서로 가장 유사한 두 개의 가설은?

① 라이프사이클가설과 항상소득가설

② 항상소득가설과 상대소득가설

③ 절대소득가설과 상대소득가설

④ 절대소득가설과 라이프사이클가설

⑤ 유사한 가설은 없다.

> ✔해설 ① 라이프사이클가설과 항상소득가설에서 개인들은 모두 미래의 장기적인 소득을 예상하여 소비를 일정한 수준에서 유지한다. 따라서 현재소득이 변해도 소비는 별로 변하지 않는다.

10 다음 중 케인즈이론에서 투자의 결정요인은?

① 유동성선호와 이자율이다.

② 한계소비성향과 유동성선호이다.

③ 투자의 한계효율과 유동성선호이다.

④ 이자율과 투자의 한계효율이다.

⑤ 한계소비성향과 이자율이다.

✔️해설 ④ 케인즈의 내부수익률법에 따르면 투자를 결정함에 있어서 이자율과 투자비용과 기대수입의 현재가치를 동일하게 하는 할인율인 내부수익률(투자의 한계효율)을 비교하여 투자를 결정한다. 즉, 이자율이 내부수익률보다 낮으면 투자가 이루어지고, 반대로 이자율이 내부수익률보다 높은 경우에는 투자가 이루어지지 않는다.

※ 케인즈의 내부수익률법

　㉠ 개념 : 내부수익률법이란 내부수익률(투자의 한계효율)과 이자율을 비교하여 투자를 결정한다는 케인즈의 투자결정이론이다.

　㉡ 투자의 한계효율

　　• 투자비용과 투자로부터 얻게 되는 수입의 현재가치가 같아지는 할인율로 다음의 식을 만족하는 m값을 의미한다.

$$C = PV = \frac{R_1}{1+m} + \frac{R_2}{(1+m)^2} + \dots + \frac{R_n}{(1+m)^n}$$

　　• 투자비용 C는 객관적으로 주어진 값이므로 투자의 한계효율(m)의 크기는 예상수입(R_1, R_2, …, R_n)에 의존한다.

　　• 예상수입의 크기는 기업가의 장래에 대한 기대에 의존하므로 m값은 기업가의 예상에 의하여 결정된다.

　㉢ 투자결정의 원리

구분	내용
m>r ↔NPV>0	투자증가
m<r ↔NPV<0	투자감소
m=r ↔NPV=0	투자중단

11 다른 모든 조건이 일정할 때 다음 중 토빈(Tobin)의 q를 증가시키는 요인은?

① 법인세율의 인상   ② 주가상승

③ 자본재의 대체비용 상승   ④ 통화공급의 감소

⑤ 이자율 인상

> ✔**해설** ② 토빈의 q는 주식시장에서 평가된 기업의 시장가치를 실물자본의 대체비용으로 나눈 값이다. 따라서 주가가 상승하면 q값은 커지고 자본재의 대체비용이 커지면 q값은 하락한다.
>
> ※ 토빈의 q(Tobin's q)
>   ⊙ 개념 : 주식시장에서 평가된 기업의 시장가치를 기업 실물자본의 대체비용(순자산가치)으로 나눈 것을 의미하며, 설비투자의 동향을 설명하거나 기업의 가치평가에 이용된다.
>   ⓛ q 값의 정의
> $$q = \frac{주식시장에서\ 평가된\ 기업의\ 시장가치}{기업의\ 실물자본\ 대체비용}$$
>   ⓒ 투자결정
>
> | 구분 | 내용 |
> |------|------|
> | q>1 | (주식시장에서 평가된 기업의 시장가치)>(기업의 실물자본의 대체비용) → 투자증가 |
> | q=1 | (주식시장에서 평가된 기업의 시장가치)=(기업의 실물자본의 대체비용) → 투자불변 |
> | q<1 | (주식시장에서 평가된 기업의 시장가치)<(기업의 실물자본의 대체비용) → 투자감소 |

12 내구연수가 1년인 자본재의 공급가격이 5,000만 원이고 예상수익이 6,000만 원이라면 투자의 한계효율(MEI)은?

① 2%   ② 10%

③ 20%   ④ 50%

⑤ 70%

> ✔**해설** ③ 투자의 한계효율은 투자비용(자본재가격)과 투자로부터 얻은 예상수입의 현재가치와 같아지는 할인율을 말한다.
> $$투자의\ 한계효율 = \frac{6000만원\ -\ 5000만원}{5000만원} \times 100\% = 20\%이다.$$
>
> ※ 투자의 한계효율(MEI)곡선
>   ⊙ MEI곡선의 도출 : 다수의 투자안이 존재하면 각 투자안에 대하여 투자의 한계효율계산이 가능하다. 투자의 한계효율이 가장 큰 투자안부터 나열하면 우하향의 MEI곡선이 도출된다.
>   ⓛ 투자의 결정
>   • m>r이면 투자가 이루어지므로 이자율이 r_0이면 투자의 크기는 I_0이다.
>   • 이자율이 r_1으로 상승하면 투자는 I_1으로 감소한다. 즉, 투자는 이자율의 감소함수이다.
>   ⓒ MEI곡선의 이동 : 기업가의 경기전망기대가 낙관적, 투자 비용감소, 기술진보 → MEI상승 → MEI 곡선 상방이동

13 현재 통화의 지표로 사용되지 않는 것은?

① M1   ② M2

③ Lf   ④ M3

⑤ L

✔ 해설   시중에 유통되고 있는 화폐의 양을 통화량(Money Supply)이라 하며 시중 통화량의 크기와 변동을 측정하기 위한 도구가 바로 통화지표이다. 통화지표는 통화의 성질에 따라 구성된 각각의 통화량의 크기를 나타낸 지표로 통화량의 크기와 변동을 파악하는 기준이 된다. 2006년 국제통화기금(IMF)의 권고와 돈의 흐름에 대한 보다 현실적인 지표가 필요하여 한국은행이 새로운 통화지표를 발표하였다. 기존의 M1(협의의 통화), M2(광의의 통화)는 그대로 두고, M3(총유동성)을 개편하여 Lf(금융기관유동성)로 만들고 L(광의유동성)을 새로 포함시켰다.

※ 통화지표

구분	내용
M1(협의의 통화)	M1은 가장 일반적인 지불수단인 민간보유 현금과 은행의 요구불예금(예금주의 요구가 있을 때 언제든지 지급할 수 있는 예금)의 합계를 가리킨다. 즉, M1은 현재 가지고 있는 현금처럼 지급을 요구하면 바로 빼 쓸 수 있는 요구불예금, 수시 입출식 저축성예금 등의 양을 의미하는 것이다.
M2(총통화)	M2는 M1에 저축성예금과 거주자외화예금을 합계한 것을 말한다. 여기서 저축성예금이란 이자율은 높으나 약정기간이 경과해야 현금 인출이 가능한 예금을 말하며, 거주자외화예금은 우리나라 사람이 가진 외화를 예금한 것을 의미한다. M2는 시중 유동성을 가장 잘 파악할 수 있는 지표로 활용된다.
Lf(금융기관유동성)	과거 M3라고 불렀던 것으로 M2에 만기 2년 이상 장기 금융상품과 생명보험 계약준비금, 증권금융 예수금을 더했다. M2에 비해 만기가 길어 저축의 성격도 강하지만 필요하면 쉽게 현금화할 수 있다는 공통점이 있다.
L(광의유동성)	가장 넓은 의미의 지표로 정부와 기업이 발행한 각종 채권과 어음 등이 총망라된다. 금융기관이 공급하는 유동성만을 포괄하고 있는 Lf를 포함한 한 나라 경제가 보유하고 있는 전체 유동성의 크기를 재는 지표다.

14 통화금융기관으로 짝지어진 것은?

㉠ 중앙은행	㉡ 일반은행
㉢ 우체국예금	㉣ 특수은행
㉤ 신용협동조합	

① ㉠, ㉡

② ㉡, ㉣

③ ㉠, ㉡, ㉣

④ ㉠, ㉡, ㉢, ㉣

⑤ ㉠, ㉡, ㉢, ㉣, ㉤

✔해설 ③ 금융기관은 중앙은행(한국은행)과 일반은행 및 특수은행 등 통화금융기관과 투자금융회사, 종합금융회사, 상호저축은행, 신용협동기구, 투자신탁회사, 증권회사, 보험회사, 우체국 등 비통화 금융기관으로 구성되어 있다.

※ 통화금융기관과 비통화금융기관

국제통화기금(IMF)은 국제적인 비교를 용이하게 하기 위해 금융기관을 통화창출기능의 유무에 따라 통화금융기관과 비통화금융기관으로 분류하고 있다.

구분	내용
통화금융기관	통화금융기관은 우리나라에서 유일하게 발권업무를 담당하는 한국은행과 수신 및 여신업무를 통하여 예금통화를 창출하는 예금은행으로 구분하고 있다. 또한, 예금은행은 일반예금은행의 전문성과 재원문제 등으로 인하여 특정부문에 자금을 원활한 자금조달을 위해 설립한 특수은행과 일반은행(상업은행)으로 구성되어 있다.
비통화금융기관	통화창출이 아닌 주로 자금의 이전과 중개를 담당하는 기관으로 업무의 특성에 따라 개발기관, 투자기관, 저축기관, 보험기관으로 나누어지며 투자금융회사, 종합금융회사, 상호저축은행, 신용협동기구, 투자신탁회사, 증권회사, 보험회사, 우체국 등이 있다.

15 다음이 가리키는 것은?

> 금융 기관 간에 자금 과부족을 조정하기 위하여 초단기(1일 이상 90일 이내)로 자금을 거래하는 시장

① 콜 시장
② 사채 시장
③ 증권 시장
④ 한국거래소
⑤ 대출 시장

> ✔해설 ① 자금이 부족한 금융기관이 자금이 남는 다른 곳에 자금을 빌려달라고 요청하는 것을 콜(Call)이라 하며, 이러한 금융기관 사이에 거래를 하는 시장을 콜시장이라 한다. 즉 금융 기관 간에 단기간에 돈을 빌려주거나 빌리는 시장을 말하며, 콜금리는 1일물(Overnight) 금리를 의미하며 단기자금의 수요와 공급에 의해 결정된다.

16 고전학파의 화폐수량설에 따르면 화폐공급이 2배로 증가할 경우 나타나는 현상으로 옳은 것은?

① 화폐소득이 2배로 증가한다.
② 화폐소득이 50% 하락한다.
③ 실질소득이 2배로 증가한다.
④ 화폐의 유통속도는 50% 감소한다.
⑤ 화폐의 유통속도는 50% 증가한다.

> ✔해설 ① 화폐공급이 2배가 되면 물가도 2배로 올라서 화폐소득이 2배로 증가한다(실질소득은 불변).
>
> ※ 고전학파의 화폐수량설
>   ㉠ 교환방정식 : 일정 기간 동안의 총거래액(PT)과 일정 기간 동안의 총지출액(MV)은 항상 일치한다. 따라서 교환방정식은 항등식이다.
>
> $$MV = PT$$
>
>   ㉡ 일반적인 교환방정식 : 거래량(T)은 국민소득(Y)에 비례하므로 원래의 교환방정식의 T를 Y로 대체하면 다음과 같이 나타낼 수 있다.
>
> $$MV = PY$$
>
>   ㉢ 물가이론 : 교환방정식에서 Y와 V(화폐유통속도)가 일정하므로 M(통화량)이 증가하면 P(물가 수준)가 정비례하여 상승한다.

Answer 14.③ 15.① 16.①

17 한 나라의 화폐 액면가를 가치변동 없이 동일한 비율의 낮은 숫자로 끌어내리거나, 아예 통화 단위와 호칭을 변경하는 조치를 나타내는 용어는?

① 리디노미네이션

② 인플레이션

③ 스태그플레이션

④ 인스타제이션

⑤ 스태그디플레이션

> ✔ **해설** ① 정답은 리디노미네이션이다. 우리나라에서는 1950년대 이후 지금까지 2회 리디노미네이션이 실행된 경험이 있다.
>
> ※ 리디노미네이션(Redenomination)
> 리디노미네이션은 화폐단위를 변경하는 것으로 통용되는 모든 지폐와 동전의 액면을 1,000 대 1 또는 100 대 1 등과 같이 동일한 비율의 낮은 숫자로 변경하는 것을 뜻한다. 리디노미네이션을 단행할 경우 실질적인 의미에서 가치가 변동하거나 자산 규모가 줄어드는 것은 아니므로 리디노미네이션은 돈의 여러 가지 기능 중에서 가치척도 기능인 표시 단위를 변경하는 정책이라고 할 수 있다. 한편 리디노미네이션을 할 때 화폐의 호칭을 바꾸지 않으면 경제생활에 혼란이 일어날 수 있기 때문에 보통 화폐의 호칭도 함께 변경을 한다.

18 다음 중 LM곡선의 이동을 가져오지 않는 경우는?

① 물가상승

② 화폐수요의 증가

③ 화폐공급의 감소

④ 정부지출의 감소

⑤ 통화량 증가

> ✔ **해설** ④ 정부지출은 IS 곡선에 변화를 가져온다.
>
> | 구분 | 내용 |
> |---|---|
> | IS 곡선 | (독립소비, 투자, 정부지출, 수출)증가→IS 우측으로 이동, (조세, 수입)증가→IS 좌측으로 이동 |
> | LM 곡선 | 통화량증가→LM 우측으로 이동, (물가, 화폐수요)증가→LM 좌측으로 이동 |

19 통화량의 본원통화에 대한 비율을 통화승수라 한다. 통화승수에 대한 내용으로 옳은 것은?

① 통화승수가 1보다 큰 것은 예금은행의 신용창조 때문이다.

② 지급준비율이 100%일 때는 통화승수가 1보다 작다.

③ 현금 / 통화량이 높을수록 통화승수는 커진다.

④ 예금은행이 초과지급준비금을 많이 보유할수록 통화승수는 커진다.

⑤ 본원통화는 통화승수에 많은 영향을 미친다.

 ① 통화승수 $m = \dfrac{1}{c + z(1-c)}$ 로 나타낼 수 있는데, 지급준비율이 100%라면 현금통화비율(c)은 0이고, z=1이므로 통화승수는 'm=1'이 된다. 보통의 경우에는 통화승수가 1보다 큰데, 그 이유는 은행의 신용창조가 이루어지기 때문이다. 본원통화는 통화승수에는 영향을 미치지 않는다. 현금통화비율(c)이 높아지거나 지급준비율(z)이 높아지면 통화승수는 작아진다.

※ 통화승수

ㄱ 개념 : 통화승수란 본원통화 1단위가 이의 몇 배에 달하는 통화를 창출하였는가를 나타내는 지표로 통화량을 본원통화로 나누어 산출한다. 예를 들어, 본원통화가 10조 원이고, 통화량이 30조 원이라면 통화승수는 3으로 계산한다.

$$m = \frac{M}{H} \text{(M : 통화량, H : 본원통화)}$$

ㄴ 현금통화비율$(c = \dfrac{C}{M})$이 주어져 있을 때 통화승수

• 통화승수 : $m = \dfrac{1}{c + z(1-c)}$

• 통화공급방정식 : $M^s = \dfrac{1}{c + z(1-c)} \times H$

ㄷ 현금-예금비율$(k = \dfrac{C}{D})$이 주어져 있을 때 통화승수

• 통화승수 : $m = \dfrac{M}{H} = \dfrac{K+1}{K+2}$

• 통화공급방정식 : $M^s = \dfrac{(K+1)}{(K+2)} \times H$

20 어떤 경제의 IS곡선과 LM곡선이 다음 그림과 같이 나타났다고 하자. 투자가 저축보다 큰 상태인 것을 나타내는 것은?

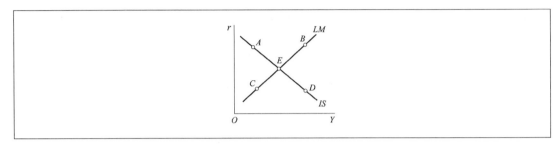

① A
② B
③ C
④ D
⑤ E

✔️ **해설** ③ 투자가 저축보다 크면 생산물시장의 수요초과가 발생한다. 이는 IS곡선보다 아랫부분에서 나타난다 (이자율하락 → 투자증가 → 투자 > 저축 → 수요초과).

21 재정정책의 구축효과가 가장 크게 나타나는 경우는?

⊙ 경제가 완전고용상태에 있을 때
ⓒ 투자의 이자율탄력성이 있을 때
ⓒ 투자의 이자율탄력성이 0일 때
ⓔ 경제가 공황상태에 있을 때

① ⊙, ⓔ
② ⊙, ⓒ
③ ⓒ, ⓔ
④ ⓒ, ⓔ
⑤ ⊙, ⓒ

✔️ **해설** ⑤ 구축효과는 완전고용상태에서 가장 크게 나타난다. 또한 투자가 이자율변화에 완전탄력적이면 이자율이 조금만 높아져도 투자가 크게 감소하므로 구축효과가 매우 크게 나타난다.

22 다음 중 총공급곡선에 대한 설명으로 옳지 않은 것은?

① 총공급곡선은 노동시장과 생산함수로부터 도출된다.

② 명목임금의 상하방 신축성을 전제로 한 고전학파의 총공급곡선은 명목임금이 상승하면 좌측으로 이동한다.

③ 케인즈학파의 총공급곡선에서 명목임금의 최저수준이 증가하면 산출량은 감소하고 물가는 상승한다.

④ 노동시장이 완전경쟁적이라면 실질임금은 물가변화에 영향을 받지 않기 때문에 총공급곡선은 물가와 무관하다.

⑤ 각 물가수준에서 기업 전체가 생산하는 재화의 공급량을 나타내는 곡선이다.

✔해설 총공급곡선은 노동시장을 균형시키는 노동량 및 물가와 이에 상응하는 국민소득을 나타내는 곡선이다. 고전학파의 총공급은 명목임금에 관계없이 완전고용국민소득에서 불변한다.
  ※ 총공급(AS) 곡선
    ㉠ 개념 : 각각의 물가수준에서 기업 전체가 생산하는 재화의 공급량을 나타내는 곡선이다.
    ㉡ 형태 : 물가가 상승할 때 고용량이 증가하므로 총공급곡선은 우상향의 형태로 도출된다.
    ㉢ 기울기

구분	내용
국민소득이 낮은 수준	AS곡선 완만
국민수준이 높은 수준	AS곡선 급경사
모든 요소가 완전고용	AS곡선 수직선

    ㉣ 이동 : 생산요소부존량의 변화, 기술수준변화, 인구증가, 자본축적 등이 이루어지면 우측으로 이동한다.

23 고전학파 세계에서 확대재정정책의 효과는? (단, 통화량은 불변하며 투자는 이자율에 탄력적으로 반응한다고 가정한다)

① 이자율상승, 국민소득일정, 물가일정

② 이자율상승, 국민소득일정, 물가상승

③ 이자율상승, 국민소득증가, 물가상승

④ 이자율일정, 국민소득일정, 물가상승

⑤ 이자율일정, 국민소득일정, 물가일정

> **✔ 해설** ① 고전학파의 세계에서 확대재정정책을 실시하면 이자율이 오르고 구축효과가 발생하여 확대효과를 완전상쇄한다. 그 결과 소득은 변하지 않는다. 통화량이 불변하므로 물가도 불변한다.
>
> ※ 총수요관리정책
> ㉠ 고전학파 확대시행정책
> • 확대재정정책을 실시하면 구축효과가 승수효과를 완전상쇄한다.
> • 확대금융정책을 실시하면 물가상승으로 인하여 확대효과가 완전상쇄된다.
> ㉡ 케인즈 확대재정정책(승수효과가 발생)
> • 구축효과가 작으므로 확대효과가 크다.
> • 극단적인 경우(IS가 수직, 또는 LM이 수평)에는 구축효과가 전혀 발생하지 않는다.

24 어느 경제의 총인구가 4,000만 명, 15세 미만의 인구가 1,500만 명, 비경제활동인구가 1,000만 명 그리고 실업자가 50만 명이다. ㉠ 경제활동참가율과 ㉡ 실업률은 각각 얼마인가?

① ㉠ 60%, ㉡ 0.8%

② ㉠ 60%, ㉡ 3.3%

③ ㉠ 75%, ㉡ 2%

④ ㉠ 75%, ㉡ 3.3%

⑤ ㉠ 80%, ㉡ 2%

> **✔ 해설** ㉠ 경제활동참가율 $= \dfrac{경제활동인구}{15세\ 이상의\ 인구} \times 100 = \dfrac{2,500 - 1,000}{2,500} \times 100 = 60\%$
>
> ㉡ 실업률 $= \dfrac{실업자수}{경제활동인구} \times 100 = \dfrac{50}{1,500} \times 100 \fallingdotseq 3.3\%$

25 합리적 기대(rational expectation) 이론과 관련이 깊은 것은?

① 예측오차가 발생하지 않는다.

② 현재의 가격이 미래에도 지속될 것으로 판단하여 예측한다.

③ 체계적 오차를 범하지 않는다.

④ 경제주체들의 행동양식이 동일하다.

⑤ 소비는 실질소득을 기준으로 결정된다.

✔ **해설** ③ 합리적 기대론자에 의하면 경제주체는 불완전정보가 주어진 상황에서도 현재 자신에게 주어진 모든 정보를 이용하여 현재와 미래의 물가상승을 합리적으로 예측한다. 따라서 각 경제주체는 오차를 범할 수는 있으나 국민경제 전체적으로는 체계적 오차가 발생하지 않는다.

※ 물가상승에 대한 기대가설

㉠ 적응적 기대가설

구분	내용
통화론자	확대정책은 단기효과를 얻지만 장기효과는 사라지고 물가상승만 부추긴다.
케인즈학파	단기적 확대효과를 얻기 위해서 확대정책을 실시해야 한다.

㉡ 합리적 기대가설과 정책무력성의 명제
- 물가상승에 대하여 합리적 기대가 형성되면 단기적 확대효과도 발생하지 않는다.
- 새고전학파는 이를 정책무력성의 명제로 주장했다.
- 새케인즈학파는 합리적 기대가설은 수용하지만 정책무력성명제는 수용하지 않는다. 왜냐하면 정보가 완전하지 않고, 가격이 경직적이기 때문이다.
- 새케인즈학파는 총수요관리정책을 실시해서 생산과 고용을 올릴 것을 주장했다.

26 다음 중 물가 지수에 대한 설명으로 틀린 것은?

① 생산자물가지수는 국내에서 생산하여 국내시장에 출하되는 모든 재화와 서비스요금(부가가치세를 제외한 공장도 가격)의 변동을 측정하기 위하여 작성하는 지수를 말한다.

② 소비자물가지수란 도시가계가 일상생활을 영위하기 위해 구입하는 상품가격과 서비스 요금의 변동을 종합적으로 측정하기 위해 작성하는 지수를 가리킨다.

③ 생활물가지수는 소비자들의 체감물가를 설명하기 위해 구입 빈도가 낮고 지출비중이 낮아 가격변동을 민감하게 느끼는 141개 품목으로 작성한 지수를 말한다.

④ 수출입 물가지수는 수출입상품의 가격변동이 국내물가에 미치는 영향과 수출입상품의 원가변동을 측정하는 데 이용한다.

⑤ 근원물가지수는 물가변동의 장기적인 추세를 파악하기 위한 것으로 근원 인플레이션 지수라 할 수 있다.

> **✓해설** ③ 물가지수란 물가의 동향을 파악하기 위해 일정시점의 연평균 물가를 100으로 잡고 백분율을 이용해 가격변화 추이를 수치로 나타낸 것을 말한다. 물가의 변동은 그 나라의 투자와 생산, 소비 등을 모두 반영하는 것으로 경제정책 수립에 반드시 필요한 지표이다. 우리나라에서 사용하는 물가지수는 소비자물가지수(CPI)와 생산자물가지수(PPI), GNP 디플레이터, 수출입물가지수 등이 있다.
> 생활물가지수는 소비자들의 체감물가를 설명하기 위해 구입 빈도가 높고 지출비중이 높아 가격변동을 민감하게 느끼는 141개 품목으로 작성한 지수를 말한다.
>
> ※ 물가지수(Price Index)

구분	내용
생산자물가지수	국내에서 생산하여 국내시장에 출하되는 모든 재화와 서비스요금(부가가치세를 제외한 공장도 가격)의 변동을 측정하기 위하여 작성하는 지수를 말한다. 매월 국내시장에 출하되는 재화와 서비스요금의 공장도가격의 변동을 측정하여 생산자의 부담 등 측정에 활용된다.
소비자물가지수	도시가계가 일상생활을 영위하기 위해 구입하는 상품가격과 서비스 요금의 변동을 종합적으로 측정하기 위해 작성하는 지수를 가리킨다. 매월 상품가격과 서비스 요금의 변동률을 측정하여 물가상승에 따른 소비자부담, 구매력 등 측정에 활용한다.
생활물가지수	소비자들의 체감물가를 설명하기 위해 구입 빈도가 높고 지출비중이 높아 가격변동을 민감하게 느끼는 141개 품목으로 작성한 지수를 말한다.(2015년 이후)
근원물가지수	전체 소비자물가 460개 품목 중에서 계절적으로 영향을 받는 농산물과 외부적 요인에 크게 영향을 받는 석유류 등을 제거하고 나머지 407개 품목을 별도로 집계한 지수를 말한다(2017년 기준). 물가변동의 장기적인 추세를 파악하기 위한 것으로 근원 인플레이션 지수라 할 수 있다.
수출입 물가지수	수출 및 수입상품의 가격변동을 측정하는 통계지표로 개별품목의 수출입액이 모집단거래액의 1/2,000 이상의 거래비중을 가지는 품목으로서 동종 산업 내 상품군의 가격 변동을 대표하면서 가급적 품질규격 등이 균일하게 유지되고 가격시계열 유지가 가능한 품목을 선정한다. 주로 수출입상품의 가격변동이 국내물가에 미치는 영향과 수출입상품의 원가변동을 측정하는 데 이용한다.

27 인플레이션에 대한 내용으로 잘못된 것은?

① 인플레이션은 물가 수준이 지속적으로 상승하는 현상으로 돈의 실제 가치가 올라간다.

② 디플레이션은 물가 수준이 지속적으로 하락하는 현상이다.

③ 스태그플레이션이란 경기가 침체하여 경제가 위축되고 실업률이 높지만, 인플레이션이 진정되지 않고 오히려 심화되는 상태를 말한다.

④ 소비자물가를 구성하는 품목 중에서 식료품이나 에너지처럼 가격이 급변동하는 품목들을 제외한 후 구한 물가상승률을 근원 인플레이션이라 부른다.

⑤ 스태그 플레이션은 실업률과 인플레이션이 상호 정(+)의 관계를 가지고 상승하는 현상이다.

✔해설 ① 인플레이션이란 일반 물가수준이 상승하는 현상을 말한다. 인플레이션은 돈의 가치가 갑자기 폭락해 화폐의 중요한 기능인 가치저장의 기능을 상실하게 되어 사회적으로 큰 혼란을 야기한다.

※ 인플레이션

구분	내용
인플레이션	인플레이션이란 일반 물가수준이 상승하는 현상을 말한다. 인플레이션은 돈의 가치가 갑자기 폭락해 화폐의 중요한 기능인 가치저장의 기능을 상실하게 되어 사회적으로 큰 혼란을 야기한다. 또한 해당 국가의 통화가치 하락과 화폐 구매력의 약화현상을 가져오며, 고정소득자의 실질소득 감소와 국제수지 악화와 같은 부정적인 문제점이 나타난다. 일반적으로 인플레이션이 발생하면 건물이나 땅, 주택과 같은 실물의 가치는 상승하고 화폐 가치는 하락한다. 그래서 실물 자산을 소유하지 않은 봉급생활자들은 화폐 가치 하락되어 실질 소득이 감소하므로 인플레이션이 발생하면 빈부 격차가 심화된다.
디플레이션	물가가 지속적으로 하락하는 것을 말한다. 상품거래량에 비해 통화량이 지나치게 적어져 물가는 떨어지고 화폐가치가 올라 경제활동이 침체되는 현상이다. 즉, 인플레이션과 반대로 수요가 공급에 훨씬 미치지 못해 물가가 계속 떨어지는 상태를 말한다. 디플레이션은 광범위한 초과 공급이 존재하는 상태이며 일반적으로 공급이 수요보다 많으면 물가는 내리고 기업의 수익은 감소하기 때문에 불황이 일어나게 된다. 디플레이션이 발생하면 정부에서는 경기 활성화 정책을 펴게 되는데 주로 부동산과 주식을 활성화하기 위한 정책을 발표하게 된다. 디플레이션에 접어들면 기업의 도산이 늘고, 전체적인 기업의 활동은 정체하고, 생산의 축소가 이루어진 결과 실업자가 증대하기 때문에 불황이 장기화 되어 산업기반이 붕괴될 수 있다.
스태그 플레이션	실업률과 인플레이션이 상호 정(+)의 관계를 가지고 상승하는 현상을 의미한다. 1970년대 많은 국가에서 석유파동으로 인한 경제침체가 지속되자 인플레이션도 높아지고 실업률도 높은 기이한 현상이 일어났다. 이와 같이 경기가 침체(Stagnation)하여 경제가 위축되고 실업률이 높지만, 인플레이션(Inflation)이 진정되지 않고 오히려 심화되는 상태를 스태그플레이션이라 한다. 스태그플레이션이 발생하게 되면 물가와 실업률이 동시에 상승하기 때문에 억제재정정책만을 사용해서는 큰 효과를 낼 수 없어 정부에서는 억제재정정책과 더불어 임금과 이윤, 가격에 대해 특정한 지시를 하여 기업과 노동조합을 견제하는 소득정책을 동반 사용한다.

Answer 26.③ 27.①

28 다음 중 노동시장에 대한 설명으로 옳은 것은?

① 화폐시장, 상품시장, 노동시장의 동시균형이 이루어질 때 비자발적 실업이 발생한다.
② 현재의 실질임금수준에서 수요되는 노동의 양이 공급되는 노동의 양보다 적을 때 비자발적 실업이 발생한다.
③ 노동자들의 현재의 임금수준보다 높은 임금수준을 주어야만 노동을 할 의사를 가질 비자발적 실업이 발생한다.
④ 현재의 실질임금수준하에서 수요되는 노동의 양이 공급되는 노동의 양보다 많으면 비자발적 실업이 발생한다.
⑤ 기술의 진보에 따라 산업 구조가 변화할 때 자발적 실업이 발생한다.

✔해설 ② 비자발적 실업은 자신의 의사와 관계없이 실업자가 되는 것으로 경기적, 구조적 실업 등이 여기에 속한다. 노동시장의 균형이 이루어지면 비자발적 실업이 존재하지 않는다.
※ 실업의 종류
  ㉠ 자발적 실업: 일할 능력은 있지만 임금 및 근로 조건이 자신의 욕구와 맞지 않아 일할 의사가 없는 상태를 가리킨다. 이러한 자발적인 실업은 크게 마찰적 실업과 탐색적 실업으로 구분한다.

탐색적 실업	현재도 일을 할 수 있는 일자리가 있기는 하나 보다 나은 일자리를 위해 당분간 자발적 실업상태에 있는 것을 말한다.
마찰적 실업	새로운 일자리를 탐색하거나 이직을 하는 과정에서 일시적으로 발생하는 실업을 의미한다.

  ㉡ 비자발적 실업: 일할 능력과 의사가 있지만 어떠한 환경적인 조건에 의해 일자리를 얻지 못한 상태를 의미한다. 일반적으로 실업을 언급할 경우 비자발적 실업을 가리킨다. 비자발적 실업은 크게 경기적 실업, 계절적 실업, 기술적 실업, 구조적 실업 등으로 구분한다.

경기적 실업	경기의 하강으로 인해 발생하는 실업으로 1930년대 세계 대공황이나 1997년 우리나라 외환위기 당시의 명예 퇴직자들과 같이 주로 경제가 침체기에 접어들면서 발생한다. 따라서 경기가 회복되면 경기적 실업은 해소되므로 정부에서는 지출을 늘려 경기를 부양하는 확대재정정책 등을 펴게 된다.
계절적 실업	재화의 생산이나 수요가 계절에 따라 변화를 가져올 때 발생하는 실업으로 농촌이나 어촌 등에서 농한기에 일시적으로 실업자가 되는 현상이다.
기술적 실업	기술의 진보에 따라 산업 구조가 변화하면서 발생하는 실업을 말한다. 보통 기계가 노동을 대체하면서 나타난다.
구조적 실업	산업구조의 변화와 함께 노동수요의 구조가 바뀜으로써 나타나는 실업이다. 예를 들어 급속한 스마트폰 보급으로 유선전화기와 같은 제품의 수요가 감소하여 유선전화기 제조가 사양화에 접어들면 그와 관련한 노동자들의 일자리가 사라지게 되는 것이 구조적 실업이라 할 수 있다.

29 다음 그림과 같은 필립스곡선이 형성되는 경우는?

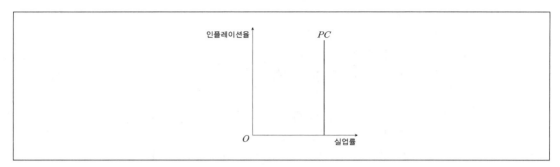

① 마찰적 실업이나 비용인상 인플레이션
② 마찰적 실업이나 수요견인 인플레이션
③ 비용인상 인플레이션이나 자연실업률
④ 스태그플레이션이나 마찰적 실업
⑤ 스태그플레이션(stagflation)

> **✔ 해설** ③ 비용인상 인플레이션이나 자연실업률에서 나타난다.
> ※ 필립스곡선이 수직으로 나타나는 경우
>   ㉠ 자연실업률 가설에 의하면 장기필립스곡선은 자연실업률 수준에서 수직이다.
>   ㉡ 비용인상 인플레이션이 발생하면 생산은 정체하고 물가가 오르는 스태그플레이션이 발생하므로 필립스곡선이 수직이다.

30 다음 사례에 대한 설명으로 바르게 짝지어진 것은?

> ㉠ 남아프리카 공화국의 한 골프장에서는 희한한 장면을 종종 목격할 수 있다. 라운딩을 하는 동안 골프장 측은 물 값이 좀 더 상승한 이후에 돈을 받으려고 하고 골프장 이용객은 물 값을 선불로 내겠다고 주장하기 때문이다. 18홀 라운딩 하는 동안 물 값은 무섭게 상승하는 것이다.
>
> ㉡ 최근까지만 해도 전문 커피숍에서 커피를 마시기 위해 줄을 서는 것을 많이 볼 수 있었지만 요즘은 그렇지 않다. 물가가 무섭게 상승하고 있어 씀씀이를 줄이는 소비자가 증가하고 있는 것이다. 경기가 악화되자 기업은 공장 가동률을 줄이고 인재채용도 줄이고 있다.

	㉠	㉡
①	스태그플레이션	인플레이션
②	인플레이션	스태그플레이션
③	인플레이션	디플레이션
④	도덕적 해이	인플레이션
⑤	도덕적 해이	스태그플레이션

✔ 해설 ② 스태그플레이션은 물가는 가파르게 상승하는 반면 경기는 둔화되는 현상을 말하며, 인플레이션은 물가는 빠르게 오르면서 상대적으로 화폐가치가 하락하는 현상을 말한다.

1 다음 중 무역의 특성으로 볼 수 없는 것은?

① 관세 및 비관세 장벽 존재

② 무역 대금 결제 시 환율 변동으로 인한 환위험 존재

③ 무역에 대한 정부의 불(不)개입

④ 운송, 보험, 금융 등 여러 보조 수단을 필요

⑤ 국제통일규칙에 의해 상거래 질서 유지

> ✔해설 ③ 정부는 적극적으로 자국의 산업을 보호하기 위하여 관세 및 비관세 장벽을 만들어 무역에 개입을 하
> 는데, 이에 따른 국제적 무역 마찰이 커짐에 따라 관세의 철폐, 세율의 연차적인 인하 등 무역의 자유
> 화를 내용으로 체결한 무역자유협정의 필요성이 더욱 증대되고 있다.
> ※ 무역의 특성
>   ㉠ 무역 거래에서는 관세 및 비관세 장벽이 존재한다.
>   ㉡ 대부분의 국가들은 대외 무역을 관리·통제한다.
>   ㉢ 무역 대금 결제 시 환율 변동으로 인한 환위험이 있다.
>   ㉣ 무역은 국제통일규칙에 의해서 상거래 질서가 유지된다.
>   ㉤ 무역은 운송, 보험, 금융 등 여러 보조 수단을 필요로 한다.

2 무역 과정에서 수많은 종류의 물건을 체계적으로 관리하기 위해서 각 제품의 성격에 따라 분류하고 그 분류된 제품에 숫자를 붙여 놓은 것으로 국제통일상품분류체계에 관한 국제협약(The International Convention on the Harmonized Commodity Description and Coding System)에 따라 수출입 물품에 부여되는 상품분류 코드는?

① QR 코드   ② CS 코드

③ BNT 코드   ④ PIO 코드

⑤ HS 코드

> ✔해설 ⑤ 질문은 HS 코드(Harmonized Commodity Description and Coding System Code)에 대해 묻고 있다.
> HS 코드는 각 상품을 숫자 코드로 분류하여 상품분류 체계를 통일함으로써 국제무역을 원활하게 하고 관
> 세율 적용에 일관성을 유지하기 위한 것으로, 관세나 무역통계, 운송, 보험 등 다양한 목적으로 사용되고
> 있다. 국제협약에 따라 HS 코드는 10자리까지만 사용할 수 있으며 6자리까지는 국제 공통으로 사용하는
> 코드이다. 7자리부터는 각 나라에서 6단위 범위 내에서 이를 세분해 10자리까지 사용할 수 있다. 우리나
> 라에서는 10자리까지 사용하며 이를 관세·통계통합품목분류표(HSK ; HS of Korea)라고 한다.

Answer   30.② / 1.③   2.⑤

3 다음은 무역의 발생 원인에 대한 이론이다. 옳은 것은?

〈A〉

- 영국의 애덤 스미스(Smith, Adam)가 주장
- 절대 우위에 있는 제품 생산

〈B〉

- 영국의 리카도(Ricardo, David)가 주장
- 비교 우위에 있는 제품 생산
- 자유 무역주의 주장

① A는 비교우위론이다.
② B는 절대우위론이다.
③ B는 국제 분업에 의한 이익을 처음으로 주장하였다.
④ B는 비교 생산비설을 주장하였다.
⑤ B는 절대 생산비설을 주장하였다.

✔ 해설 ④ 각국의 비교 생산비의 차이에 따라 자국의 생산에 유리한 상품만 생산하게 됨으로써 발생하고, 이에
따라 무역이 발생하는데, 이것이 리카도(David Ricardo)의 비교 생산비설이다.
데이비드 리카도(Ricardo David)의 비교 우위론은 애덤 스미스의 절대 우위론을 한층 발전시킨 무역
이론이다. 절대 우위론에 의하면, 한 나라가 다른 나라에 비해 모든 상품의 생산에서 절대 우위를
가질 경우 무역은 이루어질 수 없다. 그러나 비교 우위론에 의하면, 모든 재화의 생산에 절대 열위
를 가지고 있는 경우에도 생산비가 상대적으로 적게 드는 재화만을 전문화하여 만들면 무역 이익이
발생할 수 있다고 주장하였다.
①③ A는 애덤 스미스의 절대우위론으로 국제 분업에 의한 이익을 처음으로 주장한 사람이다.
② B는 리카도의 비교우위론이다.
⑤ B는 비교생산비설을 주장하였다.
※ 고전주의 무역이론

구분	내용
절대우위론 (Theory of Absolute Advantage)	영국의 경제학자 스미스(Smith, A.)는 각국이 절대적으로 생산비가 적게 드는 재화의 생산에 주력하고, 이를 자유롭게 교환하는 것이 당사국의 이익을 극대화할 수 있다는 절대 생산비설을 주장하였다.
비교우위론 (Theory of Comparative Cost)	리카도(Ricardo)가 주장한 이론으로 리카도(Ricardo)는 국가 간에 생산비의 절대적 차이가 없는 경우에도 국가마다 상대적 우위에 있는 상품 생산에 특화하여 이를 교환하는 국제적 분업이 당사국 모두에게 이익이 된다는 비교 생산비설을 주장하였다.

4 다음 중 헥셔–올린 정리와 관계된 것은?

① 각국의 생산규모가 다르므로 무역이 발생한다.

② 자유무역이 실시되면 노동이 풍부한 나라는 임금이 하락한다.

③ 선진국과 후진국의 기술격차에 의한 무역발생의 설명으로 적합하다.

④ 노동보다 자본의 부존량이 많은 나라는 자본집약적 상품을 주로 수출한다.

⑤ 한 국가의 생산변동이 교역조건에 아무 영향도 주지 못한다.

✔ 해설 ④ 헥셔–올린 정리는 헥셔와 올린은 각국의 생산기술(생산함수)이 동일하더라도 국가 간 요소부존의 차이가 발생하면 재화의 상대가격차이가 발생하고 각국은 상대가격이 낮은 재화에 비교우위를 갖게 됨을 설명한다. 즉, 각국은 자국에 상대적으로 풍부한 부존요소를 집약적으로 사용하는 재화생산에 비교우위가 있다.

※ 헥셔–올린 정리

㉠ 개념 : 헥셔와 올린은 각국의 생산기술(생산함수)이 동일하더라도 국가 간 요소부존의 차이가 발생하면 재화의 상대가격차이가 발생하고, 각국은 상대가격이 낮은 재화에 비교우위를 갖게 됨을 설명한다. H–O정리는 비교우위의 발생원인을 요소부존의 차이로 설명한다.

㉡ 가정

- 2국−2재화−2요소가 존재한다(2×2×2모형).
- 두 나라의 생산함수가 동일하다.
- 생산함수는 규모에 대한 수익불변이고, 수확체감의 법칙이 작용한다.
- 두 나라의 부존자원비율이 상이하다.
- 국가 간 생산요소이동은 불가능하다.
- 두 재화의 요소집약도가 상이하다.
- 생산물시장과 생산요소시장은 모두 완전경쟁시장이다.
- 두 나라의 수요상태가 동일하다.
- 수송비와 무역장벽이 존재하지 않는다.

㉢ 핵심내용

구분	내용
제1명제	상대적으로 풍부한 요소를 많이 투입하는 상품에 비교우위가 있다.
제2명제	자유무역이 이루어지면 비록 생산요소가 직접 이동하지 않더라도 국가 간에 생산요소의 가격이 균등화된다.

Answer 3.④ 4.④

5 1시간의 노동으로 A국은 옷 200벌 혹은 쌀 120가마를 생산할 수 있고, B국은 옷 100벌 혹은 쌀 80가마를 생산할 수 있다면 비교우위는?

① A국이 옷 생산과 쌀 생산 모두에 있어 비교우위에 있다.

② A국은 옷 생산에, B국은 쌀 생산에 비교우위가 있다.

③ A국은 쌀 생산에, B국은 옷 생산에 비교우위가 있다.

④ B국이 옷 생산과 쌀 생산 모두에 비교우위가 있다.

⑤ B국은 옷 생산과 쌀 생산 모두 비교우위에 있지 않다.

✅해설 ② A국과 B국의 상대적 생산비를 계산해 보면 다음과 같다. A국은 두 재화를 모두 B국보다 낮은 비용으로 생산할 수 있으나 상대적으로 옷을 싼 비용으로 생산할 수 있으므로 옷 생산에 비교우위를 갖는 한편 B국은 두 재화의 생산비가 모두 A국보다 높지만 상대적으로 쌀 생산비가 낮으므로 쌀 생산에 비교우위를 갖는다.

구분	A국의 상대적 생산비	B국의 상대적 생산비
옷	$\frac{100}{200} \times 100 = 50\%$	$\frac{200}{100} \times 100 = 200\%$
쌀	$\frac{80}{120} \times 100 = 67\%$	$\frac{120}{80} \times 100 = 150\%$

6 컴퓨터와 의류에 대한 한국과 미국의 국내가격비율이 다음과 같다고 하자. Ricardo모형에서 교역이 성립될 수 있는 한국의 대미교역조건은?

구분	한국	미국
컴퓨터	200	150
의류	100	50

① 교역조건 $< \frac{1}{2}$

② 교역조건 < 2

③ $\frac{1}{2} <$ 교역조건 < 3

④ $2 <$ 교역조건 < 3

⑤ $\frac{1}{2} <$ 교역조건

✅해설 ④ 한국과 미국의 가격비율을 계산하면 다음과 같다.

$$(\text{한국})\frac{P_{컴퓨터}}{P_{의류}} = \frac{200}{100} = 2 < (\text{미국})\frac{P_{컴퓨터}}{P_{의류}} = \frac{150}{50} = 3$$

한국은 컴퓨터, 미국은 의류에 각각 비교우위를 가진다. 교역이 이루어지려면 교역조건이 2보다 크고 3보다 작아야 한다.

7 두 나라의 생산가능곡선이 다음 그림과 같이 주어진 상황에서 양국이 각각 비교 우위가 있는 상품의 생산에 특화한 후 교역을 통해 후생증진을 도모한다고 가정하자. 이때 교역이 이루어진 후 A국의 소비가 E점에서 이루어진다면 B국에서의 쌀과 밀의 소비량은 각각 얼마인가?

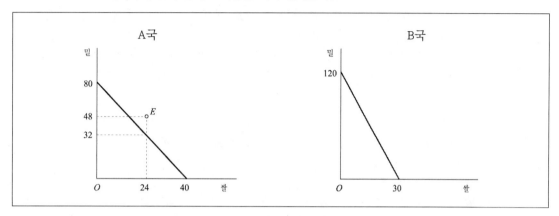

① (6, 32)

② (6, 72)

③ (6, 88)

④ (16, 72)

⑤ (16, 88)

✔해설 ④ A국에서는 주어진 노동을 투입할 때 쌀(X재)과 밀(Y재)을 각각 최대한 (40, 80)단위 생산할 수 있으므로 국내가격비는 $\left[\dfrac{P_X}{P_Y}\right]^A=2$이고 B국에서는 주어진 노동을 투입할 때 쌀(X재)과 밀(Y재)을 각각 최대한 (30, 120)단위 생산할 수 있으므로 국내가격비는 $\left[\dfrac{P_X}{P_Y}\right]^B=4$이다. 따라서 A국은 X재 생산에 비교우위를 갖고 B국은 Y재 생산에 비교우위를 갖는다. A국은 X재 생산에 비교우위를 가지므로 무역 이후에는 X재를 40단위 생산하고, B국은 Y재 생산에 비교우위를 가지므로 Y재를 120단위 생산한다. 그러므로 무역 이후 A국은 X재와 Y재를 각각 (24, 48)단위 소비하므로 B국의 재화소비량은 (16, 72)단위가 된다.

8 다음 설명과 관련이 깊은 것은?

> A국은 1930년대 자기 나라 영해에서 막대한 양의 천연가스를 발견하게 되었다. 이 천연가스의 발견은 특정 생산요소의 부존량이 증가하는 것으로 생각할 수 있다. 이에 따라 이 천연가스를 개발하기 위해 다른 산업으로부터 노동과 자본 등 다른 생산요소가 이동하기 시작하였다. 그 결과 천연가스를 집약적으로 사용하는 광업부문의 생산과 고용은 증대한 반면, 천연가스를 집약적으로 사용하지 않는 여타 부문 예컨대 공업부문의 생산과 고용은 줄어들기 시작하였다.

① 립진스키 정리
② 스톨퍼-사무엘슨 정리
③ 헥셔-올린 정리
④ 레온티에프 역설
⑤ 요소가격균등화정리

✔해설 ① 한 요소의 부존량이 증가할 때 그 요소를 집약적으로 사용하는 생산물의 생산량은 증가하고 다른 요소를 집약적으로 사용하는 생산물의 생산량은 감소한다는 것이 립진스키 정리이다.

9 수입품의 개수·용적·면적·중량 등의 일정한 단위수량을 과세표준으로 하여 부과되는 관세는?

① 수출관세
② 보호관세
③ 특혜관세
④ 재정관세
⑤ 종량관세

✔해설 ⑤ 종량관세(종량세)에 대한 질문이다.

※ 관세의 종류

구분	내용
수출관세	수출품에 대하여 부과되는 관세를 가리킨다.
재정관세	국고수입을 주목적으로 부과되는 관세이다.
통과관세	국경을 통과하는 물품에 대하여 부과되는 관세를 말한다.
보호관세	국내산업의 보호를 목적으로 부과되는 관세를 말한다.
종가관세(종가세)	수입물품의 가격을 과세표준으로 하여 부과되는 관세이다.
수입관세	수입품에 대하여 부과되는 관세이다.
종량관세(종량세)	수입품의 개수·용적·면적·중량 등의 일정한 단위수량을 과세표준으로 하여 부과되는 관세이다.
특혜관세	특혜관세는 저개발국로부터의 수입품에 대하여 타국에서의 수입품에 부과하는 것보다도 특별히 낮은 세율로 부과하는 관세를 의미한다.

10 자유무역협정의 통합 단계를 순서대로 나열한 것은?

① 관세동맹 → 자유무역협정 → 공동시장 → 완전경제통합

② 단일시장 → 자유무역협정 → 공동시장 → 관세동맹

③ 자유무역협정 → 관세동맹 → 공동시장 → 완전경제통합

④ 자유무역협정 → 공동시장 → 관세동맹 → 단일시장

⑤ 단일시장 → 공동시장 → 자유무역협정 → 관세동맹

✔해설 ③ 지역경제통합이란 경제적 이해관계가 같은 다수의 국가들이 경제적인 이익을 얻기 위해 결성한 경제 블록을 의미한다. 회원국 사이에는 무역의 자유가 보장되고, 비회원국에 대해서는 관세 및 비관세 장벽을 이용해 무역의 자유를 제한을 한다. 이러한 지역경제통합에는 상호 의존성과 통합의 정도에 따라 자유무역협정(FTA), 관세동맹, 공동시장, 경제동맹, 완전경제통합으로 분류할 수 있다. 자유무역협정은 회원국 간 상품, 서비스, 투자, 지재권, 정부조달 등에 대한 관세 비관세 장벽을 완화함으로써 상호 간 교역 증진을 도모하는 특혜무역협정을 의미한다. 특히 자유무역협정은 관세철폐를 주요 논의로 다룬다. 자유무역협정은 지역무역협정(RTA)의 주류를 이루고 있으며, 자유무역협정 → 관세동맹 → 공동시장 → 완전경제통합의 단계를 통해 경제통합으로 나아간다.

※ 지역경제 통합

종류	내용
자유무역협정(FTA)	체결국가 간의 무역자유화 조치에 따라 관세를 포함하여 무역장벽 철폐 예 NAFTA, EFTA 등
관세동맹 (Custom Union)	체결 국가 간의 무역자유화 이외에도 역외국가에 대해 공동관세율을 적용하여 대외적인 관세까지 공동의 관세를 취하는 형태 예 남미공동시장(MERCOSUR)
공동시장 (Common Market)	관세동맹 수준을 넘어 무역정책 이외에도 체결국가 간에 노동과 자본 등의 생산요소의 자유로운 이동을 가능하게 하는 형태 예 구주공동체(EC), 중앙아메리카 공동시장(CACM) 등
완전경제통합 (Complete Economic Union)	자국의 경제정책을 폐지하고 체결국가 간에 경제통합을 위해 초국가적 기구를 설치하여 단일경제체제를 운영하는 형태 예 유럽연합(EU)

11 다음의 외환 표시법은?

> ㉠ U.S. \$1=₩1,200
> ㉡ ₩1=U.S. \$1/1,200

	㉠	㉡
①	외국통화표시법	자국통화표시법
②	자국통화표시법	외국통화표시법
③	외국통화표시법	외국통화표시법
④	자국통화표시법	자국통화표시법
⑤	외국통화표시법	공용통화표시법

✔해설 ② 환율이란 우리나라 돈과 외국 돈과의 교환 비율을 의미한다. 예를 들어 미국으로 해외여행을 가려고 계획 중이라면 우리나라 돈이 아니라 미국 돈인 달러가 필요한데 여행 경비에 필요한 달러를 얻기 위해 우리나라 돈이 얼마가 필요한지가 바로 환율이다. 원화와 달러화의 환율이 '1,400원/1달러'라면 이는 달러화와 원화의 교환비율이 1대 1,400이라는 것으로 1달러와 1,400원이 서로 교환된다는 것을 의미한다. 달러와 같은 외국 화폐는 시장의 물건처럼 사고파는 재화이기 때문에 우리나라 돈으로 살 수가 있어 환율이라는 것이 형성된다. 환율이 상승한다는 것은 곧 외국 돈의 가격이 오른다는 것을 의미하고, 환율이 하락한다는 것은 곧 외국 돈의 가격이 내려간다는 것을 의미한다. 환율은 외국 돈의 수요와 공급에 의해 결정되며 환율을 표시하는 방법에는 외국통화에 대한 자국통화 표시비율을 나타내는 직접표시법(American terms)과 그 반대인 간접표시법(European terms)의 2종류로 나눌 수 있다.

※ 환율의 표시법

구분	내용
직접표시법 (자국통화표시법)	외국통화를 1단위를 얻기 위해 지급해야 하는 자국통화의 크기를 말한다. 대다수의 국가에서 이 방식을 사용하고 있으며 우리나라 역시 이 방법으로 환율을 표시하고 있다. (U.S. \$1=₩1,200)
간접표시법 (외국통화표시법)	자국의 통화 1단위로 수취할 수 있는 외국 통화를 표시한 방법으로 영국, 호주, 뉴질랜드 등 국가에서 사용하고 있다. (₩1=U.S. \$1/1,200)

12 환율 등락이 주는 영향으로 잘못된 것은?

① 환율이 오르면 수출에 있어 우리나라 제품의 가격경쟁력이 높아진다.

② 환율이 하락되면 수입 상품 가격 하락되어 수입이 증가한다.

③ 환율이 상승하면 수입 상품 가격 상승하여 수입이 증가한다.

④ 환율이 하락하면 국내 물가수준이 내려간다.

⑤ 환율이 상승하면 국내 물가수준이 상승한다.

> ✔해설 ③ 환율이 상승하여 수출이 증가하면 생산과 고용이 증대되어 경제 성장을 촉진시킨다. 그러나 수입 원자재 가격이 상승하여 국내 물가 상승하고, 외채를 상환할 때는 환율 상승 전보다 더 많은 원화를 부담해야 한다.
> 반대로 환율이 하락하여 수출이 감소하면 생산과 고용이 감소되어 경제 성장이 둔화된다. 그러나 수입 원자재 가격의 하락으로 국내 물가가 떨어질 수 있으며, 외채를 상환할 때는 환율 하락 전보다 더 적은 원화를 부담하게 된다.
> ※ 환율의 상승과 하락

구분	환율 하락	환율 상승
수출	감소	증가
수입	수입상품 가격 하락으로 수입 증가	수입 상품 가격 상승으로 수입 감소
국내 물가	물가 안정	물가 상승

13 원화의 지속적인 평가절상이 예상되는 경우 우리나라의 수출입기업의 행태에서 찾아볼 수 있는 현상으로 옳은 것은?

① 수출과 수입을 모두 늦춘다.

② 수출과 수입을 모두 앞당긴다.

③ 수입을 앞당기고 수출을 늦추는 경향이 있다.

④ 수출을 앞당기고 수입을 늦추는 경향이 있다.

⑤ 수입을 앞당기고 수출은 변화가 없다.

> ✔해설 ④ 원화의 지속적인 평가절상이 예상될 경우 기업들은 수출을 가능하면 앞당기려고 할 것이다. 왜냐하면 수출대금으로 100만 달러를 수취하더라도 환율이 1$=1000원이라면 10억 원을 획득할 수 있지만 원화환율이 상승하여 환율이 1$=700원으로 평가절상되면 수취하게 되는 금액은 7억 원으로 감소하기 때문이다. 그리고 환율이 하락하면 동일한 양의 재화를 수입하더라도 원화표시로 볼 때 지불해야 할 금액이 감소하므로 수입은 늦추려고 할 것이다.

Answer 11.② 12.③ 13.④

14 다음 중 변동환율제도의 장점으로 꼽을 수 있는 것은?

> ㉠ 국제결제상의 불확실성 축소
> ㉡ 국제수지 불균형의 신속한 조정
> ㉢ 국내경제 안정을 위한 금융통화정책의 자유로운 사용

① ㉠, ㉡   ② ㉢
③ ㉡, ㉢   ④ ㉠, ㉡, ㉢
⑤ ㉡

> ✔해설 ㉠ 환율이 변하면 국제결제상에서 환차손이 발생할 우려가 있으므로 불확실성이 확대될 수 있다. 따라서 변동환율제도의 단점에 속한다.

15 연간수익률 10%인 한국 채권과 6%인 미국 채권이 있다고 하자. 한국의 투자자가 미국 채권을 매입할 때 매입시점의 환율이 달러당 840원이고 만기에는 달러당 882원으로 예상된다면 이 투자자의 기대수익률은 얼마인가?

① 6%   ② 9%
③ 11%   ④ 15%
⑤ 18%

> ✔해설 ③ 미국 채권의 환차익률 $= \dfrac{882원 - 840원}{840원} \times 100\% = 5\%$
>
> 기대수익률 = 채권구입 시 기대수익률(%) + 환차익률(5%) = 11%

16 다음 중 국제수지 구성에 관한 설명으로 옳지 않은 것은?

① 자본수지는 금융계정과 준비자산으로 되어 있다.
② 경상수지는 상품수지와 서비스수지, 소득수지, 경상이전수지로 구성된다.
③ 상품수지는 수출과 수입으로 구성된다.
④ 서비스수지는 운수, 여행, 통신, 보험, 로열티, 기타 서비스 등을 포함한다.
⑤ 본원소득수지는 생산요소를 거래해서 벌어들인 돈과 지급한 돈을 기록하는 것이다.

✔해설 ① 자본수지는 자산 소유권의 무상이전, 채권자에 의한 채무면제 등을 기록하는 자본이전과 브랜드네임, 상표 등 마케팅자산과 기타 양도가능한 무형자산의 취득과 처분을 기록하는 비생산·비금융자산으로 구분한다.

※ 국제수지

ⓐ 개념 : 국가 경제의 수입과 지출 등의 살림살이 내용을 기록하는 국민계정은 국민소득통계, 산업연관표, 자금순환표, 국제수지표, 국민대차대조표의 다섯 가지로 구성되어 있다. 이 중에서 국제수지표는 한 나라가 외국과 거래한 것을 기록한 장부라고 할 수 있다. 국제수지에는 한 나라의 거주자가 일정기간 동안 세계의 거주자와 행한 모든 경제거래가 체계적으로 분류되어 있다.

국제수지는 복식부기(double entry system) 원칙에 의해 모든 개별거래를 동일한 금액으로 대·차 양변에 동시에 계상하고 있으며 국가 간에 비교가 가능하도록 IMF가 국제수지통계의 포괄범위, 분류, 평가 등에 관해 정해 놓은 국제수지매뉴얼(BPM; Balance of Payments Manual)에 의해 체계적으로 기록되고 있다.

ⓑ 구분 : 제수지는 크게 경상수지와 자본·금융계정으로 나누고, 경상수지는 다시 상품수지, 서비스수지, 본원소득수지 그리고 이전소득수지로 구분한다.

구분		내용
경상수지	상품수지	상품의 수출과 수입의 차이를 나타낸다.
	서비스수지	운수, 여행, 통신, 보험, 특허권사용료 등과 같이 서비스수지는 외국과 서비스를 거래해서 벌어들인 돈과 지급한 돈의 차이를 나타낸다.
	본원소득수지	본원소득수지는 외국과 자본, 노동 등 생산요소를 거래해서 벌어들인 돈과 지급한 돈을 기록하는 것으로 배당, 이자, 급료 및 임금이 해당된다.
	이전소득수지	이전소득수지는 거주자와 비거주자 사이에 아무런 대가 없이 주고받은 거래의 수지 차이로 즉, 국외송금, 자선단체의 기부금과 구호물자, 정부 간의 무상 원조 등의 수입과 지급의 차이를 말한다.
자본수지		자본수지는 자산 소유권의 무상이전, 채권자에 의한 채무면제 등을 기록하는 자본이전과 브랜드네임, 상표 등 마케팅자산과 기타 양도가능한 무형자산의 취득과 처분을 기록하는 비생산·비금융자산으로 구분한다.
금융계정		금융계정은 거주자가 외국기업에 대해 혹은 비거주자가 국내기업에 대해 경영참여 등을 목적으로 하는 직접투자, 주식과 채권 거래를 나타내는 증권투자, 파생금융상품 거래를 계상하는 파생금융상품, 기타투자 및 준비자산으로 구분된다.

국제수지표 — 경상수지(상품수지, 서비스수지, 본원소득수지, 이전소득수지), 자본수지, 금융계정(직접투자, 증권투자, 파생금융상품, 기타투자, 준비자산), 오차 및 누락

17 다음 중 변동환율제도에서 환율이 오를 때 나타나는 현상은?

① 순수출이 늘어나서 IS곡선이 우측으로 이동한다.

② 순수입이 늘어나서 IS곡선이 좌측으로 이동한다.

③ 순수출이 늘어나서 IS곡선과 BP곡선이 우측으로 이동한다.

④ 순수출이 늘어나서 IS곡선, LM곡선과 BP곡선이 우측으로 이동한다.

⑤ 순수출이 늘어나서 IS곡선, BP곡선은 불변하고 LM곡선은 우측으로 이동한다.

> ✔해설 ③ 환율이 인상되면 수출은 증가하고 수입은 감소한다. 따라서 IS, BP곡선은 우측으로 이동하고 LM곡선은 불변한다.

18 어느 국가에서는 대규모로 자본이 유입됨에 따라 환율의 안정을 위하여 외환시장에 개입함과 동시에 통화량변동을 상쇄시킬 목적으로 공개시장조작정책을 실시하였다. 이들 정책의 구체적 내용은?

① 외환의 매입과 국채의 매입

② 외환의 매입과 국채의 매출

③ 외환의 매출과 국채의 매입

④ 외환의 매출과 국채의 매출

⑤ 외환의 매출

> ✔해설 ② 외자유입에 따른 환율안정을 위하여는 국내의 과다한 외환의 매입과 동시에 이에 따라 증가하게 되는 통화량 감축을 위하여 국채매출에 따른 공개시장조작이 필요하다.

19 정세의 불안으로 세계 각국의 투자자들이 안전한 미국에 투자하기로 했다면?

① 미국의 이자율은 상승하고 상품수지는 개선된다.

② 미국의 이자율은 상승하고 상품수지는 악화된다.

③ 미국의 이자율은 하락하고 상품수지는 악화된다.

④ 미국의 이자율은 하락하고 상품수지는 개선된다

⑤ 미국의 이자율과 상품수지는 영향을 받지 않는다.

✓해설 ③ 정세의 불안으로 세계 각국의 투자자들이 미국에 대한 투자를 증가시키면 미국으로의 자본유입이 발생하므로 달러의 평가절상이 이루어져 상품수지는 악화된다. 그리고 자본유입에 따라 미국에서 채권에 대한 수요가 증가하므로 미국 내의 이자율은 하락하게 될 것이다.

20 다음 보기의 빈칸에 들어갈 것으로 가장 올바른 것은?

> 먼델-플레밍 모형에서 정부가 수입규제를 시행할 경우, 변동환율제에서는 순수출이 (㉠), 고정환율제에서는 순수출이 (㉡).

	㉠	㉡
①	증가하고	불변이다
②	증가하고	증가한다
③	불변이고	증가한다
④	불변이고	불변이다
⑤	불변이고	감소한다

✓해설 정부가 수입규제를 실시하게 되면 순수출이 증가하게 된다. IS곡선이 우측 이동하여 이자율이 상승하게 된다.

㉠ 변동환율제도에서는 이자율의 상승으로 환율하락을 야기하고 그 결과 수출이 감소하게 된다. 따라서 순수출의 증가 효과는 상쇄된다.

㉡ 고정환율제도에서는 이자율의 상승으로 환율이 하락하려는 압력으로 작동하게 되므로, 중앙은행은 통화량을 증가시켜 환율하락을 막게 된다. 이때 중앙은행의 통화량 증가는 LM곡선을 다시 이동시키게 된다.

Answer 17.③ 18.② 19.③ 20.③

PART **04**

면접

면접의 기본

01 면접준비

(1) 면접의 기본 원칙

① **면접의 의미** … 다양한 면접기법을 활용하여 지원한 직무에 필요한 능력을 지원자가 보유하고 있는지를 확인하는 절차라고 할 수 있다. 즉, 지원자의 입장에서는 채용 직무수행에 필요한 요건들과 관련하여 자신의 환경, 경험, 관심사, 성취 등에 대해 기업에 직접 어필할 수 있는 기회를 제공받는 것이며, 기업의 입장에서는 서류전형만으로 알 수 없는 지원자에 대한 정보를 직접적으로 수집하고 평가하는 것이다.

② **면접의 특징** … 면접은 기업의 입장에서 서류전형이나 필기전형에서 드러나지 않는 지원자의 능력이나 성향을 볼 수 있는 기회로, 면대면으로 이루어지며 즉흥적인 질문들이 포함될 수 있기 때문에 지원자가 완벽하게 준비하기 어려운 부분이 있다. 하지만 지원자 입장에서도 서류전형이나 필기전형에서 모두 보여주지 못한 자신의 능력 등을 기업의 인사담당자에게 어필할 수 있는 추가적인 기회가 될 수도 있다.

[서류 · 필기전형과 차별화되는 면접의 특징]

- 직무수행과 관련된 다양한 지원자 행동에 대한 관찰이 가능하다.
- 면접관이 알고자 하는 정보를 심층적으로 파악할 수 있다.
- 서류상의 미비한 사항과 의심스러운 부분을 확인할 수 있다.
- 커뮤니케이션 능력, 대인관계 능력 등 행동 · 언어적 정보도 얻을 수 있다.

③ 면접의 유형

　㉠ **구조화 면접** : 사전에 계획을 세워 질문의 내용과 방법, 지원자의 답변 유형에 따른 추가 질문과 그에 대한 평가 역량이 정해져 있는 면접 방식으로 표준화 면접이라고도 한다.

- 표준화된 질문이나 평가요소가 면접 전 확정되며, 지원자는 편성된 조나 면접관에 영향을 받지 않고 동일한 질문과 시간을 부여받을 수 있다.
- 조직 또는 직무별로 주요하게 도출된 역량을 기반으로 평가요소가 구성되어, 조직 또는 직무에서 필요한 역량을 가진 지원자를 선발할 수 있다.
- 표준화된 형식을 사용하는 특성 때문에 비구조화 면접에 비해 신뢰성과 타당성, 객관성이 높다.

　㉡ **비구조화 면접** : 면접 계획을 세울 때 면접 목적만을 명시하고 내용이나 방법은 면접관에게 전적으로 일임하는 방식으로 비표준화 면접이라고도 한다.

- 표준화된 질문이나 평가요소 없이 면접이 진행되며, 편성된 조나 면접관에 따라 지원자에게 주어지는 질문이나 시간이 다르다.
- 면접관의 주관적인 판단에 따라 평가가 이루어져 평가 오류가 빈번히 일어난다.
- 상황 대처나 언변이 뛰어난 지원자에게 유리한 면접이 될 수 있다.

④ 경쟁력 있는 면접 요령

　㉠ **면접 전에 준비하고 유념할 사항**

- 예상 질문과 답변을 미리 작성한다.
- 작성한 내용을 문장으로 외우지 않고 키워드로 기억한다.
- 지원한 회사의 최근 기사를 검색하여 기억한다.
- 지원한 회사가 속한 산업군의 최근 기사를 검색하여 기억한다.
- 면접 전 1주일간 이슈가 되는 뉴스를 기억하고 자신의 생각을 반영하여 정리한다.
- 찬반토론에 대비한 주제를 목록으로 정리하여 자신의 논리를 내세운 예상답변을 작성한다.

　㉡ **면접장에서 유념할 사항**

- 질문의 의도 파악 : 답변을 할 때에는 질문 의도를 파악하고 그에 충실한 답변이 될 수 있도록 질문사항을 유념해야 한다. 많은 지원자가 하는 실수 중 하나로 답변을 하는 도중 자기 말에 심취되어 질문의 의도와 다른 답변을 하거나 자신이 알고 있는 지식만을 나열하는 경우가 있는데, 이럴 경우 의사소통능력이 부족한 사람으로 인식될 수 있으므로 주의하도록 한다.
- 답변은 두괄식 : 답변을 할 때에는 두괄식으로 결론을 먼저 말하고 그 이유를 설명하는 것이 좋다. 미괄식으로 답변을 할 경우 용두사미의 답변이 될 가능성이 높으며, 결론을 이끌어 내는 과정에서 논리성이 결여될 우려가 있다. 또한 면접관이 결론을 듣기 전에 말을 끊고 다른 질문을 추가하는 예상치 못한 상황이 발생될 수 있으므로 답변은 자신이 전달하고자 하는 바를 먼저 밝히고 그에 대한 설명을 하는 것이 좋다.

- 지원한 회사의 기업정신과 인재상을 기억 : 답변을 할 때에는 회사가 원하는 인재라는 인상을 심어주기 위해 지원한 회사의 기업정신과 인재상 등을 염두에 두고 답변을 하는 것이 좋다. 모든 회사에 해당되는 두루뭉술한 답변보다는 지원한 회사에 맞는 맞춤형 답변을 하는 것이 좋다.
- 나보다는 회사와 사회적 관점에서 답변 : 답변을 할 때에는 자기중심적인 관점을 피하고 좀 더 넓은 시각으로 회사와 국가, 사회적 입장까지 고려하는 인재임을 어필하는 것이 좋다. 자기중심적 시각을 바탕으로 자신의 출세만을 위해 회사에 입사하려는 인상을 심어줄 경우 면접에서 불이익을 받을 가능성이 높다.
- 난처한 질문은 정직한 답변 : 난처한 질문에 답변을 해야 할 때에는 피하기보다는 정면 돌파로 정직하고 솔직하게 답변하는 것이 좋다. 난처한 부분을 감추고 드러내지 않으려 회피하는 지원자의 모습은 인사담당자에게 입사 후에도 비슷한 상황에 처했을 때 회피할 수도 있다는 우려를 심어줄 수 있다. 따라서 직장생활에 있어 중요한 덕목 중 하나인 정직을 바탕으로 솔직하게 답변을 하도록 한다.

(2) 면접의 종류 및 준비 전략

① 인성면접

ㄱ) 면접 방식 및 판단기준
- 면접 방식 : 인성면접은 면접관이 가지고 있는 개인적 면접 노하우나 관심사에 의해 질문을 실시한다. 주로 입사지원서나 자기소개서의 내용을 토대로 지원동기, 과거의 경험, 미래 포부 등을 이야기하도록 하는 방식이다.
- 판단기준 : 면접관의 개인적 가치관과 경험, 해당 역량의 수준, 경험의 구체성·진실성 등

ㄴ) 특징 : 인성면접은 그 방식으로 인해 역량과 무관한 질문들이 많고 지원자에게 주어지는 면접질문, 시간 등이 다를 수 있다. 또한 입사지원서나 자기소개서의 내용을 토대로 하기 때문에 지원자별 질문이 달라질 수 있다.

ⓒ 예시 문항 및 준비전략

• 예시 문항

> • 3분 동안 자기소개를 해 보십시오.
> • 자신의 장점과 단점을 말해 보십시오.
> • 학점이 좋지 않은데 그 이유가 무엇입니까?
> • 최근에 인상 깊게 읽은 책은 무엇입니까?
> • 회사를 선택할 때 중요시하는 것은 무엇입니까?
> • 일과 개인생활 중 어느 쪽을 중시합니까?
> • 10년 후 자신은 어떤 모습일 것이라고 생각합니까?
> • 휴학 기간 동안에는 무엇을 했습니까?

• 준비전략 : 인성면접은 입사지원서나 자기소개서의 내용을 바탕으로 하는 경우가 많으므로 자신이 작성한 입사지원서와 자기소개서의 내용을 충분히 숙지하도록 한다. 또한 최근 사회적으로 이슈가 되고 있는 뉴스에 대한 견해를 묻거나 시사상식 등에 대한 질문을 받을 수 있으므로 이에 대한 대비도 필요하다. 자칫 부담스러워 보이지 않는 질문으로 가볍게 대답하지 않도록 주의하고 모든 질문에 입사 의지를 담아 성실하게 답변하는 것이 중요하다.

② 발표면접

㉠ 면접 방식 및 판단기준

• 면접 방식 : 지원자가 특정 주제와 관련된 자료를 검토하고 그에 대한 자신의 생각을 면접관 앞에서 주어진 시간 동안 발표하고 추가 질의를 받는 방식으로 진행된다.

• 판단기준 : 지원자의 사고력, 논리력, 문제해결력 등

㉡ 특징 : 발표면접은 지원자에게 과제를 부여한 후, 과제를 수행하는 과정과 결과를 관찰·평가한다. 따라서 과제수행 결과뿐 아니라 수행과정에서의 행동을 모두 평가할 수 있다.

ⓒ 예시 문항 및 준비전략

• 예시 문항

[신입사원 조기 이직 문제]

※ 지원자는 아래에 제시된 자료를 검토한 뒤, 신입사원 조기 이직의 원인을 크게 3가지로 정리하고 이에 대한 구체적인 개선안을 도출하여 발표해 주시기 바랍니다.

※ 본 과제에 정해진 정답은 없으나 논리적 근거를 들어 개선안을 작성해 주십시오.

• A기업은 동종업계 유사기업들과 비교해 볼 때, 비교적 높은 재무안정성을 유지하고 있으며 업무강도가 그리 높지 않은 것으로 외부에 알려져 있음.

• 최근 조사결과, 동종업계 유사기업들과 연봉을 비교해 보았을 때 연봉 수준도 그리 나쁘지 않은 편이라는 것이 확인되었음.

• 그러나 지난 3년간 1~2년차 직원들의 이직률이 계속해서 증가하고 있는 추세이며, 경영진 회의에서 최우선 해결과제 중 하나로 거론되었음.

• 이에 따라 인사팀에서 현재 1~2년차 사원들을 대상으로 개선되어야 하는 A기업의 조직문화에 대한 설문조사를 실시한 결과, '상명하복식의 의사소통'이 36.7%로 1위를 차지했음.

• 이러한 설문조사와 함께, 신입사원 조기 이직에 대한 원인을 분석한 결과 파랑새 증후군, 셀프홀릭 증후군, 피터팬 증후군 등 3가지로 분류할 수 있었음.

〈동종업계 유사기업들과의 연봉 비교〉　　　　〈우리 회사 조직문화 중 개선되었으면 하는 것〉

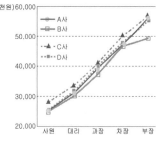

〈신입사원 조기 이직의 원인〉

• 파랑새 증후군

– 현재의 직장보다 더 좋은 직장이 있을 것이라는 막연한 기대감으로 끊임없이 새로운 직장을 탐색함.

– 학력 수준과 맞지 않는 '하향지원', 전공과 적성을 고려하지 않고 일단 취업하고 보자는 '묻지마 지원'이 파랑새 증후군을 초래함.

• 셀프홀릭 증후군

– 본인의 역량에 비해 가치가 낮은 일을 주로 하면서 갈등을 느낌.

• 피터팬 증후군

– 기성세대의 문화를 무조건 수용하기보다는 자유로움과 변화를 추구함.

– 상명하복, 엄격한 규율 등 기성세대가 당연시하는 관행에 거부감을 가지며 직장에 답답함을 느낌.

- 준비전략 : 발표면접의 시작은 과제 안내문과 과제 상황, 과제 자료 등을 정확하게 이해하는 것에서 출발한다. 과제 안내문을 침착하게 읽고 제시된 주제 및 문제와 관련된 상황의 맥락을 파악한 후 과제를 검토한다. 제시된 기사나 그래프 등을 충분히 활용하여 주어진 문제를 해결할 수 있는 해결책이나 대안을 제시하며, 발표를 할 때에는 명확하고 자신 있는 태도로 전달할 수 있도록 한다.

③ 토론면접

　ⓐ 면접 방식 및 판단기준

- 면접 방식 : 상호갈등적 요소를 가진 과제 또는 공통의 과제를 해결하는 내용의 토론 과제를 제시하고, 그 과정에서 개인 간의 상호작용 행동을 관찰하는 방식으로 면접이 진행된다.
- 판단기준 : 팀워크, 적극성, 갈등 조정, 의사소통능력, 문제해결능력 등

　ⓑ 특징 : 토론을 통해 도출해 낸 최종안의 타당성도 중요하지만, 결론을 도출해 내는 과정에서의 의사소통능력이나 갈등상황에서 의견을 조정하는 능력 등이 중요하게 평가되는 특징이 있다.

　ⓒ 예시 문항 및 준비전략

- 예시 문항

> - 군 가산점제 부활에 대한 찬반토론
> - 담뱃값 인상에 대한 찬반토론
> - 비정규직 철폐에 대한 찬반토론
> - 대학의 영어 강의 확대 찬반토론
> - 워크숍 장소 선정을 위한 토론

- 준비전략 : 토론면접은 무엇보다 팀워크와 적극성이 강조된다. 따라서 토론과정에 적극적으로 참여하며 자신의 의사를 분명하게 전달하며, 갈등상황에서 자신의 의견만 내세울 것이 아니라 다른 지원자의 의견을 경청하고 배려하는 모습도 중요하다. 갈등상황을 일목요연하게 정리하여 조정하는 등의 의사소통능력을 발휘하는 것도 좋은 전략이 될 수 있다.

④ 상황면접

　ⓐ 면접 방식 및 판단기준

- 면접 방식 : 상황면접은 직무 수행 시 접할 수 있는 상황들을 제시하고, 그러한 상황에서 어떻게 행동할 것인지를 이야기하는 방식으로 진행된다.
- 판단기준 : 해당 상황에 적절한 역량의 구현과 구체적 행동지표

　ⓑ 특징 : 실제 직무 수행 시 접할 수 있는 상황들을 제시하므로 입사 이후 지원자의 업무수행능력을 평가하는 데 적절한 면접 방식이다. 또한 지원자의 가치관, 태도, 사고방식 등의 요소를 통합적으로 평가하는 데 용이하다.

ⓒ 예시 문항 및 준비전략

• 예시 문항

> 당신은 생산관리팀의 팀원으로, 생산팀이 기한에 맞춰 효율적으로 제품을 생산할 수 있도록 관리하는 역할을 맡고 있습니다. 3개월 뒤에 제품A를 정상적으로 출시하기 위해 생산팀의 생산 계획을 수립한 상황입니다. 그러나 원가가 곧 실적으로 이어지는 구매팀에서는 최대한 원가를 줄여 전반적 단가를 낮추려고 원가절감을 위한 제안을 하였으나, 연구개발팀에서는 구매팀이 제안한 방식으로 제품을 생산할 경우 대부분이 구매팀의 실적으로 산정될 것이므로 제대로 확인도 해보지 않은 채 적합하지 않은 방식이라고 판단하고 있습니다. 당신은 어떻게 하겠습니까?

• 준비전략 : 상황면접은 먼저 주어진 상황에서 핵심이 되는 문제가 무엇인지를 파악하는 것에서 시작한다. 주질문과 세부질문을 통하여 질문의 의도를 파악하였다면, 그에 대한 구체적인 행동이나 생각 등에 대해 응답할수록 높은 점수를 얻을 수 있다.

⑤ 역할면접

㉠ 면접 방식 및 판단기준

• 면접 방식 : 역할면접 또는 역할연기 면접은 기업 내 발생 가능한 상황에서 부딪히게 되는 문제와 역할을 가상적으로 설정하여 특정 역할을 맡은 사람과 상호작용하고 문제를 해결해 나가도록 하는 방식으로 진행된다. 역할연기 면접에서는 면접관이 직접 역할연기를 하면서 지원자를 관찰하기도 하지만, 역할연기 수행만 전문적으로 하는 사람을 투입할 수도 있다.

• 판단기준 : 대처능력, 대인관계능력, 의사소통능력 등

㉡ 특징 : 역할면접은 실제 상황과 유사한 가상 상황에서의 행동을 관찰함으로서 지원자의 성격이나 대처 행동 등을 관찰할 수 있다.

ⓒ 예시 문항 및 준비전략

• 예시 문항

> [금융권 역할면접의 예]
> 당신은 ○○은행의 신입 텔러이다. 사람이 많은 월말 오전 한 할아버지(면접관 또는 역할담당자)께서 ○○은행을 사칭한 보이스피싱으로 인해 500만 원을 피해 보았다며 소란을 일으키고 있다. 실제 업무상황이라고 생각하고 상황에 대처해 보시오.

- 준비전략 : 역할연기 면접에서 측정하는 역량은 주로 갈등의 원인이 되는 문제를 해결 하고 제시된 해결방안을 상대방에게 설득하는 것이다. 따라서 갈등해결, 문제해결, 조정·통합, 설득력과 같은 역량이 중요시된다. 또한 갈등을 해결하기 위해서 상대방에 대한 이해도 필수적인 요소이므로 고객 지향을 염두에 두고 상황에 맞게 대처해야 한다.

역할면접에서는 변별력을 높이기 위해 면접관이 압박적인 분위기를 조성하는 경우가 많기 때문에 스트레스 상황에서 불안해하지 않고 유연하게 대처할 수 있도록 시간과 노력을 들여 충분히 연습하는 것이 좋다.

02 면접 이미지 메이킹

(1) 성공적인 이미지 메이킹 포인트

① 복장 및 스타일

㉠ 남성

- 양복 : 양복은 단색으로 하며 넥타이나 셔츠로 포인트를 주는 것이 효과적이다. 짙은 회색이나 감청색이 가장 단정하고 품위 있는 인상을 준다.
- 셔츠 : 흰색이 가장 선호되나 자신의 피부색에 맞추는 것이 좋다. 푸른색이나 베이지색은 산뜻한 느낌을 줄 수 있다. 양복과의 배색도 고려하도록 한다.
- 넥타이 : 의상에 포인트를 줄 수 있는 아이템이지만 너무 화려한 것은 피한다. 지원자의 피부색은 물론, 정장과 셔츠의 색을 고려하며, 체격에 따라 넥타이 폭을 조절하는 것이 좋다.
- 구두 & 양말 : 구두는 검정색이나 짙은 갈색이 어느 양복에나 무난하게 어울리며 깔끔하게 닦아 준비한다. 양말은 정장과 동일한 색상이나 검정색을 착용한다.
- 헤어스타일 : 머리스타일은 단정한 느낌을 주는 짧은 헤어스타일이 좋으며 앞머리가 있다면 이마나 눈썹을 가리지 않는 선에서 정리하는 것이 좋다.

ⓛ 여성

- 의상 : 단정한 스커트 투피스 정장이나 슬랙스 슈트가 무난하다. 블랙이나 그레이, 네이비, 브라운 등 차분해 보이는 색상을 선택하는 것이 좋다.
- 소품 : 구두, 핸드백 등은 같은 계열로 코디하는 것이 좋으며 구두는 너무 화려한 디자인이나 굽이 높은 것을 피한다. 스타킹은 의상과 구두에 맞춰 단정한 것으로 선택한다.
- 액세서리 : 액세서리는 너무 크거나 화려한 것은 좋지 않으며 과하게 많이 하는 것도 좋은 인상을 주지 못한다. 착용하지 않거나 작고 깔끔한 디자인으로 포인트를 주는 정도가 적당하다.
- 메이크업 : 화장은 자연스럽고 밝은 이미지를 표현하는 것이 좋으며 진한 색조는 인상이 강해 보일 수 있으므로 피한다.
- 헤어스타일 : 커트나 단발처럼 짧은 머리는 활동적이면서도 단정한 이미지를 줄 수 있도록 정리한다. 긴 머리의 경우 하나로 묶거나 단정한 머리망으로 정리하는 것이 좋으며, 짙은 염색이나 화려한 웨이브는 피한다.

② 인사

ⓐ 인사의 의미 : 인사는 예의범절의 기본이며 상대방의 마음을 여는 기본적인 행동이라고 할 수 있다. 인사는 처음 만나는 면접관에게 호감을 살 수 있는 가장 쉬운 방법이 될 수 있기도 하지만 제대로 예의를 지키지 않으면 지원자의 인성 전반에 대한 평가로 이어질 수 있으므로 각별히 주의해야 한다.

ⓑ 인사의 핵심 포인트

- 인사말 : 인사말을 할 때에는 밝고 친근감 있는 목소리로 하며, 자신의 이름과 수험번호 등을 간략하게 소개한다.
- 시선 : 인사는 상대방의 눈을 보며 하는 것이 중요하며 너무 빤히 쳐다본다는 느낌이 들지 않도록 주의한다.
- 표정 : 인사는 마음에서 우러나오는 존경이나 반가움을 표현하고 예의를 차리는 것이므로 살짝 미소를 지으며 하는 것이 좋다.
- 자세 : 인사를 할 때에는 가볍게 목만 숙인다거나 흐트러진 상태에서 인사를 하지 않도록 주의하며 절도 있고 확실하게 하는 것이 좋다.

③ 시선처리와 표정, 목소리

　ⓖ 시선처리와 표정 : 표정은 면접에서 지원자의 첫인상을 결정하는 중요한 요소이다. 얼굴표정은 사람의 감정을 가장 잘 표현할 수 있는 의사소통 도구로 표정 하나로 상대방에게 호감을 주거나, 비호감을 사기도 한다. 호감이 가는 인상의 특징은 부드러운 눈썹, 자연스러운 미간, 적당히 볼록한 광대, 올라간 입 꼬리 등으로 가볍게 미소를 지을 때의 표정과 일치한다. 따라서 면접 중에는 밝은 표정으로 미소를 지어 호감을 형성할 수 있도록 한다. 시선은 면접관과 고르게 맞추되 생기 있는 눈빛을 띄도록 하며, 너무 빤히 쳐다본다는 인상을 주지 않도록 한다.

　ⓛ 목소리 : 면접은 주로 면접관과 지원자의 대화로 이루어지므로 목소리가 미치는 영향이 상당하다. 답변을 할 때에는 부드러우면서도 활기차고 생동감 있는 목소리로 하는 것이 면접관에게 호감을 줄 수 있으며 적당한 제스처가 더해진다면 상승효과를 얻을 수 있다. 그러나 적절한 답변을 하였음에도 불구하고 콧소리나 날카로운 목소리, 자신감 없는 작은 목소리는 답변의 신뢰성을 떨어뜨릴 수 있으므로 주의하도록 한다.

④ 자세

　ⓖ 걷는 자세

　• 면접장에 입실할 때에는 상체를 곧게 유지하고 발끝은 평행이 되게 하며 무릎을 스치듯 11자로 걷는다.
　• 시선은 정면을 향하고 턱은 가볍게 당기며 어깨나 엉덩이가 흔들리지 않도록 주의한다.
　• 발바닥 전체가 닿는 느낌으로 안정감 있게 걸으며 발소리가 나지 않도록 주의한다.
　• 보폭은 어깨넓이만큼이 적당하지만, 스커트를 착용했을 경우 보폭을 줄인다.
　• 걸을 때도 미소를 유지한다.

　ⓛ 서있는 자세

　• 몸 전체를 곧게 펴고 가슴을 자연스럽게 내민 후 등과 어깨에 힘을 주지 않는다.
　• 정면을 바라본 상태에서 턱을 약간 당기고 아랫배에 힘을 주어 당기며 바르게 선다.
　• 양 무릎과 발뒤꿈치는 붙이고 발끝은 11자 또는 V형을 취한다.
　• 남성의 경우 팔을 자연스럽게 내리고 양손을 가볍게 쥐어 바지 옆선에 붙이고, 여성의 경우 공수자세를 유지한다.

ⓒ 앉은 자세

• 남성

> • 의자 깊숙이 앉고 등받이와 등 사이에 주먹 1개 정도의 간격을 두며 기대듯 앉지 않도록 주의한다.
> (남녀 공통 사항)
> • 무릎 사이에 주먹 2개 정도의 간격을 유지하고 발끝은 11자를 취한다.
> • 시선은 정면을 바라보며 턱은 가볍게 당기고 미소를 짓는다. (남녀 공통 사항)
> • 양손은 가볍게 주먹을 쥐고 무릎 위에 올려놓는다.
> • 앉고 일어날 때에는 자세가 흐트러지지 않도록 주의한다. (남녀 공통 사항)

• 여성

> • 스커트를 입었을 경우 왼손으로 뒤쪽 스커트 자락을 누르고 오른손으로 앞쪽 자락을 누르며 의자에 앉는다.
> • 무릎은 붙이고 발끝을 가지런히 하며, 다리를 왼쪽으로 비스듬히 기울인다.
> • 양손을 모아 무릎 위에 모아 놓으며 스커트를 입었을 경우 스커트 위를 가볍게 누르듯이 올려놓는다.

(2) 면접 예절

① 행동 관련 예절

   ㉠ **지각은 절대금물** : 시간을 지키는 것은 예절의 기본이다. 지각을 할 경우 면접에 응시할 수 없거나, 면접 기회가 주어지더라도 불이익을 받을 가능성이 높아진다. 따라서 면접장소가 결정되면 교통편과 소요시간을 확인하고 가능하다면 사전에 미리 방문해 보는 것도 좋다. 면접 당일에는 서둘러 출발하여 면접 시간 20~30분 전에 도착하여 회사를 둘러보고 환경에 익숙해지는 것도 성공적인 면접을 위한 요령이 될 수 있다.

   ㉡ **면접 대기 시간** : 지원자들은 대부분 면접장에서의 행동과 답변 등으로만 평가를 받는다고 생각하지만 그렇지 않다. 면접관이 아닌 면접진행자 역시 대부분 인사실무자이며 면접관이 면접 후 지원자에 대한 평가에 있어 확신을 위해 면접진행자의 의견을 구한다면 면접진행자의 의견이 당락에 영향을 줄 수 있다. 따라서 면접 대기 시간에도 행동과 말을 조심해야 하며, 면접을 마치고 돌아가는 순간까지도 긴장을 늦춰서는 안 된다. 면접 중 압박적인 질문에 답변을 잘 했지만, 면접장을 나와 흐트러진 모습을 보이거나 욕설을 한다면 면접 탈락의 요인이 될 수 있으므로 주의해야 한다.

ⓒ **입실 후 태도** : 본인의 차례가 되어 호명되면 또렷하게 대답하고 들어간다. 만약 면접장 문이 닫혀 있다면 상대에게 소리가 들릴 수 있을 정도로 노크를 두세 번 한 후 대답을 듣고 나서 들어가야 한다. 문을 여닫을 때에는 소리가 나지 않게 조용히 하며 공손한 자세로 인사한 후 성명과 수험번호를 말하고 면접관의 지시에 따라 자리에 앉는다. 이 경우 착석하라는 말이 없는데 먼저 의자에 앉으면 무례한 사람으로 보일 수 있으므로 주의한다. 의자에 앉을 때에는 끝에 앉지 말고 무릎 위에 양손을 가지런히 얹는 것이 예절이라고 할 수 있다.

ⓔ **옷매무새를 자주 고치지 마라.** : 일부 지원자의 경우 옷매무새 또는 헤어스타일을 자주 고치거나 확인하기도 하는데 이러한 모습은 과도하게 긴장한 것 같아 보이거나 면접에 집중하지 못하는 것으로 보일 수 있다. 남성 지원자의 경우 넥타이를 자꾸 고쳐 맨다거나 정장 상의 끝을 너무 자주 만지작거리지 않는다. 여성 지원자는 머리를 계속 쓸어 올리지 않고, 특히 짧은 치마를 입고서 신경이 쓰여 치마를 끌어 내리는 행동은 좋지 않다.

ⓜ **다리를 떨거나 산만한 시선은 면접 탈락의 지름길** : 자신도 모르게 다리를 떨거나 손가락을 만지는 등의 행동을 하는 지원자가 있는데, 이는 면접관의 주의를 끌 뿐만 아니라 불안하고 산만한 사람이라는 느낌을 주게 된다. 따라서 가능한 한 바른 자세로 앉아 있는 것이 좋다. 또한 면접관과 시선을 맞추지 못하고 여기저기 둘러보는 듯한 산만한 시선은 지원자가 거짓말을 하고 있다고 여겨지거나 신뢰할 수 없는 사람이라고 생각될 수 있다.

② **답변 관련 예절**

ⓐ **면접관이나 다른 지원자와 가치 논쟁을 하지 않는다.** : 질문을 받고 답변하는 과정에서 면접관 또는 다른 지원자의 의견과 다른 의견이 있을 수 있다. 특히 평소 지원자가 관심이 많은 문제이거나 잘 알고 있는 문제인 경우 자신과 다른 의견에 대해 이의가 있을 수 있다. 하지만 주의할 것은 면접에서 면접관이나 다른 지원자와 가치 논쟁을 할 필요는 없다는 것이며 오히려 불이익을 당할 수도 있다. 정답이 정해져 있지 않은 경우에는 가치관이나 성장배경에 따라 문제를 받아들이는 태도에서 답변까지 충분히 차이가 있을 수 있으므로 굳이 면접관이나 다른 지원자의 가치관을 지적하고 고치려 드는 것은 좋지 않다.

ⓑ **답변은 항상 정직해야 한다.** : 면접이라는 것이 아무리 지원자의 장점을 부각시키고 단점을 축소시키는 것이라고 해도 절대로 거짓말을 해서는 안 된다. 거짓말을 하게 되면 지원자는 불안하거나 꺼림칙한 마음이 들게 되어 면접에 집중을 하지 못하게 되고 수많은 지원자를 상대하는 면접관은 그것을 놓치지 않는다. 거짓말은 그 지원자에 대한 신뢰성을 떨어뜨리며 이로 인해 다른 스펙이 아무리 훌륭하다고 해도 채용에서 탈락하게 될 수 있음을 명심하도록 한다.

ⓒ 경력직인 경우 전 직장에 대해 험담하지 않는다. : 지원자가 전 직장에서 무슨 업무를 담당했고 어떤 성과를 올렸는지는 면접관이 관심을 둘 사항일 수 있지만, 이전 직장의 기업문화나 상사들이 어땠는지는 그다지 궁금해 하는 사항이 아니다. 전 직장에 대해 험담을 늘어놓는다든가, 동료와 상사에 대한 악담을 하게 된다면 오히려 지원자에 대한 부정적인 이미지만 심어줄 수 있다. 만약 전 직장에 대한 말을 해야 할 경우가 생긴다면 가능한 한 객관적으로 이야기하는 것이 좋다.

ⓔ 자기 자신이나 배경에 대해 자랑하지 않는다. : 자신의 성취나 부모 형제 등 집안사람들이 사회·경제적으로 어떠한 위치에 있는지에 대한 자랑은 면접관으로 하여금 지원자에 대해 오만한 사람이거나 배경에 의존하려는 나약한 사람이라는 이미지를 갖게 할 수 있다. 따라서 자기 자신이나 배경에 대해 자랑하지 않도록 하고, 자신이 한 일에 대해서 너무 자세하게 얘기하지 않도록 주의해야 한다.

03 면접 질문 및 답변 포인트

(1) 가족 및 대인관계에 관한 질문

① 당신의 가정은 어떤 가정입니까?

면접관들은 지원자의 가정환경과 성장과정을 통해 지원자의 성향을 알고 싶어 이와 같은 질문을 한다. 비록 가정 일과 사회의 일이 완전히 일치하는 것은 아니지만 '가화만사성'이라는 말이 있듯이 가정이 화목해야 사회에서도 화목하게 지낼 수 있기 때문이다. 그러므로 답변 시에는 가족사항을 정확하게 설명하고 집안의 분위기와 특징에 대해 이야기하는 것이 좋다.

② 친구 관계에 대해 말해 보십시오.

지원자의 인간성을 판단하는 질문으로 교우관계를 통해 답변자의 성격과 대인관계능력을 파악할 수 있다. 새로운 환경에 적응을 잘하여 새로운 친구들이 많은 것도 좋지만, 깊고 오래 지속되어온 인간관계를 말하는 것이 더욱 바람직하다.

(2) 성격 및 가치관에 관한 질문

① 당신의 PR포인트를 말해 주십시오.

PR포인트를 말할 때에는 지나치게 겸손한 태도는 좋지 않으며 적극적으로 자기를 주장하는 것이 좋다. 앞으로 입사 후 하게 될 업무와 관련된 자기의 특성을 구체적인 일화를 더하여 이야기하도록 한다.

② 당신의 장·단점을 말해 보십시오.

지원자의 구체적인 장·단점을 알고자 하기 보다는 지원자가 자기 자신에 대해 얼마나 알고 있으며 어느 정도의 객관적인 분석을 하고 있나, 그리고 개선의 노력 등을 시도하는지를 파악하고자 하는 것이다. 따라서 장점을 말할 때는 업무와 관련된 장점을 뒷받침할 수 있는 근거와 함께 제시하며, 단점을 이야기할 때에는 극복을 위한 노력을 반드시 포함해야 한다.

③ 가장 존경하는 사람은 누구입니까?

존경하는 사람을 말하기 위해서는 우선 그 인물에 대해 알아야 한다. 잘 모르는 인물에 대해 존경한다고 말하는 것은 면접관에게 바로 지적당할 수 있으므로, 추상적이라도 좋으니 평소에 존경스럽다고 생각했던 사람에 대해 그 사람의 어떤 점이 좋고 존경스러운지 대답하도록 한다. 또한 자신에게 어떤 영향을 미쳤는지도 언급하면 좋다.

(3) 학교생활에 관한 질문

① 지금까지의 학교생활 중 가장 기억에 남는 일은 무엇입니까?

가급적 직장생활에 도움이 되는 경험을 이야기하는 것이 좋다. 또한 경험만을 간단하게 말하지 말고 그 경험을 통해서 얻을 수 있었던 교훈 등을 예시와 함께 이야기하는 것이 좋으나 너무 상투적인 답변이 되지 않도록 주의해야 한다.

② 성적은 좋은 편이었습니까?

면접관은 이미 서류심사를 통해 지원자의 성적을 알고 있다. 그럼에도 불구하고 이 질문을 하는 것은 지원자가 성적에 대해서 어떻게 인식하느냐를 알고자 하는 것이다. 성적이 나빴던 이유에 대해서 변명하려 하지 말고 담백하게 받아들이고 그것에 대한 개선노력을 했음을 밝히는 것이 적절하다.

③ 학창시절에 시위나 집회 등에 참여한 경험이 있습니까?

기업에서는 노사분규를 기업의 사활이 걸린 중대한 문제로 인식하고 거시적인 차원에서 접근한다. 이러한 기업문화를 제대로 인식하지 못하여 학창시절의 시위나 집회 참여 경험을 자랑스럽게 답변할 경우 감점요인이 되거나 심지어는 탈락할 수 있다는 사실에 주의한다. 시위나 집회에 참가한 경험을 말할 때에는 타당성과 정도에 유의하여 답변해야 한다.

(4) 지원동기 및 직업의식에 관한 질문

① 왜 우리 회사를 지원했습니까?

　이 질문은 어느 회사나 가장 먼저 물어보고 싶은 것으로 지원자들은 기업의 이념, 대표의 경영능력, 재무구조, 복리후생 등 외적인 부분을 설명하는 경우가 많다. 이러한 답변도 적절하지만 지원 회사의 주력 상품에 관한 소비자의 인지도, 경쟁사 제품과의 시장점유율을 비교하면서 입사동기를 설명한다면 상당히 주목 받을 수 있을 것이다.

② 만약 이번 채용에 불합격하면 어떻게 하겠습니까?

　불합격할 것을 가정하고 회사에 응시하는 지원자는 거의 없을 것이다. 이는 지원자를 궁지로 몰아넣고 어떻게 대응하는지를 살펴보며 입사 의지를 알아보려고 하는 것이다. 이 질문은 너무 깊이 들어가지 말고 침착하게 답변하는 것이 좋다.

③ 당신이 생각하는 바람직한 사원상은 무엇입니까?

　직장인으로서 또는 조직의 일원으로서의 자세를 묻는 질문으로 지원하는 회사에서 어떤 인재상을 요구하는 가를 알아두는 것이 좋으며, 평소에 자신의 생각을 미리 정리해 두어 당황하지 않도록 한다.

④ 직무상의 적성과 보수의 많음 중 어느 것을 택하겠습니까?

　이런 질문에서 회사 측에서 원하는 답변은 당연히 직무상의 적성에 비중을 둔다는 것이다. 그러나 적성만을 너무 강조하다 보면 오히려 솔직하지 못하다는 인상을 줄 수 있으므로 어느 한 쪽을 너무 강조하거나 경시하는 태도는 바람직하지 못하다.

⑤ 상사와 의견이 다를 때 어떻게 하겠습니까?

　과거와 다르게 최근에는 상사의 명령에 무조건 따르겠다는 수동적인 자세는 바람직하지 않다. 회사에서는 때에 따라 자신이 판단하고 행동할 수 있는 직원을 원하기 때문이다. 그러나 지나치게 자신의 의견만을 고집한다면 이는 팀원 간의 불화를 야기할 수 있으며 팀 체제에 악영향을 미칠 수 있으므로 선호하지 않는다는 것에 유념하여 답해야 한다.

⑥ 근무지가 지방인데 근무가 가능합니까?

　근무지가 지방 중에서도 특정 지역은 되고 다른 지역은 안 된다는 답변은 바람직하지 않다. 직장에서는 순환 근무라는 것이 있으므로 처음에 지방에서 근무를 시작했다고 해서 계속 지방에만 있는 것은 아님을 유의하고 답변하도록 한다.

(5) 여가 활용에 관한 질문

취미가 무엇입니까?

기초적인 질문이지만 특별한 취미가 없는 지원자의 경우 대답이 애매할 수밖에 없다. 그래서 가장 많이 대답하게 되는 것이 독서, 영화감상, 혹은 음악감상 등과 같은 흔한 취미를 말하게 되는데 이런 취미는 면접관의 주의를 끌기 어려우며 설사 정말 위와 같은 취미를 가지고 있다하더라도 제대로 답변하기는 힘든 것이 사실이다. 가능하면 독특한 취미를 말하는 것이 좋으며 이제 막 시작한 것이라도 열의를 가지고 있음을 설명할 수 있으면 그것을 취미로 답변하는 것도 좋다.

(6) 지원자를 당황하게 하는 질문

① **성적이 좋지 않은데 이 정도의 성적으로 우리 회사에 입사할 수 있다고 생각합니까?**

비록 자신의 성적이 좋지 않더라도 이미 서류심사에 통과하여 면접에 참여하였다면 기업에서는 지원자의 성적보다 성적 이외의 요소, 즉 성격 · 열정 등을 높이 평가했다는 것이라고 할 수 있다. 그러나 이런 질문을 받게 되면 지원자는 당황할 수 있으나 주눅 들지 말고 침착하게 대처하는 면모를 보인다면 더 좋은 인상을 남길 수 있다.

② **우리 회사 회장님 함자를 알고 있습니까?**

회장이나 사장의 이름을 조사하는 것은 면접일을 통고받았을 때 이미 사전 조사되었어야 하는 사항이다. 단답형으로 이름만 말하기보다는 그 기업에 입사를 희망하는 지원자의 입장에서 답변하는 것이 좋다.

③ **당신은 이 회사에 적합하지 않은 것 같군요.**

이 질문은 지원자의 입장에서 상당히 곤혹스러울 수밖에 없다. 질문을 듣는 순간 그렇다면 면접은 왜 참가시킨 것인가 하는 생각이 들 수도 있다. 하지만 당황하거나 흥분하지 말고 침착하게 자신의 어떤 면이 회사에 적당하지 않는지 겸손하게 물어보고 지적당한 부분에 대해서 고치겠다는 의지를 보인다면 오히려 자신의 능력을 어필할 수 있는 기회로 사용할 수도 있다.

④ **다시 공부할 계획이 있습니까?**

이 질문은 지원자가 합격하여 직장을 다니다가 공부를 더 하기 위해 회사를 그만 두거나 학습에 더 관심을 두어 일에 대한 능률이 저하될 것을 우려하여 묻는 것이다. 이때에는 당연히 학습보다는 일을 강조해야 하며, 업무 수행에 필요한 학습이라면 업무에 지장이 없는 범위에서 야간학교를 다니거나 회사에서 제공하는 연수 프로그램 등을 활용하겠다고 답변하는 것이 적당하다.

⑤ **지원한 분야가 전공한 분야와 다른데 여기 일을 할 수 있겠습니까?**

수험생의 입장에서 본다면 지원한 분야와 전공이 다르지만 서류전형과 필기전형에 합격하여 면접을 보게 된 경우라고 할 수 있다. 이는 결국 해당 회사의 채용 방침상 전공에 크게 영향을 받지 않는다는 것이므로 무엇보다 자신이 전공하지는 않았지만 어떤 업무도 적극적으로 임할 수 있다는 자신감과 능동적인 자세를 보여주도록 노력하는 것이 좋다.

02 면접기출

한국관광공사의 면접은 1차 직무면접, 외국어면접과 2차 역량면접으로 진행된다.

01 1차 면접

1차 면접은 직무면접과 외국어면접으로 진행된다. 직무면접은 발표 및 직무경험 면접으로 진행되며 외국어면접은 독해 및 회화능력 등 영어 능력을 평가한다.

(1) 직무면접

① 본인이 어떤 식으로 회사에 기여할 수 있는지 설명해 보시오.

② 지원한 직무 외에 근무해 보고 싶은 부서가 있다면 무엇인가?

③ 지역관광 활성화를 위한 관광공사의 역할은 무엇이라고 생각하는가?

④ 관광벤처사업에 대해 말해보시오.

⑤ 다양한 대내외 고객들의 니즈를 충족시킬 만한 자신만의 방법은 무엇인가?

⑥ 한국을 대표할만한 동물은 무엇이며 그렇게 생각하는 이유는?

⑦ 고궁을 활용한 관광상품화 방안에 대해 말해보시오.

⑧ 가장 기억에 남는 프레젠테이션 경험에 대해 말해 보시오.

⑨ 타 공공기관과 연계하여 업무를 진행할 때 가장 어려운 점은 무엇이라고 생각하는가?

⑩ 관광공사의 공적인 측면을 확장하기 위한 대안을 제시해 보시오.

⑪ 우리 공사에서 진행하고 있는 사업에 대해 아는 대로 말해 보시오.

⑫ 팀의 구성원으로서 성과를 얻었던 경험에 대해 말해 보시오.

⑬ 유관기관과의 효율적으로 협력하기 위한 방안을 제시해 보시오.

⑭ 4차 산업 기술을 관광과 접목해 활용할 수 있는 방안에 대해 말해 보시오.

⑮ 관광객 다변화 방안에 대해 발표해 보시오.

⑯ 과정과 결과 중 어떤 것이 더 중요하다고 생각하고 그 이유는 무엇인가?

⑰ 우리나라 관광산업을 활성화시킬 수 있는 방안을 제시해 보시오.

⑱ 우리 공사의 핵심가치 외에 추가할 만한 핵심가치는 무엇인가?

⑲ 해외시장에 우리나라를 홍보하기 위한 방향을 제시해 보시오.

⑳ 우리 공사의 장단점과 개선안에 대해 말해 보시오.

㉑ 입사 후 만들고 싶은 국내 여행상품이 있다면?

㉒ 우리나라만의 차별화된 관광자원이 무엇이라 생각하는지, 홍보방안과 함께 말해보시오.

㉓ 우리나라 관광사업의 문제점이 무엇이라 생각하는가?

(2) 외국어면접

① 주어진 신문기사를 소리내어 읽고 기사에 대한 생각을 말하시오.

② 가장 인상 깊었던 우리나라의 역사적 사건은 무엇인지 대답해 보시오.

③ 자기소개를 해 보시오.

④ 외국인 친구에게 한국의 관광지를 추천해 보시오.

⑤ 외국인 친구에게 한국에 대해 소개해 보시오.

02 2차 면접

2차 면접은 개별역량 면접으로 조직 적합성 및 개인 역량을 평가하기 위한 면접으로 진행된다.

① 당사에 지원하게 된 동기, 해당 부문에 지원하게 된 동기가 무엇인지 말해 보시오.

② 우리 공사에 대해 아는 대로 말해 보시오.

③ (문제 상황을 제시하고) 어떻게 해결할 것인지 말해 보시오.

④ (어떤 상황을 제시하고) 비슷한 경험이 있는지, 어떻게 대처했는지 말해 보시오.

⑤ 리더십을 발휘한 경험에 대해 말해 보시오.

⑥ 실패했던 경험과 그 경험에서 얻은 것은 무엇인지 말해 보시오.

⑦ 실패를 극복하고 도전해서 성공한 경험이 있는지 말해 보시오.

⑧ 남들이 모두 하지 말라는 일에 도전한 경험에 대해 말해 보시오.

⑨ 자신이 살고 있는 지역의 관광 상품에 대해 소개해 보시오.

⑩ 예상한 업무와 실제 수행하는 업무가 다른 경우 어떻게 할 것인가?

⑪ MICE는 무엇의 약자인가?

⑫ 외국인에게 한국관광공사에 대해 설명하듯이 소개해보시오.

⑬ 여러 업무가 동시에 주어졌을 때 어떻게 할 것인가?

⑭ 마지막으로 할 말이 있다면 말해 보시오.

상식
용어사전
시리즈

합격GO!

1 금융상식 2주 만에 완성하기

금융은행권, 단기간 공략으로 끝장낸다! 필기 걱정은 이제 NO! <금융상식 2주 만에 완성하기> 한 권으로 시간은 아끼고 학습효율은 높이자!

2 중요한 용어만 한눈에 보는 시사용어사전 1130

매일 접하는 각종 기사와 정보 속에서 현대인이 놓치기 쉬운, 그러나 꼭 알아야 할 최신 시사상식을 쏙쏙 뽑아 이해하기 쉽도록 정리했다!

3 중요한 용어만 한눈에 보는 경제용어사전 961

주요 경제용어는 거의 다 실었다! 경제가 쉬워지는 책, 경제용어사전!

4 중요한 용어만 한눈에 보는 부동산용어사전 1273

부동산에 대한 이해를 높이고 부동산의 개발과 활용, 투자 및 부동산 용어 학습에도 적극적으로 이용할 수 있는 부동산용어사전!

자격증 기출문제 총집합!

자격증 별로 정리된
기출문제로 깔끔하게 합격하자!

기출문제로 자격증 시험 준비하자!

건강운동관리사, 스포츠지도사, 손해사정사, 손해평가사,
농산물품질관리사, 수산물품질관리사, 관광통역안내사, 국내여행안내사, 보세사, 사회조사분석사